加地大介

Daisuke Kachi

もの

現代的実体主義の存在論

Agents:

Contemporary Substance Ontology

春秋社

恩師たちに

もの——現代的実体主義の存在論

目次

表記について

「　」：引用が主だが、強調やニュアンス添加などのためにも比較的柔軟に用いる。また、外国語を引用する場合は〝　〟を用いるが、引用であることが明らかである場合は引用符を用いない場合も多い。

（　）：通常の補足のために用いる。

〔　〕：引用文中に私が補足を挿入する場合に用いる。

〈　〉：意味の区切りを明確にするために用いる。

引用については、原文においてイタリックであった場合は、傍点によって表記する。原語を併記する際には、原則として、原文で用いられている名詞の複数・単数形や動詞の人称をそのまま記す。引用部内の強調は、特に断りがない限り、原著者によるものである。なお、邦訳書における訳文を利用した場合に限り、邦訳書の当該頁数を付記した。

本文中に挿入される「(〜頁)」や「(第〜章〜節)」などの表記は、いずれも本書中の頁・章・節を表している。

もの

――現代的実体主義の存在論

序論

本書の目的は、「ものであるとはいかなることか」という問いに対して形而上学的観点のもとで考察を行うことである。では、形而上学的に考察するとはいかなることか。そのようなことにどんな意義があるのか。

実際、現代においてこのような考察を行うにあたっては、自然科学（特に物理学）・現代哲学・伝統哲学という三方からの懐疑を意識せざるをえない。現代物理学の量子論・相対論などによって自然科学的に解明され、根底的に改変されゆく物質像に対して、基本的にアプリオリな考察を旨とする形而上学がどのような発言を行いうるのか。また、本書で提示されるのは「実体主義的存在論」というべき立場であるが、種々の過《あやま》てる「実体化」を糾弾することが常套化している現代哲学においては、「実体主義」はほとんど悪しき形而上学の代名詞でしかない。一方、実体主義的存在論の産みの親ともいうべき、かの偉大なアリストテレスの形而上学を熟知する専門家の眼には、本書で展開される考察は、アリストテレスの深遠なる形而上学を浅薄に平板化したうえに歪曲したような中身に見えてしまうかもしれない。

本書での考察がこれらの懐疑に抗しえているのかどうかは、基本的にはその内容と結果を見て判断していただくしかない。しかしそのためには、このような考察が決してノン・スターターではないこと、すなわち、その有意義性が端から否定されてしまうようなものではないことを、最低限にでも示しておくことが必要であろう。序論で行われるのは、その作業である。

まず第一に、特に物理的科学との対比において形而上学的考察を特徴づけるのは、その一般性の高さである。

たとえば、本書の少なくともスタート時点での考察対象となる「もの」は、素粒子・場・天体・時空などの基礎的な物理学的対象だけではない。鉱石・食物・家具・建物・山などの、私たちの周囲にある中間サイズの日常的物体、穴・波・境界・虹・影・鏡像のような擬似的物体もそこには含まれる。また、生物・人物・精霊・精神のような、単なる「物体」とは言いにくい実体的対象――現実世界には存在しなさそうな対象も含めて――や、楽団・企業・国家・連邦のような社会的・制度的対象なども、原理的にはその視野から排除されることはない(1)。本書のタイトルが「もの」であって「物」ではない理由もそこにある。

ついでに述べておくならば、本書で想定されている「もの」や「実体」に、原子論的・多元論的な含意はない。全体論的・一元論的な存在論と実体主義とが必ずしも排除し合うものではないことは、スピノザが示したような汎神論的実体主義もありうることによって実証されている。したがって、時空や場のような対象も、解釈次第では、ある種の実体的対象として承認しうる。

このように、広い意味での「もの」が少なくとも視野には収められているのであるが、このような包括的な範囲を見通すためにも、まずは典型的な実体の中核的特徴をしっかりと把握しなければならない。いわば「もの」の本丸としての実体を正面に見据えて突入していく原理論的考察が本書の柱となる。その本丸の正体を深く理解することによってはじめて、典型的実体と種々の擬似的実体との正確な懸隔も測ることができるだろう。

いま述べたのは、「もの」という考察対象に伴う形而上学的一般性についてであるが、それと関連しつつもより大きな意味での一般性は、形而上学的考察が向かう目的そのものの一般性である。これに関しては大きく二つに分けられる。ひとつは、形而上学の内において本書での中心的考察が属すると考えられる分野自体に備わる一般性であり、もうひとつは、より広範な形而上学的問題意識のもとで形而上学の他の諸分野における応用可能性を志向することに伴う一般性である。

本書での考察が属すると考えられる形而上学的分野のひとつは、「存在論的カテゴリー論」である。この場合の一般性は、特にこの分野の基礎性から由来するものである。典型的な「もの」としての「実体」というカテゴリーは他の基礎的カテゴリーとどのような関係を有するのか、そして、このカテゴリーに属する対象はどのような特徴を持つのか、といった問いが追究される。第一の問いに関しては、「実体」というカテゴリーを存在論的に最も主要な基礎的カテゴリーとして位置づける「実体主義」の立場が提示されることになる。本書のような考察にどのような意義があるのか、という問いに対する答えの一部はここにある。第二の問いに関しては、「もの」は「実体様相」という独特の様相の担い手であるということが主たる特徴づけとなる。この意味においては、本書での考察は、「様相論」という形而上学的分野にも属している。

そして本書が実体主義を標榜するひとつの理由は、個体・因果・時間などにまつわる形而上学的諸問題に対して、「もの」を中心に据える存在論が有効な見通しや解決を与えてくれると信ずるからである。実在の主要な要因と考えられるこれらの側面の解明に寄与することによって、実在の本性に迫りうるような形而上学的理論を構築することを本書は目指している。したがって、「ものであるとはいかなることか」という問いは、決して「もの」という日常的概念の分析を目的とするのではなく、形而上学という自律的な学問分野における理論的対象としての「もの」の描出と解明を目指す問いである。そしてそのような形而上学的理論としての成否が、実体主義に対する「悪しき形而上学」というレッテルを剥がしえたか否かという評価にもつながるであろう。残念ながら本書内ではそのような評価を得るまでの十分な展開ができなかったが、それに向かっての最小限の成果ならびに今後の方向性と課題を提示する。

そして最後に、アリストテレスの形而上学から多大なインスピレーションを受けつつも、アリストテレスのテキストの読解を通してという形ではなく、現代形而上学としての実体主義的存在論の構築を企てることに多少なりとも意義があるとすれば、そのひとつは、現代論理学や分析哲学の中で培われてきた種々の手法を利用することによって得られる理論的一般化・明示化であろう。それは、ややもするとアリストテレス自身の精妙で豊穣な実体論を単純で無味乾燥なものにしてしまう危険も伴うが、アリストテレスという哲学的権威の拘束性や「解釈」に伴いがちな不確定性などを免れた一種の自律性や一意性を、少なくとも「期待」することはできるだろう。

また現代の形而上学者とアリストテレスとの大きな相違は、良きにつけ悪しきにつけ、前者は現代科学の成果を意識せざるをえないということである。もともと、いやしくも形而上学が冒頭に述べたような一般性を志向する以上、その主張は自然科学的主張をも包含しうるような形でなされなければいけないはずである。そしてアリストテレスは、そのことをほとんど自分自身の考察体系の内において行っていたとも言えるだろう。現代の形而上学者は当然、アリストテレス自身またはその同時代における自然科学的考察の位置に、現代科学を据え替えるべきであろう。そしてそれをうまく行うことができれば、現代の形而上学者にとって測り知れない利点となるだろう。これについても本書ではせいぜい「試行」という程度のことしかできないが、それでも第一歩を踏み出すことにはなるだろう。

以上のような展望のもとで、本書は次のような構成から成っている。本論では、本書における「もの」の形而上学的特徴づけの要である「実体様相」の概要を第一・二章で述べた後に、それに続く各三章において、その源泉と考えられる「本質」「力能」「持続（耐続）」についての存在論的解明を行う。ここでは、結果としてそのいずれについても現時点においては非標準的というべき理論が提示されることになる。第六章では本論での考察を総括するとともに今後の課題を展望する。以上が本論であるが、その中で登場する実体様相の固有公理および関連する様相論理・時制論理の公理系を付録としてその後にまとめてある。さらにそれに続く試論では、本論で展開した議論の一種の応用論として、本書で示されたような実体主義的立場が現代物理学に対してどのようなスタンスを持ち、その基礎づけや理解のためにどのような役割を果たしうるのか（果たしうるとすれば）、ということをめぐる科学哲学的考察を試みる。試論は二章から成り、量子論と相対論がそれぞれの章での主題となる。

このように、本書で提示されるのは、基本的には私自身の立場としての実体主義的形而上学であるが、もとよりそれは、現代のすぐれた実体主義的形而上学者たちからの影響のもとで立ち上がり、彼らとの仮想的な（その一部は現実でもある）対話を通して醸成されてきたものである。本書でも、そうした対話を展開しながら私自身の最終的立場を模索するという形式が採られている。結果として、あくまでも私の考察と関わった範囲内において、そしてあくまでも私の眼を通した形ではあるが、ジョナサン・ロウをはじめとする何人かの現代的実体主義者の形而上学についての解説も多く含まれている。これによって、本書は、現代の実体主義的形而上学の全体像に迫っていくひとつの経路ともなりうるだろう。

第1章　実体様相への途

1　形而上学的様相の中の実体様相

本書の主要課題は、「ものであるとはいかなることか」という問いに対して形而上学的観点からの回答を与えることである。早々にその回答のひとつを最も一般化された形で述べるならば、「ものである（ものとして存在する）とは、四種類の形而上学的様相（metaphysical modality）をまといつつ存在することである」ということになる。すると当然、その四種類の形而上学的様相とはいかなる四種類なのか、という問いが発生し、さらにその問いは、そもそも形而上学的様相とはいかなる様相なのか、という問いを呼び込む。

そしてこの最後の問い自体が、ひょっとすると最初の問いよりもはるかに難しい形而上学的問いなのであるが、詳細は後回しにしてこれについても最初に本書での回答の概略を与えてしまうと、その全体像は次のふたつの表によって示される（表1a、1b）。

本書で提示される「四種類の形而上学的様相」とは、表1a、1bの中で網掛けされた部分、すなわち、「類種様相（sortal modality）」としての「本質様相（essence modality）」「力能様相（power modality）」と「持続様相（endurance modality）」としての「過去様相（past modality）」「未来様相（future modality）」という四種類である。持続様相と類種様相は、時制的区別と直接的に関係するか否かという点によっても区別できるので、それぞれを「時制的様相（tensed modality）」「無時制的様相（tenseless modality）」とも呼ぶことにする。(1)

これらは、*de re* 様相における '*re*' すなわち「もの（*res*）」の意味を、最も本来的だと思われる「実体」あるいは「実体的対象」に限定することによって「狭い意味での *de re* 様相」として位置づけられる「実体様相（substantial modality）」としての四種類であるが、言語表現に即して述べるならば、これらはそれぞれ、実体的諸対象を個体定項の表示対象とする原始文（*primitive sentence*）における四種類の述定「垂直述定（vertical predication）」「水平述定（horizontal predication）」「背顧述定（retrospective predication）」「前望述定（prospective predication）」（これらの名称の由来については後述する）の中のコプラ的表現によって表されるような「コプラ的様相（copulative modality）」である。(2)これらのコプラ的様相は、様相論理における文演算子としての様相演算子によって表されるような「文的様相（sentential modality）」と構文論的に対比されるものであるが、本書では、ここで示されたコプラ的様相・文的様相のいずれもが形而上学的な様相だと考える。文的様相との区別を強調する場合には、類種様相・持続様相におけるコプラ的様相をそれぞれ「様態（mode）」「時相（aspect）」と呼ぶことにする。

<table>
<tr><td>言語論的
分類</td><td colspan="2">存在論的
分類</td><td colspan="2">(存在者全般についての)狭い意味での形而上学的(narrowly metaphysical)様相
(＝広い意味での論理的(broadly logical)様相)</td><td></td></tr>
<tr><td rowspan="2">文的／命題的
(sentential/
propositional)</td><td>狭い意味
で事実的</td><td rowspan="2">広い意味
で事実的</td><td>(narrow) de dicto
(非対象固定的事実様相)</td><td rowspan="2">S5様相</td><td rowspan="2">T様相</td></tr>
<tr><td rowspan="2">広い意味
で対象的</td><td>broad de re &
broad de dicto
(対象固定的事実様相)</td></tr>
<tr><td>コプラ的
(copulative)</td><td>狭い意味
で対象的
(実体的)</td><td>narrow de re
(実体様相：様態(mode))</td><td>本質様相
(垂直述定的)</td><td>力能様相
(水平述定的)</td></tr>
<tr><td colspan="3"></td><td colspan="3">(実体的対象についての)広い意味での形而上学的(broadly metaphysical)様相</td></tr>
</table>

表1a　類種様相(無時制的様相)

<table>
<tr><td>言語論的
分類</td><td colspan="2">存在論的
分類</td><td></td><td></td><td></td></tr>
<tr><td rowspan="2">文的／命題的</td><td>狭い意味
で事実的</td><td rowspan="2">広い意味
で事実的</td><td>(narrow) de dicto
(非対象固定的事実様相)</td><td rowspan="2">S4様相</td><td rowspan="2">S4.3様相</td></tr>
<tr><td rowspan="2">広い意味
で対象的</td><td>broad de re &
broad de dicto
(対象固定的事実様相)</td></tr>
<tr><td>コプラ的</td><td>狭い意味
で対象的
(実体的)</td><td>narrow de re
(実体様相：時相(aspect))</td><td>過去様相
(背顧述定的)</td><td>未来様相
(前望述定的)</td></tr>
<tr><td colspan="3"></td><td colspan="3">(実体的対象についての)広い意味での形而上学的様相</td></tr>
</table>

表1b　持続様相(時制的様相)

表1a・1b　形而上学的様相の全体図

そして、様相論理では、様相演算子の作用域の中に定項があるか、量化子の作用域の中に様相演算子がある（すなわち、様相演算子を主要演算子とする部分式の中に自由変項がある）かのどちらかである場合が *de re* 様相、それ以外の場合が *de dicto* 様相という形で構文論的に区別がなされる。この区別を形而上学的に一般化して述べ直すならば、後者は基本的に命題によって表される事柄に関する様相であると考えられるので、そのような事柄を表す用語として「事実（fact）」を採用し、「事実様相（factual modality）」と呼ぶことにする。

一方、*de re* 様相は、命題中の定項によって指示されるような量化されうる対象全般に関する様相であると考えられるので「対象様相（objectual modality）」と呼ぶことにする。(3) そして、狭い意味での「対象」すなわち先に述べた本来的な意味での「もの」としての実体的対象に関する様相である実体様相との区別を強調する場合には、両者から成る *de re* 様相を「広い意味での対象様相」、実体様相を「狭い意味での対象様相」と呼び分ける。ただし、後述するように、様相論理における *de re* 様相は、それが文的様相演算子によって表現されるという点において基本的に事実様相の一種であり、様相を付与される命題がいわゆる固定指示子をたまたま含んでいることによって特定の対象に関する命題となっている場合にすぎないと考えられる。このように事実様相の一種として様相論理における *de re* 様相を捉える場合は、それを正式には「対象固定的事実様相（rigid factual modality）」と呼び、それをも含めた事実様相を「広い意味での事実様相」として、それを含めない通常の *de dicto* 様相である「非対象固定的事実様相（non-rigid factual modality）」であるところの「狭い意味での事実様相」と対比させる。誤解の恐れがない場合には、「対象様相」という用語を、様相論理における *de re* 様相を表す「対象固定的事実様相」の省略形としても用いることとする。

また、形而上学的様相に関しては、それを「広い意味での論理的様相」として捉え、その結果として、様相論理の体系S5によって示されるような絶対的様相のみを許容する見解が主流となっている(4)。これに対して本書では、そのような様相は存在者全般に適用可能でなければならない〈存在者それぞれの本質を源泉とする様相〉であると考える。そのうえで、特に実体的対象については、その本質そのものを源泉とする通常の形而上学的様相に加えて、その本質の一部を構成するいくつかの要因がさらなる形而上学的様相の源泉となり、その結果として体系Tなどの他の様相論理の体系によって表されるような固有の種類の形而上学的様相の根拠ともなっていると考える(5)。

これら別種類の様相は、実体的対象に視野を絞り込んだうえで、存在者全般には必ずしも適用できないような種類の様相をも「もの」に由来するその存在論的性格のゆえに「形而上学的」と認定した結果である。この意味において、このような実体様相としてのみ成立しうる他の種類の形而上学的様相をも含めた包括的な意味での形而上学的様相を「広い意味での形而上学的様相」と呼び、存在者全般に適用できなければならない本質様相としての形而上学的様相すなわち広い意味での論理的様相としての「狭い意味での形而上学的様相」と区別する。

この結果として、本書における「広い意味での形而上学的様相」の「広さ」は、形而上学的様相として文的様相以外にもその源泉としてのコプラ的様相を認定するという要因と、本質そのものを源泉とする様相のみならず、実体的対象に固有の形而上学的源泉を持つ様相も加えるという要因との二つの要因によって得られるものであることになる。その全体を示したのが表1a・1bであり、その包括的な形而上学的様相の中で特にコプラ的様相としての実体様相が位置づけられていたのである。太線で囲んである部分すなわち様相論理のＳ５体系によって表される事実様相（「Ｓ５様相」と略称する）が現代において形而上学的様相の範囲として最も標準的と考えられる範囲であるが、そこにまずはＳ５様相の源泉であるコプラ的様相としての本質様相を加えることによって様相の範囲が実体様相を表す下行に拡張され、さらにそれに伴って、他の三種類の〈実体固有の形而上学的様相〉であるところの力能様相・過去様相・未来様相を含む形で右列に拡張される（表１ａ・１ｂが横並びになっていると考えた場合）。最後にその結果として、それぞれを源泉とする事実様相としてのＴ様相、Ｓ４様相、Ｓ４.３様相も形而上学的様相の仲間入りをする、という図式である。

以上のように様相の色々な広さ狭さが交錯してまことに紛らわしく恐縮であるが、総括して言うならば、〈本書で中心的に扱われる四種類の形而上学的様相とは、(1)「最も狭い本来的な意味での〈もの(*res*)〉」である実体（および実体的対象）についての様相としての *de re* 様相であるが、(2) それがゆえに実体的対象に固有な種類の形而上学的様相をも含むこととなった「広い意味での形而上学的様相」であるところの「実体様相」であり、(3) それには実体的対象の類種性における「本質」と「力能」および持続性における「過去」と「未来」というそれぞれの源泉に由来する四種類がある〉ということである。そしてこれに即して冒頭に示した回答を述べ直すならば、「ものであるとは、それぞれ本質・力能・（過去および未来の）持続に由来する四種類の実体様相をまといつつ存在することである」ということになる。

しかし、この段階で次のような疑問を抱かれても不思議ではない：「そもそもコプラ的様相語によって表されるところの実体様相なるものは存在するのか?」実際、様相論理を背景として展開している現代の様相論においてはそのような様相は影も形も見せないように思われる。だが少なくとも歴史を振り返ってみれば、むしろそれこそが本来の *de re* 様相であったのではないかとさえ解釈できる余地がある。また、実は現代においても類似の主張がなかったわけではない。本章の残る二節では、これらの前例を確認することによって、本書で提示される上記のような主張がどのような様相論的文脈に属するものであるかを大まかながらも理解してもらうと同時に、各主張との異同を通して本書の立場を明確化していくための足がかりとすることを試みる。

2　実体様相の哲学史

アクィナス

前節での形而上学的様相の分類のキーワードとなっている *de dicto* と *de re* という語を最初に両方とも実際に用いてその対比を明示的に提示したのはトマス・アクィナスだったようであるが、彼は次のように述べている：

様相命題は、*de dicto* か *de re* かのどちらかである。*de dicto* 様相命題は、「ソクラテスが走るということは可能である（Sortem currere est possibile）」と述べられるときのように、述べられていること（dictum）全体が主語で様相（modalis）が述語であるような命題である。*de re* 様相命題は、

「ソクラテスにとって走ることは可能である（Sortem possibile est currere）」と述べられるときのように、様相が、述べられていることの中に挿入されているような命題である。(6)

すなわち、Sortem currere（for Socrates to run）という句中の語としてのSortemとcurrereとの間に挿入されて両者を連結する語としてpossibile_estという様相表現が用いられて作られた文としてのSortem-possibile_est-currereという命題が*de re*様相命題であるということであり、このような主語と述語に相当する語を連結する様相表現とは、まさしくコプラ的様相表現と言ってよいだろう。もちろん、ラテン語文法としては、Sortemよりもむしろcurrereが主語であるという問題はあるかもしれないが、少なくともソクラテスに局所化させた形で様相帰属を行っているという点は揺るがないだろう。

アリストテレス

さかのぼってアリストテレスも、様相三段論法に関する著述において実体的対象に深く関わる様相論を展開していたと思われるが、彼の様相論はきわめて難解であり、それは根本的な混乱と誤謬を含んでいると批判されたこともある。(7)しかし、たとえばS・マコールは、アリストテレスが現代の様相論理では捉えきれないような〈様相に関するより精緻な直観〉を持っていた可能性を示唆し、彼の様相三段論法を整合的に解釈するために考えうる一つの手段として、〈述語を修飾する〉か〈命題を修飾するか〉という選択肢以外の第三の選択肢を見出すという方法を挙げた。(8)

実際、R・パターソンは、いくつかの具体的根拠を挙げて、アリストテレスの三段論法に現れる様相語を述語修飾語として解釈することと文修飾語として解釈することとのいずれもが不適切であることを指摘した。そして様相三段論法に現れるコプラを、単純（plain）〈*huparchei*,〔= belongs to, applies to〕〉、必然〈*ex anangkes huparchei*,〔= necessarily belongs to〕〉、可能（単面可能と両面可能）〈*endechetai*（or *dunatai*）*huparchein*,〔=possibly applies to, two-way possibly applies to〕〉という三種類（細かく分けると四種類）に分類したうえで、様相語をコプラそのものあるいはその修飾として解釈する *de copula* 様相という第三の選択肢を提示した。(9) 彼は、そのように解釈されねばならない根本的な理由として、〈アリストテレスが対象の本質的属性と偶然的属性とを峻別する本質主義的形而上学を前提としており、その形而上学に資するために様相三段論法を構成していた〉ことを挙げ、次のように述べた。

アリストテレスの見解によると、基礎的レベルにおいては、様相的命題は、述語と主語の間のいくつかの特別な結合を主張している点において非様相的な命題と異なっているがゆえに、アリストテレスの様相的構文論は、今日においてはより一般的である文演算子あるいは述語演算子としてではなく、述語と主語の種々のありうる結合を表現するための様相的コプラすなわち結合表現を含んでいたのである。(10)

様相三段論法以外の文脈でも、たとえば『デ・アニマ』の中の「結合が過去のものである場合や未来のものである場合には、そこに時間を考慮して結合する。偽は結合のうちにある」という主張に

見られるように、アリストテレスは、二つの概念を結合する仕方のひとつとして時制や否定も含めていたことが窺われる。(11)

ミル

逆にアクィナスから時代を下ってみると、J・S・ミルも、『論理学体系』(1874) において、否定をコプラとしてではなく述語に対する限定として捉えるべきだとするホッブズの意見に異を唱えた後で、自分自身の見解を次のように述べている。

同様の見解〔＝否定をコプラとして捉えるべきだというミル自身の見解〕が、命題の様相(modality) に言及すると言われる、命題間の一連の区別の多くにも当てはまるであろう。その例としては、「太陽が昇った (The sun did rise)」「太陽が昇りつつある (The sun is rising)」「太陽が昇るだろう (The sun will rise)」のような、時間または時制の相違がある。それらの相違は、〔ホッブズが主張するところの〕否定と肯定の相違の場合と同じように、時間の表示を単なる述語の限定と見なすことによって、すなわち、「太陽は昇ったものである (The sun is an object having risen)」「太陽はいま昇りつつあるものである (The sun is an object now rising)」「太陽はこれから昇るものである (The sun is an object to rise hereafter)」と見なすことによって、もっともらしく解釈することもできよう。しかしそのような単純化は、言語上のものでしかないだろう。過去、現在、未来は、それと同数の異なる種類の「昇ること」を作り出すわけではない。それらは、断定される当のできごと、すなわち、太陽が今日昇ること、に属する指示なのである。それらが関係するのは、述語ではなく、ある特定の主語に対する述語の適用可能性に対してである。我々が過去、現在、未来であることを肯定するのは主語が表示するものでも述語が表示するものでもなく、とりわけて述定が表示するもの、すなわち、命題の項のいずれかもしくは両方によってではなく、命題それ自体のみによって表現されるものなのである。したがって時間的条件は、述語に対してではなく、述定の記号であるコプラに属するものと見なされるのが適切である[12]。

パース

パースも『哲学心理学事典』（1901）の項目「様相（Modality）」のなかで次のように述べている：

> 様相が何に存するのかについて論理学者の間に合意はない。しかしそれは、命題またはそのコプラの論理的限定（qualification）であるか、それに対応する事実（fact）またはその形式の限定であり、その仕方は、可能、不可能、偶然、必然というモードによって表現される[13]。

以上のように、歴史的観点からすると、コプラとしての様相という発想は自然であるように思われる。しかしそのことは逆に、そのような発想がいわば過去の遺物であること、すなわち、それは主語–述語形式のみによって命題を規定していた伝統論理においてしか通用しない発想であって、現代論理学に基づく論理では通用しないということを示しているのではないか。このような疑念を招くかもしれない。

たしかに、そのような側面があることを完全には否定できない。現代でも通用するためには、コプラ的様相は関係命題や複称命題をも含みうるように一般化されなければならないだろう。また、現代の様相論理との関係づけやコプラ的様相の四種類への拡張と分類の正当化なども求められるだろう。これらについては、本章に続く各章での考察を通じて徐々に明確化していきながら、最終章となる第六章で改めて総括することにする。次の第三節では、第一節の末尾で述べたように、現代論理学を前提としながらもコプラとして様相的表現を捉えるべきだとする主張あるいはそれに準ずる主張がまったくなかったわけではないことを確認しておきたい。これらの主張は本書の主張と必ずしも一致するものではないが、このような確認は、それらの主張との対比によって本書の主張の特徴を浮かび上がらせることを可能にすると同時に、いま述べたような、コプラ的諸様相の現代的な一般化・関係づけ・正当化のための予備作業ともなるであろう。

3　現代における実体様相

フォン・ウリクト

現代において最初に *de dicto* と *de re* の区別を復活させ、その後にも影響を与えたのはG・H・フォン・ウリクトであり、それはまだ様相論理の意味論が整備される以前のことであったが、彼は基本的にアクィナスの定義を踏襲している。彼は様相的カテゴリーを通常よりも広い意味で捉え、「真理

(alethic) 様相・認識 (epistemic) 様相・義務 (deontic) 様相・存在 (existential) 様相」という四種類に分類したうえで、そのうちの真理様相について次のように説明している[14]：

第一に、真理様態 (alethic modes) あるいは真理の様態 (modes of truth) がある。これらは、いわゆる様相論理が伝統的に関わってきた様相である。それらは、二つの下位カテゴリーにうまく分類できる。ときには、命題が真である (または真ではない) 様態についての検討が行われる。命題は、必然的に、可能的に、または偶然的に、真であると言われる。ときには、もの (thing) のなかに性質 (property) が存在する (is present) (または欠如する (is absent)) 様態についての検討が行われる。性質は、あるもののなかに、必然的に、可能的に、または偶然的に、存在すると言われる。アクィナスが、様相的主張 (assertion) には *de dicto* と *de re* がありうると述べたときに行っていたのは、この区別である。彼の語法を踏襲することとする[15]。

真理様相 (alethic modalities) が *de dicto* であると言われるのは、命題が真であったりなかったりする様態 (mode) あるいは仕方 (way) についての様相である場合である。「……ということは必然的である (it is necessary that ...)」、「……ということは可能的である (it is possible that ...)」、などの語句においては、様相が *de dicto* に用いられている[16]。

真理様相が *de re* であると言われるのは、個別者 (individual thing) がある性質 (properties) を持ったり持たなかったりする様態（mode）あるいは仕方（way）についての様相である場合である。「ジョンは可能的に（不可能的に、必然的に）死んでいる（John is possibly（not possibly, necessarily）dead）」、などの語句においては、様相が*de re*に用いられている。[17]

また、この後に問題となる事柄との関連で述べておけば、フォン・ウリクトは、「ジョンは可能的に死んでいる」という*de re*様相命題について、〈それは、「死んでいる」という述語に「可能的に」という様相的修飾語を冠することによって表現される「様相化された（modalized）」性質をジョンに対して述定する命題であると見なすことによって、「ジョンが死んでいるということは可能的である」という*de dicto*様相命題の単なる便宜的な省略形として処理することもできる〉と述べたうえで、次のように問題を提起している[18]：

*de dicto*様相の〔単なる〕語法的な代替としての*de re*様相の使用に加えて、*de dicto*様相としての使用へと翻訳できないような、別の自律的な*de re*様相の使用があるのだろうか[19]？

しかし彼は、この問題については、関連する事項をいくつか述べるのみで、彼自身の答えを与えていない。さらに、ここでの引用部分を含む節の末尾に次のような註を付している：

この論考において理解されているところの真理様相は、論理的な可能性・不可能性・必然性、などと呼ばれる様相をも含んでいる。しかしながら、同じ様相語が他の意味でも日常語で用いられるということにも触れておくべきである。様相語のひとつの重要な用法は、能力（*ability*）と傾向性（*disposition*）の概念、および、できる（*can*）という動詞と結びついている。……（中略）……

能力と傾向性に言及するような様相概念を動的様相（*dynamic* modalities）と呼ぶことにする（この用語はギーチ氏に倣っている）。動的様相は、（真正な意味での）*de re* のみによって用いられるように思われる。……（中略）……

動的様相の論理すなわち能力と傾向性の論理が真理様相とまったく同じ形式的規則に従うかどうかは、別に検討されるべきであろう。[20]

ここでフォン・ウリクトが挙げている次の三つの問題は、本書でも（特に第四章において）重要な考察課題として浮かび上がってくることになる：

(1) *de dicto* 様相としての使用へと翻訳できないような、別の自律的な *de re* 様相の使用があるか？

(2) 動的様相は、（真正な意味での）*de re* のみによって用いられるのか？

(3) 動的様相の論理すなわち能力と傾向性の論理は、真理様相とまったく同じ形式的規則に従うのか？

マッギン

様相論理における可能世界意味論が普及した後においても、C・マッギンが、真理様相を表す語をコプラの修飾子として捉えるべきだと主張する「コプラ修飾子理論（copula modifier theory）」を提示している。[21] 「様相が、述べられていることの中に挿入されている」場合が*de re*様相であるというアクィナスの主張を具体化する方法のひとつとしては、様相語を文演算子としてではなく述語演算子として捉えるという方法が挙げられる。これはまさしく、フォン・ウリクトが提示した〈述語を「様相化された性質」の表現として解釈することにより*de re*様相を「*de dicto*様相の〔単なる〕語法的な代替」として捉える方法〉に相当する。[22] これに対してマッギンは、様相語の機能を文演算子から述語演算子へと移転させる方向性自体には一定の賛意を示しつつも、それが最適な方法ではないと考える理由を次のように述べている：

> 述語修飾子として処理することが「ソクラテスは必然的に人間である（Socrates is necessarily a man）」のような様相的命題の力を十分に捉え切れていない理由は次のようなことである：その処理は、ソクラテスが彼に述定される性質を持つ仕方（*way*）を未回答のままにしてしまう。その場合、私たちに語られるのは、ソクラテスが必然的に人間であるという性質を持つということであり、その際のコプラは様相的に中立である：すなわち、ソクラテスは様相的性質を様相的に中立的な形式で持っていると語られている。したがって私たちは、ソクラテスがその様相的性質

を必然的に持っているのか偶然的に持っているのかを有意味に尋ねることができる。しかし元の文では、あたかもその質問にはすでに答えられているかのようである：ソクラテスは、彼に述定されるその性質を、必然性のモードにおいて持っている。(23)

もしも様相的修飾子の作用域をダッシュ記号で示すならば、当該の文を 'Socrates is necessarily-a-man' か 'Socrates is-necessarily a man' かのどちらかとして分節化することができる。第一の分節化の方法は、ソクラテスに様相的性質を帰属させるが、中立的な仕方でそれを行うのに対し、第二の方法は、様相に関わった形で非様相的な性質を帰属させる。したがって、第二の方法は、第一の方法が未回答のままにしておくことを解決する。それゆえ、元の文により密接に対応している。かくして、私の提案は、良きパラフレーズによって解決されるべき事を解決するようなアプローチを展開することである。このアプローチを、述語修飾子理論と対比させて、コプラ修飾子理論と呼ぶ。(24)

私たちが関心を持つのは、例化のモード (*mode of instantiation*) である。様相 (modals) とはモード (modes) なのである。様相語がコプラを修飾するということは、様相は例化関係の強さの問題であるという存在論的教説の言語論的対応物である：当該の対象は、述定された性質をただ偶然的に例化しているのか、それとも、それは論理的または形而上学的な必然性の問題なのか？かくして、コプラ修飾子理論によれば、私たちは様相的諸性質の存在論を繰り広げているのでは

なく、むしろ、非様相的な諸性質を並べ挙げたうえで、それらが異なる諸モードで所有されると考えるのである。(25)

以上から、マッギンが「*de dicto* 様相としての使用へと翻訳できないような、別の自律的な *de re* 様相の使用」としてコプラ修飾子によって表現されるような真理様相を想定していることは明らかであり、先のフォン・ウリクトの問い(1)に対しては当然、イエスと答えることになる。このようなマッギンの主張についての検討もこの後で行われる。

ジョンストン

M・ジョンストンは、論文「持続に関して何か問題があるか?」(1987)において、実体的対象における通時的同一性と内在的変化はいかなる意味で両立可能なのかを問う「内在的変化(intrinsic change)の問題」すなわち、「そもそも物が変化するということがいかにして可能なのか?」、「変化という概念には矛盾が含まれているのではないか?」という、「持続」や「変化」の可能性をめぐる伝統的な時間論的問題を扱った。(26) 彼は、〈たとえば青いトマトが赤くなるなどの内在的変化において、トマトという同一の個体がいかにして相容れない性質を持ちうるのか〉という「内在的変化を貫く同一性の問題(the problem of identity through intrinsic change)」と、〈たとえば青く色塗られたボールが赤く色塗られていたかもしれないという内在的可能性において、ボールという同一の個体がいかにして異なる可能世界において相容れない性質を持ちうるのか〉という「様相的変様を貫く同一性の問題

(the problem of identity through modal variation)」(いわゆる「貫世界同一性の問題(the problem of trans-world identity)」)との並行性・類似性を指摘したうえで、いずれの問題も一種の擬似問題だと主張する。したがってそれらを真正な哲学的問題として捉えたうえでその対処法として提示される、(1)単称名の関係化、(2)述語の関係化、(3)限定詞の文演算子化という三つの方法のいずれをも不要な動きとして退ける。これらのうち(3)が、様相や時制を文演算子として解釈する様相論理・時制論理の方法に対応している。[27]

そして、様相的変様に即した形でそれらに代わって彼が提示するのが、「様相的変様の問題の語源的(eponymous)解決」と呼ぶ方法である。彼が「語源的」と称するのは、「様相(modality)」とは本来、「物が属性に対して関係づけられる仕方(ways or modes)」に関連する概念だという点——まさしく、本書におけるコプラ的様相としての様態——に彼が着目しているからである。たとえば「サムが現実世界wにおいては太っているが可能世界vにおいては痩せている」ということは、「サムが、太っているという属性に対して『現実世界的に(in the actual world way)』あるいは『wという形で(in the w way)』関係づけられているが、痩せているという属性に対しては『(可能世界)vという形で』関係づけられている」ということとして解釈される。そして往々にしてこうした様相的限定に構文論的に対応するのは「現実に(actually)」「v的に(v-ly)」などの「副詞(adverb)」であることを指摘する。これが、彼のこの立場を表す名称のひとつとしての「副詞主義」の由来である。

そのうえで、彼はこの方法をもう一方の内在的変化の問題にも適用し、「サムが時点t^*においては太っているが時点tにおいては痩せている」ということを、「サムが、太っているという属性に対して『(時点) t^*という形で』関係づけられているが、痩せているという属性に対しては『(時点) tという形で』関係づけられている」ということとして解釈する。そしてこれらの形容も、構文論的には、「現在 (presently)」「t的に (t-ly)」という副詞に対応づけられる。こうして、変化の報告における時間的限定の典型は、「述定のコプラを修飾する副詞 (adverbs which modify the copula of predication)」であることになる。そしてこのことをより哲学的に表現するならば、「変化の報告における時間的限定の機能は『例化の関係を修飾する (modify the relation of instantiation)』ことである」ということになり、また意味論的には、「『aはt的にFするものである』が言語Lにおいて真であるのは、aが述語『Fするものである』をtにおいて充足^{L}する (satisfy $_L$-at-t) ときである」という形で表現できる (「tにおいて充足^{L}する」は基礎的な無定義語として位置づけられる)。

ジョンストンの立場が「副詞主義」と呼ばれるようになったひとつの理由は、もともと実際に彼が「副詞」という言葉をキーワードとして用いているからである。ジョンストン自身が自らの解法を「様相的変様の問題の語源的解決」と呼んだのは、「様相」が本来「物が属性に対して関係づけられる仕方」として「副詞」に親近性を持つものだという認識からであった。しかしジョンストンは、その際の副詞的表現をあくまでも「述定のコプラを修飾する副詞」として捉えており、「変化の報告における時間的限定の機能は『例化の関係を修飾する』ことである」ということを強調している。つまり彼は、通常考えられがちなように、述語の一部として動詞や形容詞などを修飾する語として副詞を捉えているのではない。あくまでも中心となるのは「例化の関係」を表す「述定のコプラ」であり、時間的指示表現は、そのさらなる副詞的修飾という副次的な位置を与えられている。したがってこの立場は、マッギンのコプラ修飾子理論と同類だと考えてよいだろう。実際、D・ルイスも、内在的変化の問題に対するジョンストンの解決方法を「コプラを時制化する」方法として位置づけている。[28]

ガルトン

A・ガルトンは、その著書『時相の論理——公理論的アプローチ』(1984)のなかで、〈すべての時制文について、それらは文演算子としての過去演算子P、未来演算子Fを命題pに対して適用することによってPp・p・Fpという形のものとして解釈できる〉という時制論理(tense logic)の前提条件は成立しないと主張し、時制論理に代わる新たな論理体系としての「できごと論理(event logic)」を提示した。[29]

彼によれば、時制表現のうち、Pp・p・Fpという形に書き直すことができるものは、未完了形(imperfect)の文だけである。たとえば、(1)「私は本を書いていた(I was writing a book)」、(2)「私は本を書いている(I am writing a book)」、(3)「私は本を書いているだろう(I will be writing a book)」という三つの文の関係は、Pp・p・Fpの間の関係として表すことができる。なぜならば、「過去時制の文(1)と未来時制の文(3)は、まさしく、現在時制である(2)の文が現在に割り当てているのと同じことを、過去、未来の時点に割り当てている」からである。[30]

ところが、それと同じ関係は、(4)「私は本を書いた(I have written a book)」、(5)「私は本を書く(I write a book)」、(6)「私は本を書くだろう(I will write a book)」という三つの文の間には成り立たない。その理由は、(5)の文は、「現在の時点については何も述べられておらず」、「(5)が現在に割り当てていることを述べることは不可能」だからである。[31] そこで彼は、(1)や(3)で表される過去・未来時制と(4)や(6)で表される過去・未来時制を異なるカテゴリーに属するものとみなし、後者は、それ自体は命題ではない「できごと根（event-radical）」に、彼が呼ぶところの「時相演算子（aspect operator）」が付されてできるものだと考えた。先ほどの(4)と(6)の文についていえば、両者は、「私が-本を-書く（こと）」という共通のできごと根*E*にそれぞれ Perf、Pros（Perfective、Prospective の略）という時相演算子が付いた、Perf*E*、Pros*E* という構造を持つものとして分析されるのである。[32]

ここでひとつ注意すべきは、昨今の主流と異なり、ガルトンが「できごと」として想定しているのは、あくまでもタイプとしてのできごとであるということである。[33] 彼は次のように述べている：

> 私は、できごとという言葉を類的事例、すなわち先にできごと-タイプと呼ばれたもののために取っておくべきだと提案する。そしてできごとの個別的な生起は単に生起（*occurrence*）と呼ばれるべきであると提案する。かくして、ジェーンが水泳することは、特定の期間内に一回または多数回生起することもまったく生起しないこともありうる。他方、彼女が二十歳の誕生日に行った水泳は、そのできごとの生起であり、そのような生起が繰り返されることは論理的に不可能である。[34]

そのうえで、二つの例文「(3・2・1) ジョンは歩いて帰りつつあった（John was walking home)」「(3・2・2) ジョンは歩いて帰りつつあるだろう（John will be walking home)」と二つの例文「(3・2・4)ジョンは歩いて帰った(John has walked home)」「(3・2・5)ジョンは歩いて帰るだろう(John will walk home)」とを対比させながら、時相演算子を次のように導入している[35]：

さて、(3・2・4)と(3・2・5)におけるそれ以外〔=(できごと-タイプである)できごと根としてのジョンが歩いて帰ること(*John-WALK-home*)以外〕の要素についてはどうだろうか？ たしかに、過去・未来の時制演算子としてのPとFがすでに手元にある。しかしこれらは命題に対する演算子であるのに対し、(3・2・4)と(3・2・5)では、時制は命題との結合によってではなくできごと根 *John-WALK-home* との結合によって現れている。したがって手元にある時制演算子を用いることはできず、異なる論理的カテゴリーの演算子を導入しなければならない。新たな演算子は、できごと根に作用して命題をもたらすものでなければならない。既存の過去・未来時制演算子との混同を避けるため、それらに異なる名前を与えなければならない。(3・2・4)の中の演算子は、その機能が多くの言語における完了時制と似ていなくもないので、完了時制演算子(*perfect-tense operator*)と呼ぼう。一方、(3・2・5)の中の演算子は、コムリーの示唆に従って[2]、前望時制演算子(*prospective-tense operator*)と呼ぼう。これらふたつの演算子を表す記号は、それぞれ Perf と Pros である。

これらふたつの新たな演算子を用いることにより、文(3・2・4)と(3・2・5)を次のように分析できることとなる：

（3・2・7） Perf（*John-WALK-home*）

（3・2・8） Pros（*John-WALK-home*）

あるいは、図式的に、根 *John-WALK-home* を表す *E* を用いることにより、それぞれを Perf*E*、Pros*E* として分析できる。これに対し、（3・2・1）と（3・2・2）の分析は次のとおりである：

（3・2・9） P（*John is walking home*）[36]

（3・2・10） F（*John is walking home*）

さて以上が、ガルトンが提案した時相演算子の概要であるが、私がここで指摘したいことは、時相演算子を一種のコプラとして解釈できるということである。この点に関して重要なのは、先ほど注意を喚起したとおり、ガルトンが時相演算子の適用対象として想定しているところの「できごと根」は、トークンではなくタイプとしてのできごとに対応する表現であるということである。もしもここで想定されているできごとがトークンであるとすれば、時相演算子は、個体としてのできごとを表す定項に対して述定される一種の述語として解釈されるのが自然であろう。しかしそうではなく、上の例で示されているできごとは、ジョンという個体と「帰宅する」という語が表示する何らかの普遍者によって構成されている。だとすれば、前記の（3・2・7）（3・2・8）という例文は、次のように、「ジョン」という固有名と「帰宅する」という述語がコプラとしての Perf や Pros によって結合された文としても解釈しうるということである[37]：

（3・2・7′）　*John*-Perf-*WALK_home*

（3・2・8′）　*John*-Pros-*WALK_home*

このことを裏づけるひとつの事実は、次のように、ガルトンが時相演算子の反復不可能性を主張していることである：

〔できごと〕根の非命題的本性の第二の帰結は、PやFと異なり、PerfとProsは反復できないということである。かくして、FP*p*のような式は自由に構成できるが、同様にProsPerf*E*のような式を構成することはできない。その理由は、Perf*E*は命題であるので、根のみに適用しうる演算子Prosの項としては不適切だからである。[38]

すなわち、FやPのような文演算子は、文に適用されて新たな文を作る演算子であるので、新たな文も文である以上、さらにそれに対しても反復して適用できることとなる。これに対してコプラは、主語と述語を結びつけて文を作る演算子なので、いったん文が作られてしまえばもはやそれに対してコプラが適用される余地はない。この意味において、演算子の反復不可能性は、それがコプラ的であることのひとつのメルクマールであると言える。

E・J・ロウは、その著書『存在の種類』(1989)の中で、「種(kind)」(「実体的普遍(substantial universal)」)を独立の存在論的カテゴリーとして認めるべきであることを主張し、そのような存在論のための形式論理学として「類種論理(sortal logic)」を提案した[39]。現代論理学においては、たとえば「ドビンは俊足だ」という文と「ドビンは馬である」という文は、いずれも述語記号と個体記号とから成る*Fd*(*F*:~は俊足である、*d*:ドビン)、*Hd*(*H*①:①は馬である、*d*:ドビン)という形式の原子文として記号化される。これに対し、ロウは、前者は個体にある属性(attribute)を帰属させる、属性帰属(attribution)を表す文であるのに対し、後者は個体がある種の実例であることを主張する、例化(instantiation)を表す文であるとして両者を区別した。そして、個体を表す「個体定項」「個体変項」に加えて類種を表す「類種定項」「類種変項」を導入したうえで、「ドビンは俊足だ」という文は通常の現代論理学と同様、*Fd*という形式で記号化したが、「ドビンは馬である」という文については、「~は…の例化者である」ということを表す例化記号〝/〟を新たな論理記号として導入し、*d*/α(*d*:ドビン、α:馬)という異なる形で記号化した[40]。個体定項はアルファベットの小文字で、類種定項はギリシャ文字の小文字で表される(変項についても同様)。これらを総称して「対象記号(objectual symbols)」と呼ぶ。

また彼は、たとえば「馬はクローバーを食べる(傾向性を持つ)」という文に現れる「傾向的述定(dispositional predication)」と「ドビンが目の前の(個体(particular)としての)クローバーを食べている」という文に現れる「生起的述定（occurrent predication）」を区別し、それぞれを(1) $\alpha\beta G$, (2) Gdc という形で述語記号の位置を変えることにより、異なる形で記号化した（β：（種としての）クローバー、$G_{①②}$：①は②を食べる、c：（個体としての）クローバー、α、dは先と同じ）。そして、以上のような特別な表記法を除けば、同一性を含む通常の第一階論理の言語と同じ記号と形成規則を用いた形式言語Sを用いて、第一階古典論理の任意の公理系の公理と推論規則、および、次のような、例化関係に関する三つの公理（図式）、生起的述定と傾向的述定に関する五つの公理（図式）から成る公理系としての「類種論理の公理系（An Axiomatic System of Sortal Logic）」を彼は提示した。[41]

A1：o_1 / o_1

A2：$(o_1 / o_2 \wedge o_2 / o_3) \rightarrow o_1 / o_3$

A3：$(o_1 / o_2 \wedge o_1 / o_3) \rightarrow (o_2 / o_3 \vee o_3 / o_2)$

A4：$P^n o_1 o_2 \ldots o_n \rightarrow o_1 o_2 \ldots o_n P^n$　（o^1、o^2、……o_nは対象記号。）

A5：$P^n o_1 o_2 \ldots o_n \leftrightarrow \exists v\ (P^n o_1 o_2 \ldots v \ldots o_n \wedge v / o_i)$（$o_i$は類種記号。$v$は$o^1$、$o^2$、……$o_n$中に現れない個体変項。）

A6：$o_1 o_2 \ldots o_i \ldots o_n P^n \leftrightarrow \exists v\ (o_1 o_2 \ldots v \ldots o_n P^n \wedge o_i / v)$（$o_i$は個体記号。$v$は$o^1$、$o^2$、……$o_n$中に現れない類種変項。）

A7：$(o_1 o_2 \ldots o_i \ldots o_n P^n \wedge o_j / o_i) \rightarrow o_1 o_2 \ldots o_j \ldots o_n P^n$（$o_i$と$o_j$はともに類種記号。）

A8：$(P^n o_1 o_2 \ldots o_i \ldots o_n \wedge o_j / o_i) \rightarrow P^n o_1 o_2 \ldots o_j \ldots o_n$（$o_i$と$o_j$ははともに個体記号。）

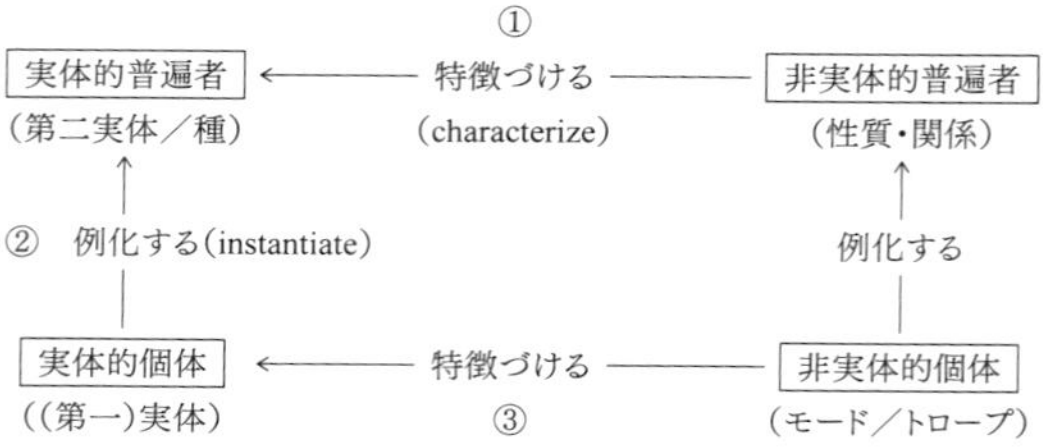

①「馬はクローバーを食べる」 $[\alpha\beta G]$
(種に関する傾向命題)
②「ドビンは馬である」 $[d/\alpha]$
(例化命題)
③「ドビンがクローバーを食べている」 $[Gd\beta]$ $(\exists x\,(Gdx \wedge x/\beta))$
(個体に関する生起命題)
②＋③「馬がクローバーを食べている」 $[\exists x \exists y\,(x/\alpha \wedge y/\beta \wedge Gxy)]$
(種に関する生起命題)
②＋①「ドビンはクローバーを食べる」 $[\exists \chi\,(d/\chi \wedge \chi\beta G)]$

この中で公理図式A５とA６が表しているのは、たとえば「馬がクローバーを食べている（$G\alpha\beta$）」「ドビンはクローバーを食べる（$d\beta G$）」などの「種に関する生起命題」と「個体に関する傾向命題」は、それぞれ「馬（という種）の実例である少なくとも一つの個体がクローバーの個体を食べている（$\exists x \exists y\,(x/\alpha \wedge y/\beta \wedge Gxy)$）」「ドビンがその実例となっている少なくとも一つの種はクローバーを食べる（$\exists \chi\,(d/\chi \wedge \chi\beta G)$）」という〈「例化命題」・先の(2)のような「個体に関する生起命題」・先の(1)のような「種に関する傾向命題」の三種類の原子命題のみを用いた形〉にそれぞれ還元できる、ということである。

このようなロウの類種論理の背後には、実体が最も基礎的な存在者であると考える実体主義者として彼が採用する、図のようなアリストテレス的「四カテゴリー存在論」の対当（square）図式がある。[42]

すなわち、原子命題に見られる三種の論理形式は、上の図式で示されるような存在論的図式を反映する形式として正当化されるということである。

さて、このロウの類種論理の体系をここで引用したのは、そこでは表立ってはコプラに対応するような表記法は用いられていないものの、実質的にはそれと同じ事を行っていると考えられるからである。というのも、まず第一に、「傾向的述定」と「生起的述定」は、同一の性質や関係をどのような「モード」のもとで実体的対象に帰属させるかについての相違を表すという点で、まさしくミルが述べていた「述定」そのものに関する様相の一種と考えられるし、ロウはその相違を述語記号の位置の相違によって表しているが、述語の位置は変えないで対象記号と述語記号の間に異なるコプラを置くことと、それはまったく同等の区別だと考えられるからである[43]。

さらに、これもロウは表立っては主張していないが、例化記号を用いて表される「ドビンは馬である」「馬は哺乳類である」のような関係を表す命題は、いまの二種類の命題とも異なる「モード」を持つ文だと考えられる。このような述定をそれぞれ「例化的述定」「類種的述定」と呼び、両者を総称する語として本書における「垂直述定」を用いることにする。さらに、傾向的述定と生起的述定がそれぞれ、上述の四カテゴリー存在論の対当図式における上辺と下辺をその基礎とする述定と考えられるので、両者を「水平述定」と総称する。

また、ロウは、時制の還元不可能性に加えて、傾向的述定と生起的述定の区別も還元不可能なものと考えているということも、彼がこの区別をコプラ的な区別として捉えていることのひとつの現れだと考えられる。彼はこの区別をそれぞれアリストテレスの potential（*dunamis*）と actual（*energeria, entelecheia*）に対応させ、アリストテレスにおいても両者が互いに還元不可能であったことに言及し

ている。(44)

ヴェター

B・ヴェターは、その著書『潜在性――傾向性から様相へ』（2015）において、傾向性を一般化した性質としての潜在性（potentiality）と様相論理によって示されるような可能性（possibility）とを、次のように対比させている：

私が理解するところの潜在性は、本書で説明される仕方において可能性と密接に関係している。両者の関係についての最初の理解を得るためには、いくぶん比喩的にではあるが、それは局所的な（localized）様相と非局所的な（non-localized）様相との関係であると言えるかもしれない。潜在性は、個体としての対象（a particular object）の性質であるという意味において局所的である。私が本書を書く潜在力（potential）を持つということは、まず何よりも私についての事実である。それは私が所有する性質である。これに対して、可能性はこのような形で局所的ではない。かくかくしかじかであることが可能だということは、第一義的には、いかなる一つの個体的対象についての事実でもない。それは、事物一般がどのように実現しえたかということに関する事実である。それゆえ、何が可能で何が可能でないかについての私たちの直観は、可能なすべてのことに対して、そのように実現した世界全体を想定することによって捉えられる。かくして、潜在性を帰すための適切な演算子は、次のような述語演算子である：…は…する潜在性を持つ（最初

> の…に定項を、二番目の…に述語を挿入せよ)。一方、可能性は、次のような文演算子によって表現される:…ということは可能である(…に文を挿入せよ)。
>
> この区別は、必然性に対する本質の関係と並行的である。本質は、潜在性と同様、局所的である:ある性質はある個体的対象にとって本質的である。必然性は、可能性と同様、局所的でない:かくかくしかじかであることが必然的だということは、第一義的にはひとつの個体的対象についての事実ではなく、世界がどのようでなければならないかについての事実である。本質と必然性の相違は、キット・ファイン(1994)によって指摘され、追究された。ファインの有名な例を引用するならば、ソクラテスが彼のシングルトン〔=ソクラテスのみを要素とする集合〕の要素であることは必然的である。しかしこの必然性は、ソクラテス自身にその源泉を持っていない:それは彼にとって本質的ではない。
>
> 要するに、潜在性は対象に根ざした可能性である。潜在性は可能性に似ているが、それらは個体の性質である。潜在性は、(ファインの見解によるところの)本質が必然性に対して持つ関係を可能性に対して持っている。[45]

この引用箇所から、コプラと述語演算子との相違こそあれ、ヴェターが、やはり文演算子によって表されるような様相と区別されるべき様相として潜在性を捉えていることがわかるだろう。

ここで彼女が「対象」として想定しているのは実体的対象であり、それに適用される「局所的」様相というものを重視するひとつの理由は、彼女がロウと同様に、実体的対象を最も基礎的存在者として認定する実体主義者だからである。そのことは次のような叙述に現れている：

対象（*Objects*）　私は世界が物（things）によって基礎的に構成されていると前提する。世界は自由に浮遊するトロープや（ウィトゲンシュタインがそう考えていたかもしれないように）事態によって造られているわけではない。また、（シャッファー 2010 が主張しているように）その諸部分すなわち世界の中の個体的対象に先行する全体でもない。また、（レディマンなど 2007 が論じているように）世界は関係項に先行する諸関係の構造でもない。最初に来るのは、個体的で具体的な諸対象なのである。[46]

世界は究極的に対象（objects）によって造られているということは、本書の中心的前提のひとつ——何よりも〔形而上学的様相への〕潜在性からのアプローチを動機づける諸前提のひとつ——である。もしも基礎的レベルがあるならば、それは（潜在性を伴う）諸対象から成っており、そのようなレベルがないならば、どこまで「下って」いっても（潜在性を伴う）諸対象が見出されるだろう。[47]

形式的には、端的な潜在性（potentiality *simpliciter*）は、述語演算子 POT として次のように構文論的に規定される：

Φがn単数項述語であり、$t_1, ..., t_n$が単数項（singular term）であるとき、あるいは、Φがn複数項述語であり、$t_1, ..., t_n$が複数項（plural term）であるとき、次は論理式である：

POT［Φ］$(t_1, ..., t_n)$.[48]

意味論的には、それは、t_1、……t_nによって表示（denote）される対象あるいは対象たちにΦによって表示される性質を持つ潜在性またはΦによって表示される関係を持つ潜在性を帰属させる。また、この定義ではΦは原子述語を表しているが、POTの作用域の中に来られる表現を拡張するために、λ演算子を導入する。ただし、可能性の論理を展開するためには、一単数項述語だけで十分であるので、書中ではもっぱらPOT［$\lambda x. \Phi$］(t)という形の論理式のみが用いられている。[49]

本書における〈事実様相とその根拠としての実体様相の対比〉は、ヴェターが潜在性演算子POTの導入によって表そうとした〈事物一般に関する様相と基礎的存在者としての実体的対象に関する様相との対比〉と、少なくともその趣旨において、軌を一にしている。

第2章 実体様相の論理形式

1 コプラ的様相としての実体様相

前章によって、文演算子によって表現されるような様相としての「文的様相」すなわち本書における「事実様相」以外の様相を認定しようとする動きが、現代の哲学者を含む何人かの論者において見受けられるということは明らかとなったであろう。問題は、そうした様相の位置づけである。すなわち、〈本書で追究されるような「実体様相としての *de re* 様相」はどのように *de dicto* 様相と対比されるべきか〉という問い（「問①」と呼ぶことにする）について考察しなければならない。

これについては、おおよそ次の三種類の立場に分類できる：(1) 実体様相を消去する、または、事実様相に還元する。(2) 逆に、事実様相を消去する、または、実体様相に還元する。(3) 両者を認定したうえでその（非還元的な）関係づけを行う。

(1)の立場をひとつの選択肢として表明していたのが、フォン・ウリクトである。彼は、「ジョンは可能的に死んでいる」というde re様相命題について、それは「死んでいる」という述語に「可能的に」という様相的修飾語を冠することによって表現される「様相化された（modalized）」性質を、ジョンに対して述定する命題であると見なすことによって、「ジョンが死んでいるということは可能的である」というde dicto様相命題の単なる便宜的な省略形として処理することもできると述べていた。また、現代の様相論理では、de dicto様相とde re様相の区別が実際になされているので、その点においては(3)の立場に近いと言えるが、その区別は、第一章の冒頭でも示唆したように、形而上学的様相はすべて文演算子によって表現されるということを前提として行われているという点では、もともとはコプラ的であったde re様相をde dicto的な様相へと変容させている面もある。この点についてはこの後で詳しく検討する。

次に、(2)の立場を最も明確に表明したのが、マッギンである。彼による真理様相のコプラ修飾子理論は、文演算子理論に対する対抗理論として提示されたものであった。実際、彼はde dicto様相をde re様相に還元することを次のような形で提案している：

この説明［＝コプラ修飾子理論］は様相語のde re用法に対しては十分にうまく機能するが、de dicto用法をどのように扱うのか、と反論されるかもしれない。「独身者は未婚であるということは必然的に真である」や「2+2=4という言明は必然的である」についてはどうなのか？　これらの文において、de re方式によってコプラを修飾するようには様相語が機能していないのは、たしかだろう。これに対する私の答えは、そうしたすべての用法は、真理述語に付加されているようなコプラを修飾していると解釈すべきであるということである。これらの用法の標準形（canonical form）は次のとおりである：「pという命題は必然的に真である」――これは、命題を表す単称項、コプラ、コプラ修飾様相、指示された命題に帰される「真である」という述語から成っている。(1)

最後に、(3)の立場に相当するのが、ガルトンとヴェターである。ガルトンは、時制演算子と時相演算子をそれぞれ、〈文に適用されてあらたな文を形成する文演算子〉と〈できごと根に適用されて原子文を形成する演算子〉として対比させていた。ヴェターも、述語演算子としての潜在性演算子と文演算子としての様相演算子をそれぞれ、局所的であるか否かという観点によって区別していた。ただし後に詳述するように、ヴェターは、最終的には、形而上学的可能性を潜在性に還元しようとする「可能性の潜在性理論」を目論んでおり、この点においては、ヴェターをマッギンに近い(2)の立場としても位置づけられる。彼女はその基本主張を第一次近似的に次のような形で定式化している：

[P] Pということが可能であるのは、Pということへの潜在性を何かが持つ場合である。(2)

(It is possible that P just in case something has a potentiality for it to be the case that P.)

すなわち、可能性とは潜在性をその担い手から抽象することによって得られるものだと彼女は考えるのである。

問①に関するこれら三つの立場の是非について検討する前に、それらに横断的な形で関わってくる二つの問いに決着をつけておきたい。それは、〈そもそも文的様相の内部では *de dicto* 様相と *de re* 様相をどのように対比させるべきか〉という問いと、〈文的ではない様相の性格づけとして適切なのは、「コプラ的」なのか「述語修飾的」なのか〉という問いである（それぞれ順に「問②」「問③」と呼ぶことにする）。

まず問②について検討しよう。現代においておそらく最も明瞭な *de dicto* 様相と *de re* 様相の対比方法は、様相論理の構文論に即して区別する方法である。G・フォーブズによる次の定義は、その代表的な例である：

次のいずれかの場合に文は *de re* と呼ばれる：(a)「□（もしもジョーンズが存在するならば、ジョーンズは人間である）」の場合のように、文が様相演算子の作用域の中に固有名を含んでいる。(b)「(∃x) □（もしも x が存在するならば、x は人間である）」の場合のように、文が、様相演算子の作用域の中に、その演算子の作用域の中にはない量化子によって束縛される変項を含んでいる。それ以外のすべての文が、*de dicto* と呼ばれる。(3)

そして、このような定義を意味論的に読み替えると、文が(a)における「ジョーンズ」という固有名や(b)のような形での変項 x を含んでいるということは、様相論理の意味論としての可能世界意味論において、すべての可能世界で同一対象を指示する固定指示子を含んでいるということであるということになる。

しかし、このような形での区別は、あくまでも現代の様相論理の枠内での区別、すなわち、文演算子によって表現されるような様相とその意味論としての可能世界意味論を前提とした区別にすぎない。また、その区別の存在論的含意も決して明確ではない。ここで求められているのは、存在論的な観点に基づく、より本来的・内実的な区別である。

内実的な観点に基づきながら *de dicto* と *de re* を対比させる方法としておそらくもっとも普及しているのは、「言語的」（他に「言表的」「命題的」など）対「実在的」（他に「事象的」など）という対比であろう。たとえば、この対比を説明するためによく用いられる「独身者は結婚していない」ということの必然性は、「独身者」と「結婚していない」という言葉の意味によって成立する分析的な必然性であるので、*de dicto* 的必然性であるが、独身者であるａという特定の対象自身が持つ可能性について考えた場合は、ａはその時点において結婚しているという可能性も持っているはずなので「ａは結婚していない」ということは *de re* 的には必然的でない、ということになる。実際、歴史的に見ても、アクィナスに先立ってアベラールは、これに対応する区別を *de sensu* と *de re* という形で行い、後者が物（res）についての主張であるのに対し、前者は意味または言語的単位についての述定であるという性格づけを行っていたようである。[4]

しかし、このような意味で *de dicto* 様相を捉えると、*de dicto* 様相は、実在の側にある様相ではなく、言語に関するメタ言語的な様相であることになってしまう。ミルは、たとえば「シーザーが死んでいるということはありえる（it is possible that Caesar is dead）」という主張に現れているような様相は、その主張が「事実そのものに関係する何ものかではなく、それについての我々の心の状態についての主張」と見なされるべきだという理由で、むしろ形而上学的様相として捉えるべきでないと主張したが、この中の「心の状態」を「言語」に置き換えれば同様の批判が成立してしまうし、またW・V・O・クワインらが様相演算子を論理語として導入することに反対した理由の一端もここにあった[5]。そしてこの点に関して示唆的なのは、パースによる様相の説明である。彼は次のように述べていた（一九頁）：

> 様相が何に存するのかについて論理学者の間に合意はない。しかしそれは、命題またはそのコプラの論理的限定であるか、それに対応する事実またはその形式の限定であり、その仕方は、可能、不可能、偶然、必然というモードによって表現される。

すなわち彼はここで、「様相が何に存するか」についての考え方として、それを「命題またはそのコプラ」と考える唯名論的立場と「それに対応する事実またはその形式」と考える実在論的立場に区別したうえで、さらにそれぞれの中で「命題」対「そのコプラ」、「事実」対「その形式」という対比を行っている。つまり、「言語的」対「実在的」という対比は、そもそも様相全般に関する存在論的立場についての対立なのであって、それをたとえば様相論理というひとつの枠組みの内部でなされるような *de dicto* 対 *de re* の区別としてなされるべきではない、ということをパースの説明から読み取れるように思われる。

このことを後押しするもうひとつの歴史的データとして、典型的な唯名論者であったオッカムによる *de re* 様相の説明を挙げることができる。C・D・ノヴァエスによると、オッカムは様相全般に関して唯名論的立場を採ったうえで、*de dicto* と *de re* の区別を次のように読み替えた：

特に、彼〔＝オッカム〕による様相的命題の説明によれば、様態（*modes*）は常に表現に対して述定されるのであって、決して物に対してではない。様相は *dictum*（言語的対象（a linguistic entity））に対して述定されるか、その様相がより単純な *dictum*（通常、その主語が指示代名詞であるような命題）に述定されるような形で様相的命題を再定式化できるかのいずれかである。(6)

すなわちオッカムは、*de re* 様相も *de dicto* 様相の一種だと考えた。その結果としてこの区別をオッカム自身は *cum dicto* と *sine dicto* という名称で呼び分けている。両者はおおよそ次のような形で再定式化できる(7)：

[*cum dicto*]
cum dicto 様相命題が真であるのは次の場合である：様相がそれに対応する直説法命題に正しく述定されている。
[*sine dicto*]
sine dicto 様相命題が真であるのは次の場合である：命題「『これは……である』は必然的（可能

的）である」は真である。その際、「これ」は主語が表す個体を指示している。

先ほどの例に則して説明するならば、「〈独身者は結婚していない〉は必然的である」が*cum dicto*様相命題で真となるのに対し、「〈彼は結婚していない〉は必然的である。そしてこの場合の「彼」はaを指示している」が*sine dicto*命題で、偽となる。

このように、オッカムは、様相に関する「言語的」対「実在的」という図式のもとでは全面的に前者を採用したうえで、伝統的な*de dicto*と*de re*の対比をその内部で*cum dicto*対*sine dicto*という形に変容させて行ったのであるが、もしもこのような方法が可能であるならば、それと並行的な処理を様相に関する実在論的立場のもとでも行えるはずである。パースを再び引用するならば、様相は「命題またはそのコプラ」に存すると考えるのがオッカム的な唯名論的立場であり、単に形式的にではあるが、オッカムの「*cum dicto*対*sine dicto*」がその立場内での「命題対そのコプラ」にそれぞれ対応する。これと並行的に、様相は「命題に対応する事実またはその形式」に存すると考える実在論的立場を採ったうえで、伝統的な*de dicto*と*de re*を「事実」対「その形式」もしくはそれに準ずる形で対比させるという立場がありうるだろう。

そして実際、様相演算子を対象言語の中で導入し、可能世界意味論という形で意味論を与える現代の様相論理によって表される様相は、必ずしもD・ルイスが考えるような文字どおりの意味での「実在する可能世界についての」様相ではないにしても、何らかの意味での「世界についての(worldly)」「実在についての」様相としての「形而上学的」様相を表していると考えるならば、様相に関する実在論的な立場を採らざるをえないだろう。そしてオッカムの *cum dicto* と *sine dicto* をそのような実在論立場に変換してみれば、*sine dicto* とは、固定指示子を含む命題によって表現される事実の必然性に他ならないことがわかる。中世の唯名論者オッカムやクワインらひと頃までの現代の分析哲学者たちはいざ知らず、クリプキ以降の分析形而上学者たちは、固定指示子という概念のもとで、特定の個体そのものについての様相命題が「実在論的に」成立することを臆面もなく堂々と主張するのである。

しかし一方で、オッカムの *cum dicto* と *sine dicto* の分類は、〈様相論理の構文論に基づく *de dicto* と *de re* の分類がパースの言う「事実対その形式」の対比を捉えうるほどには本来的なものではない〉ということも教えてくれている。というのも、オッカムによる *sine dicto* の分析は、その場合も様相はあくまでも *cum dicto* と同様、命題に対して述定されるものであるということを主張しており、ただその命題がたまたま特定の個体についてのものである場合が *sine dicto* なのだということを示しているからである。これを実在論的に言い直せば、様相論理に基づく *de re* 命題も、あくまでも「事実」に関する様相を述べる命題であり、たまたまその事実が特定の個体についてのものである場合が *de re* なのだということになるだろう。

したがって、「特定の個体についての」事実に関する様相であるという限りで、その様相は、一定の程度において「*de re*」と呼ぶに値するのであるが、しかしそれは決して、たとえばパースが「事実」に対する「その形式」という形で対比させたような深い意味での対峙的関係を事実に対して持ちうるようなものではないだろう。あくまでもそのような事実は、様相的事実全般の中の「一部」でしかないからである。これは、様相論理の演算子が文演算子であることを思い出せば、ある意味で当たり前のことである。様相が文あるいは命題に対して適用されるものである以上、それに対応する事実についての様相であることは免れえないのである。

こうした理由で私は、様相論理の構文論に基づく *de dicto* と *de re* の対比を、「命題的」「言表的」対「実在的」「事象的」という形で言語的対実在的という対比を強調する訳語の使用は避けたい。それに代わって（一二頁で述べたように）正式な訳語として、*de dicto* 様相に対する「事実様相」と（様相論理における）*de re* 様相に対する「対象固定的事実様相」を採用したうえで、後者の略称として「対象様相」を用いることとする。そして後者は本来的な意味での *de re* 様相ではないということを強調するために「擬似的 *de re* 様相」という名称も用いる。また、事実様相・対象様相いずれも、それらが文演算子によって表されるものだという構文論的・言語的特徴に即して言及する場合、「文的様相」と表現する。

以上が、〈そもそも文的様相の内部では *de dicto* 様相と *de re* 様相をどのように対比させるべきか〉という問②に対する私の回答である。*de dicto* 対 *de re* の対比に関して残るのは、〈本書で追究されるような「実体様相としての *de re* 様相」はどのように *de dicto* 様相と対比されるべきか〉という先の問①であるが、それに答えるためにも、次に〈文的ではない様相の性格づけとして適切なのは、「コプラ的」なのか「述語修飾的」なのか〉という問③を片づけておきたい。

前者の立場を明確に採っているのがミル、パース、マッギン、ジョンストンであり、また明確ではないが、パターソンの解釈にしたがう限りでのアリストテレスおよび私の再解釈にしたがう限りでのガルトンも、こちらに属することになる。一方、後者の立場を表明しているのがヴェターであり、また、フォン・ウリクトが選択肢として提示した「*de dicto* 様相命題の単なる便宜的な省略形」としての *de re* 様相もこちらに属する。そして、ガルトンの解釈によって明らかなように、私の立場は明確に前者である。

私が後者に反対する主要な理由はほとんど、ミル、マッギンおよびフォン・ウリクトによってそれぞれすでに表明されている。

まず第一に、ミルが主張しているとおり、たとえば「太陽が昇った」「太陽が昇るだろう」などの文は過去時制や未来時制によって修飾された「昇る」という性質いわゆる「時制付きの性質」を太陽に帰していると見なすと、すべての性質に対して過去的・現在的・未来的の三種類を割り当てなければいけないことになる。また、これと並行的なのが、「昇る」という述語は（無時制的に）固定化したうえで上の二つの文を「過去の太陽が昇る」「未来の太陽が昇る」と見なすこと、いわば三種類の「時制付きの太陽」に「昇る」という無時制的性質を帰していると解釈することである。[8]

そしてこれらのグロテスクな解釈を回避するためには、時制を文演算子と見なすかコプラと見なすかのいずれかしかない。前者を採用したのが時制論理であり、実際その創始者であるプライアーは、まさに時制論理の先駆として先ほど紹介したミルの文章を引用し、ミルがそこでの主張を具体的には展開しなかったことを惜しんでそれを「荒野のなかの小さな叫び」と評したのであった。[9]このふたつの方法は、時制表現と否定表現との間に親近性を見いだしている点で、他の二者よりも時制に論理的機能を付与していると言えるだろう。パースが様相について「命題またはそのコプラの論理的限定であるか、それに対応する事実またはその形式の限定」と述べ、マッギンが「私たちが関心を持つのは、例化のモードである。様相とはモードなのである」（二五頁）と述べた際に両者が考えていたのも、同趣旨であろう。

次に、述語修飾子としての *de re* 様相は、その実質的機能において、文演算子に即して定義される *de re* 様相すなわち、「対象固定的な *de dicto* 様相」としての「擬似的 *de re* 様相」とほとんど変わらないということが挙げられる。そのことを象徴する事態が、フォン・ウリクトがこのような *de re* 様相を「*de dicto* 様相命題の単なる便宜的な省略形」として解釈することによって *de dicto* 様相に還元する可能性を示唆していたのに対し、ヴェターは逆に、表す様相論理の文演算子によって表される *de dicto* 的様相（特に可能性）を、*de re* 的な述語修飾子としての POT 演算子によって表される潜在性に還元できると主張していたということである（四五頁）[10]。

この点は、ヴェターが示した、POT［Φ］($t_1, \ldots, t_n$) という形での POT の構文論にも明瞭に現れている。彼女が POT を述語演算子として解釈しているのは、POT［Φ］という述語が $t_1, \ldots, t_n$ という定項に適用されたという構造をこの文が持つからであるが、その構造は、［Φ］($t_1, \ldots, t_n$) という文に POT という文演算子が適用されたものとしても解釈できてしまうだろう。もちろん、彼女は、両者には「非局所的 vs.局所的」という相違があると主張するのであるが、問題は、そこにどこまでの「実質的相違」を見いだせるかということである。たしかに、POT を述語演算子とすることによって、POT［Φ］という様相的述語は必ず何らか特定の個体（たち）に帰属させられることになる。しかし特定の個体に様相的述語を帰属させるだけなら、固定指示子さえ用いれば文演算子によっても実現できる。だとすれば、その局所性は、結局のところ、文演算子を用いて規定される *de re* 様相すなわち擬似的 *de re* 様相によってもたらされる局所性と変わらないことになるだろう。

しかし、このようなヴェターへの批判は、コプラ的な *de re* 様相にも当てはまってしまうのではないかと思われるかもしれない。実際、POT［Φ］($t_1, \ldots, t_n$) という構文は、［Φ］_POT_ ($t_1, \ldots, t_n$) という構文として、POT というコプラが述語と定項を媒介する構造を持つとも考えうるだろう。

だが、コプラと述語演算子とは、後者があくまでも修飾子であるのに対し、前者はそうでないという点で決定的に異なっている。そしてこの点は、後者が省略も重複も可能であるのに対し、前者はいずれも不可能だということに現れる。先にあげた例に即して言えば、POT［Φ］($t_1, \ldots, t_n$) から POT を取り除いた［Φ］($t_1, \ldots, t_n$) も POT を重ねた POT POT［Φ］($t_1, \ldots, t_n$)、POT POT POT［Φ］($t_1, \ldots, t_n$)……などのいずれも正式な論理式であり、この点は POT を述語演算子として解釈しようが文演算子として解釈しようが変わらない。また、様相論理の様相演算子を用いた□◇□［Φ］($t_1, \ldots, t_n$) などの式についても当てはまる。

これは結局のところ、この場合の修飾子とは日常語における副詞のようなものだからであり、たとえば「彼は帰宅した」という文を元として「急いで、彼は帰宅した」や「さらに急いで、彼は帰宅した」とも言えれば「彼は、急いで帰宅した」や「彼は、さらに急いで帰宅した」とも言えてしまうのと同様の事情である。文演算子・述語演算子があくまでも文から文、述語から述語を作るものである以上、演算子を適用されないことも何度も適用されることも可能なのである。

これに対して、（一般化された意味での）コプラが項と述語のペアを結合して原子文を作る演算子

（というより結合子）である以上、それが使用されない限り文として成立しないと同時に、いったん成立してしまったらもはやそれ以上の使用の余地はない。先に挙げた例の中でこの点をもっとも明瞭に示しているのは、（私が解釈する限りでの）ガルトンの時相演算子である。時相演算子は、それ自体は命題ではないできごと根に適用されて原子文を形成するものであったし、その反復・重複が不可能であることをガルトン自身も主張していた（三三頁）。

ただし、マッギンのように必然性や可能性などの様相的表現を「コプラ修飾子」として解釈してしまうと、それらは（現実性を表す）コプラから新たなコプラを作る演算子となってしまう。すると原則としては、さらに新たなコプラ修飾子を適用することが可能となり、コプラ的演算子の反復・重複が起こりうることとなる。しかしこの場合も、コプラ全体としての単一性と省略不可能性は揺るがない。私自身は、ガルトンの時相演算子を範として、コプラ的演算子（結合子）自体も原子文（本書では「原始文」）につきただひとつ、すなわち、重複も省略も不可能なものと考えたい。そのひとつの理由は、実体的対象について語る文の最も基礎的な様相としてコプラ的様相を捉えたいからである。重複を許すと、それは基礎的でない文すなわち、ある文を元にしてコプラ修飾を何度か行った文も含まれることになってしまう。

この結果、必然性や可能性などの様相を表すコプラは、現実性を表すコプラに対する修飾子ではなく、現実性を表すコプラと並立する二つのコプラであることになる。これは、パターソンが示していたアリストテレスの解釈の選択肢のひとつであった。その意味では、アリストテレスの立場が最も類似性を持つと言える。また、Perf, Pros（および後述の Prog）が並立するという時相演算子との並行性も成立することとなる。そしてまさにこの点が、コプラ的様相語を修飾子としてではなく独立の結合子として捉える第二の、そしてより重要な理由である。というのも、私は、少なくとも実体様相としての必然性や可能性は、それらと対比される実体様相としての現実性に従属するような「修飾」ではなく、そのような意味での現実性と同等の資格を持つ様相だと考えるからである。必然性や可能性は現実性に対する修飾や外挿として発生するのではなく、逆にいくつかの必然性や可能性を前提とした形で現実性が発生していると考える立場、しかもそのような事情が実体的対象にまつわる実在性の最も基底的レベルにおいて成立していると考える立場を本書は標榜する。すなわち、類種的な事実様相における「現実性」の中に、実体的対象の様態としての必然性や可能性も含まれ、時制的な事実様相における「現在性」の中に、実体的対象の時相としての過去性や未来性も含まれると考えるということである。そしてこれらの様相を含み込んだ広い意味での「現実性」と「現在性」こそが実体的対象に関する最も基底的なレベルでの「実在性」を構成するのである。これらの意味において、本書を貫くひとつの柱は「非還元的様相実在論」ともいうべき立場である[11]。また、様相の源泉をいま述べたような広い意味での「現実性」「現在性」に求めているという点においては、本書の立場は、A・ボルギーニの分類によるところの「新様相現実主義（new modal actualism）」に属するとも言えるだろう[12]。

　別の角度から述べるならば、本書では、現代述語論理学では $Fa_1a_2...a_n$ という形式で一括される原子命題の形式に対して、いくつかの様相的な述定のモードが導入され、それによって原子命題が分類される。これらそれぞれの様相的モードの意味の相違は、集合を用いたモデル論によって外延的に表現できないので、内包的かつ非還元的な様相論とならざるをえない。また、先に述べたように（第一章註2)、原子命題どうしが一定の形而上学的関係を持つので、本来の意味で「原子」とは言えない。むしろ「原始的(primitive)」とか「基底的(basic)」というべき命題となる。そしてその関係は公理論的に規定するしかない。実際、ガルトンは、時相演算子の論理学をそのように構成したのであった。

さらにこの点は、〈本書で追究されるような「実体様相としての *de re* 様相」はどのように *de dicto* 様相と対比されるべきか〉という問①に対する回答をも導く。ここで三たび思い起こしたいのが、パースによる対比すなわち「命題またはそのコプラの論理的限定であるか、それに対応する事実またはその形式の限定」である。というのも、原始命題における述定のモードとはまさしくその「コプラ」であり、それが表現するのは、「原始的事実」の「形式」に他ならないからである。したがって、上記の問いに対する回答は、〈原始命題を起点として構成される諸命題に対して適用される文演算子によって表現される「事実様相」が *de dicto* 様相であるのに対し、原始命題のコプラによって表現される、原始的事実そのものの様相的形式が「実体様相」としての *de re* 様相である〉ということになる。実体様相は原始命題中のコプラによって表現されるものなので、特定の対象に帰属されるという点では擬似的 *de re* 様相としての「対象様相」と共通点を有するが、後者はあくまでも「対象固定的な事実様相」にすぎないので、実体様相は対象様相の一種とは言えない。その意味で、対象様相は、本来的には事実様相の一種として、実体様相と対比されるべきものである。言語的・命題的な観点から事実様相全般との対比を行うときに、実体様相は、「文的様相」と対比的に「コプラ的様相」と呼ばれる。

2　実体的対象の存在形式としてのコプラ的様相

前節において、実体様相は、原始命題のコプラによって表現される〈原始的事実そのものの様相的形式〉として特徴づけられた。すると次は、そのようにして認定された「様相的形式」の形而上学的解明を行わなければならない。具体的には、次のような問いに対して回答を与える責務が発生する。

［問④］　そもそもなぜ当該のコプラが表す「形式」を「形而上学的様相」と言えるのか。

［問⑤］　コプラ的様相としての実体様相は文的様相としての事実様相とどのような関係にあるのか。

［問⑥］　コプラ的様相としての実体様相はなぜ四種類なのか。

問④に対するさしあたっての回答は、マッギンも述べていたとおり、コプラ的様相は、述定の「モード」だと言える、ということである。しかしそれだけではあまりにも包括的すぎる。たとえば、「豊臣秀吉は切腹すべきである」という例文中の「……べきである」なども、「切腹する」という述語を豊臣秀吉に対して述定する際の一種の「モード」と言えるかもしれないが、このような義務的モードを本書で想定している「実体様相」の一種として認定できないのは明らかである。そのような認定がなされるためには、それはいわゆる「真理様相」（その呼び名が適切か否かはここでは差し措くとして）としての必然性・可能性を表すような「形而上学的」モードでなければならない。

そして結果的には、問⑤に対する回答を与えることが、このような観点を含めた形で問④に対する回答を与えることにもなる。そしてこの問⑤は、前節で掲げた問①〈本書で追究されるような「実体様相としての *de re* 様相」はどのように *de dicto* 様相と対比されるべきか〉に対する回答として与えられた対比について、その形而上学的内実をさらに追究する問いとして位置づけられる。したがって、実体様相と事実様相の関係に関する三つの立場の是非について検討するという、前節の冒頭で掲げた課題に対して十全な形で回答を与えられる段階にようやく達したということとなる。その三つの立場とは、次のようなものであった：(1) 実体様相を消去する、または、事実様相に還元する。(2) 逆に、事実様相を消去する、または、それを実体様相に還元する。(3) 両者を認定したうえでその（非還元的な）関係づけを行う。

これらのうち、(1)の立場はすでに退けられている。事実様相に還元できるのは、特定の対象についての事実様相としての擬似的な *de re* 様相のみであり、実体様相としての *de re* 様相は、原始的事実の不可欠な形式として、そうした擬似的 *de re* 様相からは区別されたのであった。すると残るは(2)か(3)のいずれかの立場ということになる。前節で述べたとおり、(2)の立場を採ったのがマッギンであった。マッギンは次のように述べていた（四五頁）：

そうしたすべての用法〔= *de dicto* 様相としての用法〕は、真理述語に付加されているようなコプラを修飾していると解釈すべきであるということである。これらの用法の標準形（canonical form）は次のとおりである：「*P*という命題は必然的に真である」――これは、命題を表す単称項、コプラ、コプラ修飾様相、指示された命題に帰される「真である」という述語から成っている。

しかし、*de dicto* 様相についてのこのような解釈にはいくつかの問題点がある。まず第一に、先にも述べたように、このように解釈すると、*de dicto* 様相は、文字どおりの意味での「真理様相」として、メタ言語的な様相であることになり、対象言語の中で語られるような形而上学的様相としての資格を失ってしまう。実際マッギンは、このような様相が「意味論的上昇」を伴うと述べている(13)。

第二に、この解釈にしたがうと、命題というものを、単称項によって指示されるような個体としてブラックボックス化してしまうことになる。その結果として、この解釈のもとでは、少なくとも文字どおりの意味では様相論理や時制論理における演算子列によって示されるような複合的な様相や時制の存在余地がなくなってしまう。たとえば、□◇◇*P* や FPG*P* という命題においては、その主要演算子である□とF以外の様相・時制演算子は、それぞれ個体としての◇◇*P* や PG*P* という命題を指示する単称項――それぞれ P_1、P_2 としよう――の中に埋もれてしまう。いわばそれらの命題がブラックボックス化して、「P_1は―必然的に―真である」「P_2は―過去的に―真である」という形で分析されることとなる。

ただ、いわば演算子ごとにブラックボックスを開くという形での対処は少なくともできるので、これは決定的な問題点とは言えないかもしれない。しかし、様相論理や時制論理によって得られる体系化や一般化の成果をすべてその方法で代替できるという保証はないであろう。さらに、反復されている文演算子のうち冒頭のものだけがメタ言語的内容を持ち、それ以外は対象言語的内容を持つという不規則性に対する正当化も必要であろう。

また、マッギンのように様相演算子をすべてコプラ的演算子に還元したうえでそれらをあくまでもコプラの「修飾」として考えるならば、複合的なコプラ的様相として演算子の反復も許されるであろう。しかし本書における時相コプラのように、原始文における反復も省略も許されない基礎的コプラとしてコプラを位置づける限り、この方法に従うわけにはいかない。

こうした理由で、本書が採用するのは、「(3) 両者〔＝事実様相と実体様相〕を認定したうえでその（非還元的な）関係づけを行う」という、いわば穏健な立場である。この立場を採ったのがガルトンとヴェターであったが、ヴェターによる述語演算子としての潜在性演算子の規定は、結果的に *de re* 様相を対象固定的な事実様相と変わらぬものとしてしまっていた。そしてそのことも与って、ヴェターは最終的には文的様相演算子を述語演算子に還元するというどちらかと言えば(2)に近い立場を採ったのであった。また、ガルトンについても、時相演算子をコプラとして解釈するという、あくまでも私の解釈の中で位置づけられた立場なので、ガルトン自身が少なくとも一般化された形で両者の「非還元的な関係づけ」を行っているとは言えない。

そこで、改めて事実様相と実体様相との非還元的な関係づけを行わねばならないのであるが、その最も重要な手がかりとなるのが、ヴェターが非還元主義的な文脈のもとで引用していた次のようなファインの主張である（三九頁）：

本質と必然性の相違は、キット・ファイン（1994）によって指摘され、追究された。ファインの有名な例を引用するならば、ソクラテスが彼のシングルトン〔＝ソクラテスのみを要素とする集合〕の要素であることは必然的である。しかしこの必然性は、ソクラテス自身にその源泉を持っていない：それは彼にとって本質的ではない。

また、ヴェターは、様相の非還元的説明について次のように説明している：

> 様相はパッケージとして生ずる。もちろん、必然性と可能性というなじみ深い様相が存在する。さらに、自然法則、本質、反実条件法、因果、傾向性のような様相的現象（もしもそれらを真剣に現象として捉えるならば。そうでないならば、それらのような様相的概念（*notions*））も存在する。様相への還元的アプローチは、これらすべての現象をその様相的パッケージの外側から採用された言語——たとえば極大的な時空的連結を伴う諸対象（maximal spatiotemporally connected entities）としての世界についての言語——によって記述しようとする。……（中略）……様相の非還元的説明は、静寂主義的（quietist）である必要はない。そのような説明は、様相的パッケージの諸要素を非様相的な何かによって捉えようとはしないが、そのパッケージのいくつかの部分を他のいくつかの部分によって理解することによって、パッケージそのものに階層を設定することができる。……（中略）……ファイン（1994）は、私たちが本質によって必然性を理解するという

ことを示唆している。[14]

すなわちヴェターはここで、非様相的な具体的対象としての可能世界に様相を還元してしまうD・ルイスのような還元主義と、様相をもっぱら原始的なものと見なしてその基礎づけや分析を一切拒否する静寂主義のいずれとも一線を画した立場として自分自身とファインを位置づけている。[15] 先ほど述べたように、ヴェターは、文演算子的様相を述語演算子的様相に還元するので、その意味ではいわば「形式的」還元主義者であるが、文演算子によって表される「可能性」という様相を、彼女が様相的現象の一種と考える「潜在性」という別の様相によって「理解」しようとしているという点において、「内容的」には非還元主義者である（と少なくとも本人は考えていると思われる）。

私は、複数の様相がパッケージとして実在的に存在するという主張、そしてそのパッケージの中での階層化としての非還元的な基礎づけが可能であるという主張において、ヴェターに賛成する。本章第一節の末尾（五七頁）で表明した、本書が標榜する「非還元的様相実在論」は、そのような階層化を前提としたうえで「非還元的」であると同時に「多元的な（pluralistic）」様相実在論だとも言える。

しかしこの場合、〈様相に関してどのような意味での「階層性」と「多元性」が成立するのか〉という問いに対する回答義務が発生する。この問いに答えることは、先に挙げた〈コプラ的様相としての実体様相はなぜ四種類なのか〉という問⑥に対して回答を与えるための一過程として位置づけられる。これらの問いに答えることは、極端な還元主義・非還元主義のいずれとも異なる「穏健な」形での様相実在論が背負い込まざるをえない宿命である。またこのような立場は、一種の中間的立場として、いくつかの曖昧さを招きやすいという危険も伴っている。実際、ヴェターが引用しているファインは、ときに様相の還元主義者と見なされることもあるし、ファイン自身も、ヴェターのように本質そのものが様相的であるというような主張は行っていない。[16]ヴェターは、形式的な還元性と内容的な非還元性の併用という方法によって、ある意味では明確にその説明義務を果たしたとも言える。しかし問題はその各々の実質が妥当なものであったかどうかということである。前者についてはすでに異議を提示してある（五四頁）が、後者についてもこの後（第四章第二節）に異を唱えることとなる。

まず、本書における様相の「階層性」について説明しよう。先ほど述べたとおり、その範型はファインの本質論である。ファインは、様相論理によって表されるような必然性だけでは、個体の本質的必然性を捉えるのに（必要ではあるが）十分ではないことを、いくつかの例によって示した。[17]たとえば、様相的集合論の標準的見解に従えば、「ソクラテスが存在するならば、ソクラテスだけを要素とするような集合（シングルトン）が存在することは必然的である（$\Box(E!s \to s \in \{s\})$）（$E!$①：①は（ただひとつ）存在する、$s$：ソクラテス）」という帰結が導かれる。しかし、だからと言って、そのようなシングルトンに属することがソクラテスの本質であるとはとうてい考えられない。というのも、ソクラテスの人物としての同一性を問題にする際に、そもそもどのような集合が存在し、そのうちのどの集合にソクラテスが属するか、ということが関係しているはずはないからである。また、「必然的に、ソクラテスが存在するならば、1+1=2である（$\Box(E!s \to 1+1=2)$）」という命題も、その後件が数学的な必然的真理を表す命題であるがゆえに、トリヴィアルに成立するが、もちろん、そうした数学的真理がソクラテスの本質の一部であるはずがない。さらに、まったく無関係な二つの対象、たとえばソクラテスとエッフェル塔について、それらが異なる対象であることは必然的である。しかし、だからと言って、エッフェル塔とは異なっているということが、ソクラテスの本質の一つであるとは言えない。そもそもソクラテスが持ついかなる性質の中にも、エッフェル塔との特別なつながりを持つものはないからである。そして、これらの問題が生ずる根本的理由は、(少なくとも通常の様相論理における)文演算子によって表現される必然性だけでは、その必然性がどのような源泉によってもたらされる必然性なのかを示せないところにある。

そしてヴェターも、先に引用したように、ファインにおける本質と必然性の関係と同様の関係を潜在性と可能性の間に見出し、その関係を「局所的」対「非局所的」として性格づけたうえで、「潜在性は対象に根ざした可能性である。潜在性は可能性に似ているが、それらは個体の性質である。潜在性は、(ファインの見解によるところの)本質が必然性に対して持つ関係を可能性に対して持っている」と述べたのであった。

本書においては、このような関係をさらに一般化して、「実体様相」対「事実様相」の関係として捉える。そして実体様相は、事実様相の源泉のひとつとして、後者に対する十分条件を与えるものとして規定される。たとえば、本質と潜在性に由来する実体様相はそれぞれ、異なる様相論理体系の文的様相演算子によって表現される必然性命題と可能性命題の十分条件を与えることになる。これに対して事実様相は、実体様相の必要条件ではあるが十分条件では必ずしもない。このような意味において、実体様相は、事実様相に対する「根拠」となりうるものである。そしてこのような関係を始めとするいくつかの関係を様相論理によって示されるような文的様相に対して持つことによって、まさしく当該のコプラは、「様相的」コプラであることとなる。これが、本節の冒頭で掲げた問④〈そもそもなぜ当該のコプラが表す「形式」を「形而上学的様相」と言えるのか〉に対する回答ともなる。

さらに、実体様相は、やみくもに事実様相の十分条件となるわけではなく、対応する源泉のあり方に即した形で、様相論理のどの体系によって表されるような様相の十分条件となるのかも決定する。詳細は次章以降に譲るが、コプラによって表される〈実体的対象の様相的存在形式〉の源泉として、類種性に基づく本質・力能と持続性に基づく過去・未来という四つの要素が剔出され、その各源泉に対してそれぞれS5、T、S4、S4・3という様相論理の体系が割り当てられることとなる[18]。まとめて言えば、実体様相は、それが源泉となる事実様相の様相論理の体系を指定しながら事実様相命題の十分条件を与えることによって、事実様相の存在論的根拠（のひとつ）となる。これが、問⑤〈コプラ的様相としての実体様相は文的様相としての事実様相とどのような関係にあるのか〉に対する回答である。

そしていま挙げた本質・力能・過去・未来という実体様相の四つの源泉が、問⑥〈コプラ的様相としての実体様相はなぜ四種類なのか〉という実体様相の「多元性」についての問いに対する回答の端緒を与える。つまり、その四種類とは、この源泉の各種類に対応する四種類だということである。しかし、このままでは、実体様相の種類についての問いをその源泉の種類についての問いに先送りしたにすぎない。なぜ実体様相の源泉が四種類なのか、という問いに対して回答が与えられなければならないだろう。もちろん、それはもはや端的事実として正当化なく受け入れなければならないことかもしれない。仮にそうである場合にも、そうした事実についての一定の解明が必要であろう。この作業

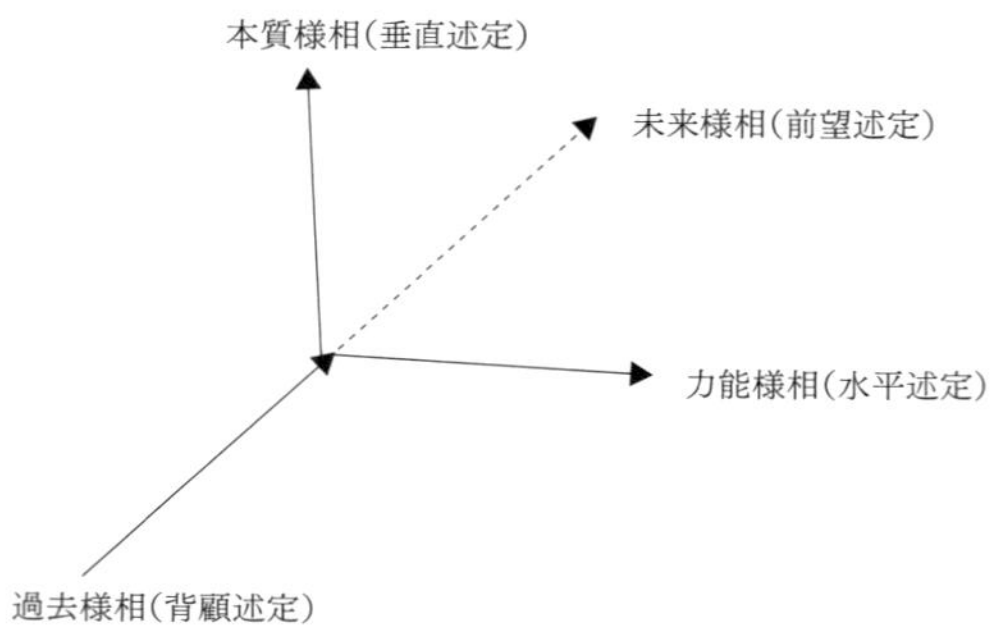

図1　実体様相の三次元

は、この後に続く三つの章で具体的に行われることになるが、本章の残りの三つの節では、そのための準備的考察を行っておく。

3　垂直述定――実体様相の次元(1)

前節で述べたように、実体様相には、類種様相としての本質・力能および持続様相としての過去・未来（それぞれの持続）を源泉とする四種類がある。その四種類は述定の様式に即して図1のように図式化できる。

なぜこれらの四種類なのか？　そのうちの二種類である本質様相と力能様相の根拠は、前章でロウの類種論理の紹介の際に示したアリストテレス的「四カテゴリー存在論」の対当図式（square）である。アリストテレス的存在論のひとつの重要な特徴は、実体的対象について、「それが何であるか（what it is）」を述べる述定と「それがいかにあるか（how it is）」を述べる述定を峻別することである。前者が対当を示す四角形の縦軸に、後者が横軸に対応する。それぞれの述定を空間的に見立てて、「垂直述定」「水平述定」とそれぞれ呼ぶことにする。

そしてこの比喩は、内容的にもふさわしい側面を持っている。というのも、「それが何であるか」という問いについては、たとえば、「ドビンとは何ものか」という問いに対する「馬である」という回答がさらに「では馬とは何か」という問いを呼び、それが「動物である」という回答をさらに要求し、……というように、どんどんと抽象化されていく直列的階層性と上昇的方向性を、類種的関係が有している。そしてその先には、「カテゴリー」という、それ以上一般化できないような何ものかがあることになる。これはいわば、最上位の類としてのカテゴリーに向かって垂直的に上昇していく問いであるという点で、その問いに答える述定は「垂直的な」述定だと言えるだろう。これに対して、「それがいかにあるか」という問いにはそのような垂直的直列性は見出せない。その特質はむしろ、「サラブレッドは、競走用に品種改良された軽種の馬である」「馬は、有性生殖を行い、乳で子を育てる胎生の動物である」「動物は運動能力と感覚を持つ生物である」などの例文における傍点部のように、ドビンが例化している類種の各レベルに対応した抽象度の内部において様々な側面を種差として切り取っていくという、水平的並列性にあるだろう。その意味で、この問いに答える述定は「水平的な」述定だと言える。

この「垂直」対「水平」という対比は、「述定」というどちらかと言えば言語的な側面に即しての対比であるが、それに対応する形而上学的側面に即して述べ直したのが、「本質様相」対「力能様相」という対比である。

本質については、特にクリプキの多大な影響力のもとに本質を必然的性質に還元する標準的な本質概念（必然性概念）に対し、本書では、ファインやロウによって示された〈逆に必然的性質の源泉を

「実在的定義（real definition）」としての本質に求める非標準的な本質概念〈定義的概念〉が採用される。そして「それが何であるか」を述べる垂直述定こそが、この実在的定義を行う述定であり、それに関わるモード（様態）が「本質様相」である。

一方、力能についても、反実条件法を用いた一種の条件的必然性として定義する――あるいは、少なくともそれに対応づける――のが現代の標準的な力能概念であるが、これに対しても、必然性の一種ではなく独特の可能性を伴う性質として力能を性格づける、ロウやヴェターらによって提示された非標準的な力能概念が採用される。そして実体的対象に対する力能的性質の付与を条件的ではなく定言的なものと考えることによって、それを実体的対象がいかにあるかについて述べる水平述定に関わるモードと見なすことも可能となる。このモードこそが、「力能様相」である。

垂直述定は、「ドビンは競走馬である」「ドビンは雄馬である」「ドビンはサラブレッド種である」「ドビンは馬である」などの、いわゆる「is_a」構文の一種であり、第一次的には、「〜は…の個体例である」という例化関係を表す。この例化関係全般を表す記号として、ロウが導入した「／」という例化記号を用いる。ただし、ロウとは逆に、種や類を表すギリシャ小文字の方が個体を表すアルファベット小文字よりも前に置かれる「α／a」という記号文を採用することにする。[19] そして、その中でも特に、それが個体の本質を表す実在的定義となっている場合すなわち「〜は本質的に…の個体例である」という例化関係（これを「本質例化関係」と呼ぶことにする）を表す場合は、特にその例化関係を「$/_E$」として表し、この記号を「本質例化記号」略して「本質記号」と呼ぶことにする。この定義に基づいて、まずは次の公理を設定する[20]：

［AE1（例化公理）］　$\alpha /_{\mathrm{E}} a \rightarrow \alpha / a$.

さらに、次の公理を導入する：

［AE2（必然性公理）］　$\alpha /_{\mathrm{E}} a \rightarrow \Box \alpha /_{\mathrm{E}} a$.

この二つの公理から、次の二つの定理が成立する：

［TE1］　$\alpha /_{\mathrm{E}} a \rightarrow \Box \alpha / a$.
［TE2］　$\alpha /_{\mathrm{E}} a \leftrightarrow \Box \alpha /_{\mathrm{E}} a$.

必然性公理［AE2］およびそこから帰結する定理［TE1］が、本質記号「$/_{\mathrm{E}}$」を様相的コプラとするものであり、それによって表される本質様相が特に必然性の根拠となることを示している。しかしこれによって［TE2］のような定理が成立してしまうこと、すなわち、必然性文演算子を伴う文$\Box \alpha /_{\mathrm{E}} a$とそれを伴わない文$\alpha /_{\mathrm{E}} a$が理論的に（形而上学的に）同値となってしまうことを異様に感じられるかもしれない[21]。

しかし実は、これと同様の事情が成立する関係が他にもある。それは同一性関係である。同一性に関しては、上の［AE2］と同様、「$a=b \to \Box a=b$」という定理が成立するからである。そして同一性関係は、伝統的にはまさしく「is」というコプラによって表されてきた関係であり、また後に詳述するように、一種の内的関係を表すという点でも、本質例化関係と共通性を持っている。[22]

ただ、同一性の場合における「$a=b \to \Box a=b$」は、まさに定理として、$\Box a=a$という自己同一性の必然性と同一性の代入則から、同一性概念に内在した証明を次のように構成することができる。

1　$a=b$　(仮定)
2　$\Box a=a$　(自己同一性の必然性)
3　$\Box a=b$　(1、2、同一性の代入則)
∴　$a=b \to \Box a=b$　(1〜3、条件法導入則)

本質例化に関しては、このように完全に内在的な形で定理として証明することはできない（少なくとも今のところ私には思い当たらない）ので、［AE2］が公理として設定されているのであるが、自己同一性の必然性を援用すれば、次のような証明が考えられる：

1　$\alpha /_{E}\, a$　(仮定)
2　$\Box(\neg\, \alpha /_{E}\, a \to a \neq a)$
3　$\Box(a=a \to \alpha /_{E}\, a)$　(2、対偶律)

4　$\Box a = a$　（自己同一性の必然性）
5　$\Box a /_{\mathrm{E}} a$　（3、4、派生推論規則〔$\Box(P \to Q), \Box P, \vdash \Box Q$〕）
∴　$a /_{\mathrm{E}} a \to \Box a /_{\mathrm{E}} a$　（1〜5、条件法導入則）

この証明を成立させるうえで決定的なのは第二行の前提「$\Box(\neg a /_{\mathrm{E}} a \to a \neq a)$」であるが、これはたとえば「$\Box(\neg \beta / d \to d \neq d)$」［$d$：ドビン、β：動物］すなわち〈必然的に、ドビンが動物を本質例化していないならばドビンはドビンでない〉ということを表す命題であり、まさしく動物でない限りドビンはドビンたり得ないという意味で「動物である」ことがドビンの「本質」の少なくとも一部であることを表明している。そして、このような意味での本質は、実体的対象が「何であるか」という広い意味での同一性に関わるような「実在的定義」に由来するものであるということも示されている。そしてこのことが、本質様相から帰結する文的必然性が様相論理の体系S５によって表されるものであることとも深く関わっている。これらの点については第三章で詳述する。

4　水平述定——実体様相の次元（２）

垂直述定における本質が必然性の供給源となるのに対し、水平述定における力能は、可能性の供給源となる。その際のコプラ的様相すなわち本質様相における本質例化に対応するのが、力能様相における潜在性である。本書では、この潜在性の概念について、基本的に、傾向性に関するこれまでの標準概念に対抗してヴェターが「傾向性の代替概念」として提示した、以下に示すような考え方を採用する。

力能にはどちらかといえば必然性に近い「傾向性（disposition）」とどちらかといえば可能性に近い「能力（ability）」が含まれる。両者を峻別するとか、〈能力を表す can を、可能性を表す can から分離する〉などの選択肢もあるが、ヴェターは、D・ルイス（1976, 1979）、K・ヴィーヴェリン（2004）、M・ファラ（2008）などと同様、両者を統一的に扱うことを提案する。[23] ただし、条件法的枠組みのもとで捉えられた傾向性を能力に対して拡張するという彼らの方向性を逆転させる：

傾向性の条件法的な取り扱いを能力へと拡張する代わりに、限定的な意味での可能性としての能力の取り扱いを傾向性へと拡張することを私は提案する：能力の付与と同様、傾向性の付与は、実は可能性の表現なのである。[24]

たとえば、「脆弱性（fragility）」という傾向性概念に関する拡張は次のようになされる：

「x は脆弱である」という性質帰属は文脈依存的であるのに対し、「シャンパングラスは通常のグラスよりも脆弱であり、コップは植木鉢よりも脆弱である」などの「x は y よりも脆弱である」という脆弱さの比較関係は文脈に依存しない。そしてそれは、たとえばダイアモンドなど、通常は脆弱性を帰属させない対象についても「ダイアモンドは金塊よりも脆弱である」などのように、適用できる。……脆弱なものと脆弱でないものとの区別は自然によって与えられない。しかしその区別がなされるスペクトラムは自然によって与えられる。(25)

より望ましいのは、ある性質――壊れることへの潜在性――は、異なる程度においてではあるが、当該のスペクトラム上のすべての対象によって所有されていると述べること、そして、異なる個々の文脈が、その文脈において「脆弱である」という資格を持つために所有されねばならないその潜在性の最小限の程度を特定することによって、そのスペクトラム上の異なる（曖昧であることもありうる）閾値を設定するのだと述べることである。(26)

そのうえで彼女は、最大の程度を有する強い傾向性としての「最大傾向性（maximal dispositions）」についても「最大限の潜在性（maximal degree of potentiality）」として次のように定義する：

ある対象によって傾向性が最大限に所有されるのは、その対象がその傾向性を発現しないわけにはいかない場合である。すなわち、その対象がその傾向性を発現しない潜在性を持っていない場合である。(27)

これによって、脆弱性や破壊可能性のような日常的傾向性に加えて、電荷や重力のように常に発現しているような法則的傾向性（nomological disposition）をも潜在性の一種として包括できることとなる。

このように傾向性の比較関係・順序づけを始原的（primitive）とすることによって、傾向性に関する実在論が確保されると同時に、次のような二つの利点ももたらされる。第一の利点は、傾向性は反実条件法によってではなくその発現のみによって（タイプとして）個別化されるとする「傾向性の代替概念」の基本テーゼのひとつ（第四章で詳述される）との適合性の高さである。というのも、「壊れやすい」という意味での脆弱性と（むしろ「壊れにくい」かもしれないが）「壊れうる」という意味での破壊可能性（breakability）という、ややもすると対極におかれがちな二つの傾向性は、いずれも「壊れる」という共通の発現を持つ。したがって両者について、「壊れる傾向性」という同一の傾向性を異なる程度で有していると考えることができる。

第二の利点は、傾向性への程度の導入が傾向性の概念に対してもたらす包括性・一般性の高さである。上のような図式によって、破壊可能性のような弱い傾向性や通常は「傾向性」とは表現されない「能力」のようなもの（たとえば楽器を演奏する能力）を傾向性に含みうることとなる。そしてこのような一般化された広い意味での傾向性（形而上学的傾向性）を、脆弱性のような強い傾向性のみに限定して用いられる狭い意味での傾向性（日常的傾向性）から区別するために、前者に対して「潜在性」という用語を彼女は割り当てたのである。

以上のような、発現（のタイプ）のみによって力能（のタイプ）を個別化し、必然性よりは可能性に近いものとして力能的様相を捉えるという方向性、そして、ヴェターが行った、傾向性・能力のいずれをも包括しうるような、程度を伴う潜在性としての力能の一般化について、私は基本的に賛成する。特に実体主義的存在論および力能実在論との関連で言えば、これまでの標準理論のもとでは、力能の所在が刺激の背景条件まで含めた形で拡散せざるをえないと同時に、刺激–発現のペアによる因果の two-event モデルは、いわば刺激–反応モデルにも似たその図式のゆえに、むしろ力能の実効性およびその担い手としての実体的対象の（能動・受動のいずれをも含めた意味での）活動性を奪いかねない側面も持っていた。これに対して代替理論では、発現のみに基づく個別化によって力能の担い手を発現に関わる実体的諸対象に局所化できると同時に、そうした実体的諸対象がまさしく「発揮する」何ものかとしての力能の実効性を強調できることとなる。

ただし、ヴェターと異なり、（第四章第二節で詳述するように）本書ではこのように程度を伴う一般化された意味での傾向性を表す述定のモードとして「潜在性」を捉え、そのようなモードを伴う実体的対象の性質が力能（潜在的性質）であると考える。そしてこのモードは、その力能が発現される。なお、本書では、因果性に関わる（否定的な関わり方も含めて）ものとして「発現」が規定され、この結果として、「潜在性」という語もそのような因果的プロセスに関わるものに限定される（manifest）・発揮（exercise）されている場合の述定のモードとしての「顕在性（occurrency）」と対比されるので、比較的狭い意味で用いられることとなる（この点もヴェターと大きく異なるところである）。言い換えれば、本書において潜在性というモードを適用されるのは、「潜在性」対「顕在性」という述定モードの区別が適用できるような性質に限られる。このような性質を表す述語を総称して「力能述語（power predicate）」と呼ぶことにする。これに対し、顕在性というモードはすべての性質に適用しうるものと考える（この点については改めて第四章第二節で論ずる）。さらに、たとえ文法的にそのような区別が可能な述語であったとしても、常にそれに対応する性質が必ず実在するとは考えないので、性質についてのいわゆる「まばらな（sparse）」実在論が採用されることになる。

この「潜在性」「顕在性」の両モードをそれぞれ「-pot-」「-occ-」というコプラ記号によって表すこととする。たとえば、「ドビンは高速で走る力能を持つ」「ドビンが高速で走っている」という例文は、それぞれ「*R*-pot-*d*」「*R*-occ-*d*」と記号化される［*R*①：①は高速で走る、*d*：ドビン］。

以上を踏まえ、潜在性に関して次の公理を設定する（*a*、*J* はそれぞれ、実体的個体定項、力能的一項述語を表すシェーマ）：

［ＡＰ＋］　*J* -pot-*a* →◇ *J* -occ-*a*.

この公理［ＡＰ＋］によって、潜在性が（顕在的事実に対する）一種の可能性であることが示される。しかし同時に、*J* -pot-*a* は原始文であることによって、潜在的性質は顕在的性質と並んで現実世界における実体的対象の始原的ありかたの一部であること、すなわち、まさしく「現実世界に潜んでいる」という意味での独特の可能性であることも示される。そしてこのことから、力能様相としての潜在性から帰結する顕在命題の事実的可能性が様相論理の体系Ｔによって表現されるものであることも導かれる。これらの点については第四章第四節で詳述する。

そして、潜在性をヴェターのように程度を伴う様相として規定したことにより、否定に関する追加規定が必要となる。というのも、先ほど述べたように、たとえば、何らかの実体的対象が壊れるという発現に対しては、そのような発現が起こりやすいという潜在的性質としての壊れやすさ（脆弱性）と起こりにくいという潜在的性質としての壊れにくさ（頑強性）との両方が対応するからである。物理学においても、たとえば物体の慣性質量は、物体が加速されるという変化に対する「起こりにくさ」「抵抗の強さ」を表す力能だと考えられる。そして「加速される」という変化に対して、「慣性質量」が「加速されにくい」という潜在的性質の程度を表すのだとすれば、その数値の序列を逆転させることによって「加速されやすい」という潜在的性質の程度が表されることになるだろう。

ヴェターに従って、ある対象に脆弱性が帰属されるのは、文脈に応じた一定程度以上の壊れやすさをその対象が持っているとき、すなわち、ある閾値以上の壊れやすさを持っているときであると考えるならば、そのような性質を持っていないということ、すなわち、壊れやすくはない・脆弱ではない、ということと、壊れにくい・頑強であるということとは必ずしも一致しないと考えるのが自然であろう。というのも、壊れやすさのスペクトラムの中で設定されるある閾値以上の脆弱性の所有が、壊れやすい・脆弱であるという潜在的性質を所有する条件であるとすれば、典型的には、いわばそのスペクトラムを逆転させた場合のある閾値以上の脆弱性すなわち「負の脆弱性」としての頑強性の所有が、壊れにくい・頑強であるという潜在的性質を所有する条件だと考えられるからである。

これは、「否定」という観点からすると、対象aに対して壊れるという力能を帰属させることの否定としての「外的否定」と対象aに対して壊れないという力能を帰属させる「内的否定」との区別に対応する。そしてこの区別はまさしく、たとえば「この壺は壊れる（壊れやすい）」、ということはない」という文的な否定と「この壺は壊れない（壊れにくい）」という文的でない否定、すなわち、文の内部における否定との区別に他ならない。ここで思い出されるのは、アリストテレスやミルが、様相・時制表現をコプラとして捉える主張を行っていたときに、同様の主張を否定表現についても適用していた（と少なくとも解釈しうる）ということである（一八頁）。本書では彼らに倣い、否定についても、文的なものとコプラ的なものがあると考え、文的演算子としての通常の否定記号「¬」に加えて、コプラとしての否定記号「_」（下線記号）も導入し、たとえば否定的潜在性を「*J* -pot-*a*」と表現することとする。

そして、肯定・否定に準ずる形で「…しやすさ」「…しにくさ」を捉えることのひとつの帰結として、少なくとも閾値を超える潜在性については、この両者が両立することはないということ、たとえば、同一の文脈において同一の対象が壊れやすいと同時に壊れにくいということはない、ということを要請として加える。言い換えれば、閾値を超える潜在性に関して矛盾律に準ずる要請を行うということである。この要請は、基本的に潜在性というものが、なんらかの顕在的状態に「向かう」という傾向性を表すものであることによって正当化される。すなわち、「壊れやすさ」としての「壊れる」潜在性は、「壊れている」という状態に「向かう」ものである以上、「壊れていない」ことからは遠ざかっていなければならないのである。この要請さえ満たす限り、閾値の設定は自由に行える。そしてこの要請を前提としたうえで、上の二つの否定を脆弱性のスペクトラムに沿って図式的に説明するならば、典型的な場合、図2のようなこととなる。

そして実際、否定についても先の定義に基づいて、次の公理が設定される：

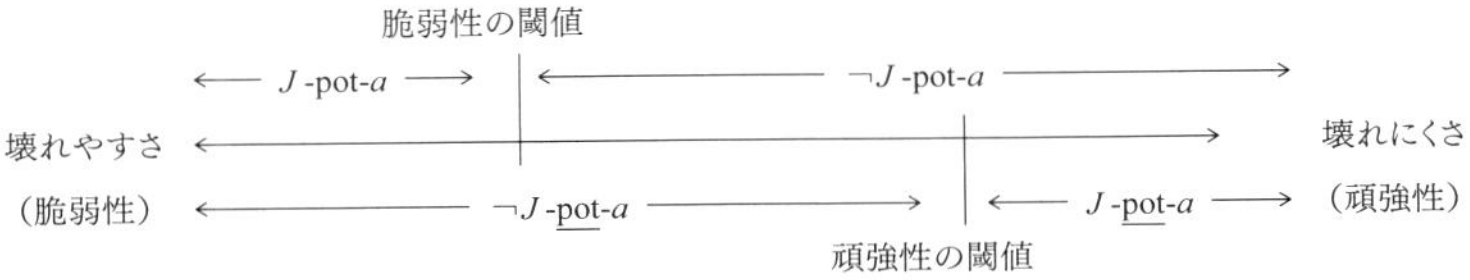

図2　脆弱性・頑強性のスペクトラムと否定

〔APN〕　$\mathcal{J}\text{-}\underline{\text{pot}}\text{-}a \rightarrow \neg\,\mathcal{J}\text{-pot-}a.$

いわば、コプラによって表される内的否定は、「強い否定」として、文演算子によって表される「弱い否定」の十分条件となるのである。そしてこの強い否定のもとでは、排中律は成立しない。すなわち、$\mathcal{J}\text{-pot-}a \vee \mathcal{J}\text{-}\underline{\text{pot}}\text{-}a$（「内的排中律」と呼ぶことにする）は定理とはならない。このことも、脆弱性の閾値と頑強性の閾値の間のギャップの存在を示す上の図2によって明らかであろう。また、〔APN〕は、$\mathcal{J}\text{-}\underline{\text{pot}}\text{-}a$ と $\mathcal{J}\text{-pot-}a$ が両立しえないことも示している。この意味で、〔APN〕を「内的矛盾律」と呼ぶことにする。

さらに述べれば、通常の意味での原子文に特に着目した場合、文演算子による否定は、原子文に対する一種の修飾子による否定であるという意味で、いわば肯定に対して従属的な位置にある。実際、そのような否定文は原子文の一種ではない。これに対し、コプラによる否定は、たとえば「壊れる」という述語を主語に対して否定的に（negatively）述定するモードとして、肯定的に（positively）述定するモードと対等の資格を持っており、否定文も原子文（本書では原始文）の一種と見なすことができる。その意味では、肯定系と否定形を $\mathcal{J}\text{-}\underline{\text{pot}}\text{-}a$ と $\mathcal{J}\text{-pot-}a$ という表記で表すよりも、本来はたとえば $\mathcal{J}\text{-pot}_{+}\text{-}a$ と $\mathcal{J}\text{-pot}_{-}\text{-}a$ などと正負記号を用いて表す方が適切である。また、このような肯定と否定の対等性に基づいて、次のような公理も追加されることとなる(28)：

［AP二］ *J*-pot-*a* →◇*J*-occ-*a*.

5 時間述定——実体様相の次元(3a)(3b)

前二節は、実体様相の三次元のうち、本質・力能様相にそれぞれ対応する垂直・水平述定という二次元についての（特に形式的側面を中心とした）概要であった。もう一次元は、いわばこの空間的二次元を垂直に貫く時間的方向性を持った一次元であるところの時間述定であり、それは持続様相としての過去様相・未来様相にそれぞれ対応する背顧述定と前望述定から成っている。同一次元でありながら二種類であるのは、同じ類種様相でありながら本質様相と力能様相の間に what と how の対比に由来する重要な形而上学的相違を見出したのと同じように、同じ持続様相でありながらも過去の持続と未来の持続にそれぞれ由来する様相は、存在論的・様相論的にまったく異なるものだと考えるからである(29)。

この「持続」の内容面についても詳しくは第五章において詳述することになるが、基本的なひとつの点だけ押さえておきたい。それは、「持続」の種類についてである。近年の時間論においては、D・ルイスによる定義に基づいて、「もの」の持続には endurance と perdurance という二種類があると考え、両者に中立的な意味で持続を表す場合に 'persistence' という表現が用いられることが多い。

そしてそれを日本語に翻訳したとき、順に「耐続」「延続」「持続」という用語を充てるのが現時点では通例となっている。この用語を採用した場合、本書で想定されている持続は、「耐続」である。したがって「もの」の持続に関する本書の立場は明確な「耐続主義（endurantism）」ということになる。

しかし、実はルイス自身がそれに対立するところの「延続主義者」であり、後述するように（一九八頁）、実はこの用語法自体がルイス自身に有利になるように設定されている嫌いがある。というのも、この用語法にしたがうと、耐続と延続という二種類の持続が存在することはすでに承認済みの前提であるかのごとく議論が展開されがちであるが、実際は、延続主義者とは、ものの持続に関する一種の修正主義者であり、それまで伝統的にも常識的にももっぱら「耐続」の一種類しかないものとして想定されていた〈ものの「持続」〉に対して新たな持続の概念を提示しているというのが真相だからである。したがって、本来の耐続主義者は、そのような「延続」という概念、そしてそれに伴う「もの」的な対象としての「時間的部分（temporal part）」という概念を何らかの意味で不合理なものとして拒絶したうえで、ものの持続（ひいては「もの」そのもの）とは、伝統的な意味での一種類しかない、と主張する者であるはずである。

ところが、ルイスが設定した土俵に乗ってしまうと、あたかも当然のごとく二種類あるとされる〈ものの持続〉のうちのいずれを「選択」すべきか、という議論となりがちであり、さらには、その前提を根拠として耐続主義者を批判するという戦略が開かれることになってしまう。そこで本書では、そのような土俵設定そのものを拒否し、「もの」の持続としては耐続以外のものは存在しないと考えるので、議論の都合による例外的な場合を除き、実体的対象について「持続」という用語を用いた場合には、最近の通例における「耐続」をもっぱら意味するものとする。

ただし、「もの」ではないような存在者、たとえばプロセスとかできごとのような対象が有する「時間的な幅」としての一種の持続や時間的部分は承認するにやぶさかではない。しかしそのような持続に対しては、「延続」という中途半端な用語ではなく、「継続（succession）」という用語を充てることとする。後に詳述するように（二〇六頁）、できごとやプロセスの持続、あるいはその時間的部分とは、真の意味での持続というよりは、次から次へと（「継ぎ継ぎと」）短時間的に生成しては消滅していく具体的対象（「トロープ」の一種）の連鎖を何らかの基準でまとめあげたものであるという意味で、まさしく「継ぐ」ことによる「続き」としての「継続」という語がそれにはふさわしいと考えるからである。

まとめるならば、実体的対象と非実体的対象に関して中立的に用いられる語として「持続（persistence, duration など）」を用い、それぞれに固有の意味での持続であることを明示する場合には、「耐続」と「継続」を用いるということである。これによって、ルイスのせいで実体的対象に対して注釈抜きでは適用できなくなってしまった「持続」という由緒ある麗しい語が、文句なしに耐続を意味する語として実体的対象に対して回復されることになる。

実体的対象の持続に基づいて実体様相としての時相を捉えたとき、過去・現在・未来の各時制にそれぞれ対応づけられる背顧形・現行形・前望形の時相コプラは、持続の「モード」としての「これまでの持続」「目下の持続」「これからの持続」によって特徴づけられることとなる。これらのコプラをそれぞれ、力能様相の場合と並行的に、肯定形を「-ret-」「-cur-」「-pro-」として、否定形を「-ret-」「-cur-」

「-pro-」として、記号化する。また、このような時相的区別が適用されるのは、状態も含めた広い意味での「プロセス述語（process predicate）」に限られる。この点も含めた持続様相に関わる固有公理全般については、本質様相・力能様相に比べてやや複雑な解説が必要となるので、その全体の提示は第五章で行うことにする。ここでは、これらの時相コプラに関わる公理のうちの説明のために必要な三つのみをピックアップして例示すると、次のとおりである（a、Kはそれぞれ、実体的個体定項、一項プロセス述語を表すシェーマ）：

［AR1＋］ $K^{\text{-ret-}}a \to \mathrm{L}^{*}K^{\text{-ret-}}a.$

［AR2＋］ $K^{\text{-ret-}}a \leftrightarrow \mathrm{P}^{*}K^{\text{-cur-}}a.$

［AF＋］ $K^{\text{-pro-}}a \to \mathrm{F}^{*}K^{\text{-cur-}}a.$

これらの公理中の文演算子L*、P*、F*は、時制論理の公理系OT（これについても第五章で解説する）における必然性演算子L、過去演算子P、未来演算子Fを用いて次のように定義される演算子である：

［DL*］ $\mathrm{L}^{*}A =_{\mathrm{df}} A \vee \mathrm{L}A$

［DP*］ $\mathrm{P}^{*}A =_{\mathrm{df}} A \vee \mathrm{P}A$

［DF*］ $\mathrm{F}^{*}A =_{\mathrm{df}} A \vee \mathrm{F}A$

これらの公理で用いられている時相演算子やアステリスク付きの時制演算子は、日常語におけるアスペクトやテンスとは若干異なる解釈を与えられるので、日常語では表現しきれない側面や日本語独特の語法やニュアンスが加わったり、日本語として不自然となってしまう部分もあるが、それぞれに対しておおよそ次のような例文が対応する：

例1 「ドビンが高速で走ったならば、ドビンが高速で走ったということは（現時点においては）必然的である」

例2 「ドビンが高速で走ったとき、そしてそのときに限り、過去のある時点においてドビンは高速で走っていた」

例3 「ドビンが高速で走る（であろう）ならば、未来のある時点においてドビンは高速で走っている」

例1が表しているのは、いわば「後悔先に立たず」'There is no crying over spilt milk' などの格言が伝えようとしていることであり、例文中の「必然的である」という表現は、起きてしまったことはもはやどうしようもない、と言う際の「もはやどうしようもない」という主観的思いに対応する客観的様相、すなわち、今後その事実は既定事実として事実であり続けるという意味での独特の時間的必然性を表している。この必然性は、「不可避性」・「既定性」などとも表現できなくもないが、これらの語は未来の事実にも適用できる因果的な含意を伴いがちなのに対し、ここで想定されている必然性は、それとはまったく異なる過去様相に固有の必然性である。これについては第五章第四節で詳説される。

また、「-ret-」で表される背顧形を、「何かをし終えている」「できごととして終了している」という意味を含んだ日常語における完了形そのままの意味で解釈した場合、例2は必ずしも成立しない。というのも、現時点ではまだドビンが走り終えていないときにも過去のある時点で走っていたと言えるので、「そのときに限り」で表される必要条件が成立しないからである。しかし本書では、第五章で詳述するように、まだ現時点でドビンが走り終えていなかったとしても、走行開始から現時点までのドビンの走行をもって「ドビンが走った」と言えると見なされる。これらの点に代表されるように、本書で提示される論理形式とその意味論は、日常語の分析ではない。日常語を用いた例文は、あくまでも第一次近似的なものでしかない。本書における形式化は、もっぱら実体様相に関する形而上学的理論の構成に資することを目的とするものである。

第3章　本質——実体様相の源泉（1）

1　現代的本質主義の三つの類型

前章では、本質様相・力能様相・過去様相・未来様相という四種類の実体様相の論理形式についての解明を行った。本章とそれに続く二章では、その形而上学的な根拠となる本質・力能・（背顧的および前望的）持続それぞれの存在論的な解明を行う。これらはいずれも、特に現代においては、決してその実在性が誰にも抵抗なく承認されるというたぐいのものではない。それに加えて本書では、その各々の存在論的な特徴づけに関して、現時点では非標準的と言わざるをえない立場が採用される。したがってこの解明は、一種の正当化という意味合いも持つことになる。

本質については、論理実証主義者やクワインらの一連の本質主義批判などによって、前世紀半ばまでには、本質というものは現代哲学の領野から完全に根絶されたとほとんど誰もが考えていた。それを一気に復活させたのが、一九六〇年代から七〇年代初期にかけてのS・クリプキ（およびその先導者としてのR・B・マーカス、その展開者としてのH・パトナムなど）による様相論であった。[1] 彼は、それまで構文論的にしか研究されていなかったために乱立していた様相論理の諸体系を可能世界意味論によって意味論的に整理し、基礎づけただけでなく、特に指示の固定性の形而上学的含意を詳細に提示することによって、個体の同一性やその本質としての起源などに代表されるアポステリオリな必然性というものが論理的な裏づけをもって成立することを立証した。そしてその後は、可能世界意味論による意味論を伴う内包論理を基礎とした、種々の様相に関する哲学的研究が一挙に花開いたのであった。

しかし一方では、果たして指示論という言語哲学的考察を根拠として本質主義という形而上学的主張を導出できるのかという点に関しての疑念が、N・サモンを代表とする複数の論者によって初期の頃から綿々と提示されていた。[2] そしてこの疑念は、言語哲学や認識論に寄生せずに存在論を中核とする第一哲学としての形而上学という見方、いわゆる「存在論的転回」、'From Meaning to Being' などと言い表される動きが分析哲学の一部に現れてきた一九九〇年代以降、原理論的なレベルにまで遡ってより強化されている面もある。一見、言語哲学的洞察から導かれたかに見えるすべての形而上学的主張は結局のところ、隠れた形ですでに前提とされていたにすぎないという見解が、'Ontology First', 'Metaphysics In, Metaphysics Out' などの標語にまでなりつつある。[3]

科学的探求によって発見されるようないわゆる「アポステリオリな必然性」の代表的事例として、クリプキやパトナムらが用いてきた「水＝H_2O」という自然種に関する同一性言明の必然性についても、その本質主義的な有意義性を疑問視する論考が提示されてきている。たとえば、このア・ポステリオリな必然性のひとつの根拠は、この言明が「ヘスペラス＝フォスペラス」のような、固有名の同一性言明と類似した形式を持っているということであるが、「水」についてはともかく、「H_2O」を固有名と見なせるだろうか？　もしも見なせるのだとしたら、その必然性は確かに成立するかもしれないが、その場合、「H_2O」とは「エイチツーオー」と発音されるだけの無内容な指示語であることになる。そうだとしたら、その場合は、水の「本質」と言えるような何ものもその言明には含まれていないことになるだろう。一方、それが固有名的な指示語ではなく、「二つの水素原子と一つの酸素原子によって構成されている分子」という記述句だとしたら、もはや「ヘスペラス＝フォスペラス」との並行性は失われているだろう。(4)

こうした事情もあって、近年のアリストテレス主義者たちの多くは、本質に伴う必然性はあくまでもアプリオリなものであるとしたうえでその実在性を主張するという方向に転じている。本書もその方向性に同調するものである。そこでまずは、現代形而上学における本質主義を巡る現時点での状況をサーヴェイしておきたい。

本質主義とは、何らかの意味で「本質を重視する」立場であり、それが形而上学的立場であるとすれば、何らかの形而上学的・存在論的意味合いにおいて本質を重視する立場であるということになる。すると当然、その際に重視すべきとされる「本質」としてどのようなものが想定されているのかについて見定めることが必要であろう。そしてその問いに対して現代形而上学において与えられる回答を、少なくとも三種類に区別できるように思われる。それぞれについて順次見ていくことにしよう。

1　必然性本質主義

G・クリマは、論文「現代の『本質主義』vs.アリストテレス的本質主義」（2002）において、現代の本質主義を「いくつかの一般語（common terms）は固定指示子である」という主張として要約し、アリストテレスの本質主義としての「事物は本質を持つ」という主張と対比させている。[5] 言い換えれば、彼が捉えた限りでの現代の本質主義とは、「事物は本質を持つ」という主張を行わないような本質主義だということである。この点だけでも異例であるが、そもそも主張の内容自体が、「事物」についての形而上学的主張ではなく「一般語」についての言語哲学的主張となっているところに、伝統的本質主義との懸隔の大きさが窺える。

そして「固定指示子」とは、すべての可能世界において同一の対象を指示するような表現であるということを踏まえれば、そのような表現によって表されるものとしての「本質」の規定には、必然性という様相概念やその支えとなる可能世界の概念がその基礎となっていると言える。そして言うまでもなく、このような形で本質を捉える立場を最も代表するのがクリプキであり、彼の様相論の影響力を踏まえると、現代形而上学において本質というものが議論の対象となる際には、圧倒的多数の場合、このような意味での本質が想定されていると考えられる。だからこそクリマは、この立場を「現代の本質主義」として一括して捉えたのであった。

この立場による本質規定の特徴について、他の立場との対比を意識しつつ検討してみよう。この立場では、「必然性」が本質のもっとも重要なメルクマールとなるので、そのひとつの結果として、後述する他のふたつの本質主義が重視するような、what it is と how it is の対比、すなわち本書に即した形で言語論的に言えば、垂直述定と水平述定の区別は、ほとんど無視される。したがってたとえば「この液体は水である」や「ドビンは馬である」と「この液体は無色である」や「ドビンは呼吸する」との区別は、それらがいずれも必然的命題である限り、重要でないことになる。そのひとつの要因は、この立場が様相論理という現代の論理学の枠組みを前提として成立していることにある。というのも、標準的な現代論理学のもとでは、これらはいずれも*Fa*という形の原子文として同じ形式化を施されてしまうからである。(6)

そしてこの点とも深く関連するのであるが、この立場による本質主義は、あくまでも還元的な形での本質主義である。というのも、この立場が前提する様相論理は、その意味論として可能世界意味論を採用するのが常であり、その意味論のもとでは、必然性は（当該の世界から到達可能な）すべての可能世界における成立として規定されるからである。すなわち、本質が（類種性も含めた広い意味での）必然的性質として規定されたうえでさらにそれがすべての可能世界で所有される性質として定義されることにより、本質は可能世界に依存して規定されることになる。その結果として、本質主義は、可能世界とそのすべてにおいて特定の対象に所有されている性質という二種類の存在者への存在論的コミットメントさえ（対象そのものへのコミットメントに加えて）許容すれば、本質というさらなる何かを認めずとも成立する立場となるのである。(7)このようなところにも、本質への言及なき本質主義としてのクリプキ的本質主義の特徴が現れていると言えるだろう。

2　質料形相的本質主義

この立場は、アリストテレスの「質料形相論（hylemorphism）」およびその前提としての「現実態・潜在態の理論（act/potency theory）」という枠組みのもとで、特に物的対象（material object）についての本質を捉える。その代表の一人がD・オダーバーグである。彼はその著書『本当の本質主義』（2007）において次のように述べている：

> ……すべてのもの（things）（ここで語られているのは物的対象についてのみであることを思い出してほしい）は、現実性（actuality）と潜在性（potentiality）の混合体（mixture）である。物はその本質によって構成されているので、そのような本質自体が何らかの形で現実性と潜在性の混合体でなければならない。質料形相論は実際にそのとおりであると主張する――その現実性が形相（form）であり、潜在性が質料（matter）である。(8)

この立場には、必然性本質主義におけるような還元的傾向は見られない。とはいえ、この立場による本質主義は、質料形相論という存在論的枠組みのもとで成立するものであり、多かれ少なかれ、その妥当性を質料形相論という存在論の妥当性に依存せざるをえないだろう。

特に問題となるのは、質料形相論における「混合体」の概念である。(9) この場合、いかなる意味での「混合」が想定されているのだろうか、さらに、その場合の混合の要素となる「形相」と「質料」はどのような存在論的身分を持つのだろうか。オダーバーグは各々を「現実性」と「潜在性」として形容しているが、それらはそもそも対象なのだろうか。そしてそれらの混合であるとはいかなることなのだろうか。もちろん、そのような問いに答えることこそがアリストテレス的な「現実態・潜在態の理論」の目的なのだろうが、それをどこまで現代的観点から明瞭なものとできるのかについては疑問の余地があるだろう。この点については、本章第三節で考察される。

3　定義的本質主義

この立場は、対象の「実在的定義（real definition）」がその本質を表すと考える。実在的定義とは、大まかに端折って言ってしまえば、言語の意味の定義ではなく、存在者についてまさしくそれが「何であるか」を表す存在論的な定義のことである。この立場を代表するのは、ファイン、ロウである。第一章（三九頁）・第二章（六三頁）で紹介したように、ファインは、論文「本質と様相」において、ある性質が必然的であることは、それが本質的性質であることの必要条件ではあるが十分条件とは言えないという理由で、必然性本質主義を批判した。彼によれば、本質は必然性に存在論的に先行してその根拠となるものであり、その逆ではない。

また、ロウもロック（およびアリストテレス）に言及しながら本質について次のように説明している：

ロックが言うには、本質とは、その語の「本来の本源的意味」によれば「あるものが、それによってまさにそのものであるところのあり方そのもの」である。要するに、あるものXの本質とは、

Xとは何であるか、あるいは、Xであるとはいかなることかということである。他の言い方をすれば、Xの本質とはXの同一性そのものであるということであり、このような言い方を採用することに私はやぶさかではない。ただしその際、明瞭に理解されるべきは、あるものの「同一性」についてこの意味で語るということは、そのものが必然的にそれ自身に対しては持つがそれ以外のものには持たないような同一性「関係」について語ることと、まったく異なるものだということである。[10]

ただしロウは、ロックが物体の「実在的本質」を今で言えば原子や分子の構造にあたる「特定の内部構造」だと主張したことを批判し、そのように本質を一種の存在者（entity）として捉えることの誤りを次のように強調する：

> 何かの本質を知るということは、特別な種類のさらなる何か（some *further thing*）を直知することではなく、ただ単にそのものが正確には何であるかを理解することである。実際これこそが、本質の知識が可能である理由である。というのも、それは純粋に理解（*understanding*）の所産だからである――それは経験的観察の所産でもないし、ましてや何らかの特異な存在者を何らかの神秘的な擬似知覚によって直知することでもない。そして、矛盾しない限り、私たちが少なくともいくつかのものについてそれらが何であるかを理解し、それによってそれらの本質を知っているということを否定することはできない。[11]

しかし、このように「存在者」としての本質を否定し、それを「理解の所産」として捉えることは、本質というものの実在性を脅かしかねないという危険を伴う。ロウの主張が説得力を持ちうるか否かは、必然的性質や何らかの存在者としての質料・形相に訴えることなく「何であるか」としての本質に実在的な内実をいかにして持ちうるかということに係ってくるだろう。この点についても、本章第三節で考察される。

次に、本質というものを「重視する」ということの意味についての検討に移ろう。これが存在論的主張である以上、まず第一の意味は、その「実在性」の主張だということになるだろう。しかし本質の実在を主張するということはどのようなことなのだろうか。特に近年では、たとえば時間や数の実在性を主張することは、精神からのそれらの独立性を主張することと解されるのが一般的である。だとすれば、本質についても同様に、その精神独立性を主張することが本質の実在性の主張ということになりそうである。

しかしここで、本質という概念に特有の事情が発生する。というのも、本質の実在性の主張がこのようなものだとすると、本質は精神に依存するという主張がその対立主張であることになるが、果たしてそのような主張は有意味な主張なのだろうか、という問題が生じ兼ねないからである。もしも対立主張が無意味だとすればその否定形としての当該主張もその有意味性を脅かされるだろう。

対立主張の何が問題かと言えば、「精神に依存する本質」という概念がほとんど自己矛盾的であるということである。「事物は本質を持つのだが、その本質とは私たちの精神次第で変動するような何かである」と主張するのは、実質的に「事物の本質などというものは存在しない」と主張するのと同然であろう。‘essence’としての「本質」は、しばしば‘nature（本性）’という言葉によっても代用される。そして、事物がnatureを持つとは、事物そのものとしてのあり方が存在する、すなわち、私たちの観点・意図などに左右されないような何かを保持しつつ存在しているということの主張以外の何ものでもないと思われる。

だとすれば、実在論という存在論的立場が先行して類的に成立したうえでそのなかの一種としての「本質についての実在論」が提案されるというのではなく、それは、少なく見積もっても実在論の主張そのものであるか、ひょっとすると、実在論全般の「根拠」となりうるような主張であると見るのが妥当であろう。

「重視する」ということの中身について検討するもうひとつの観点は、「重視する」を「xをyよりも重視する」という関係概念として解釈したうえで、xを「本質」とした際にyに当たるものは何であるのか、と問うていくことである。そしてこのような形式で問うた場合にも、先ほどといくぶん似た事情が発生する。というのも、そもそも本質という概念には、本来的にxの位置に来るべきものであることが含まれているように思われるからである。まさしく「何にもまして」尊重されるべきであるような何かが「本質」であり、事物の細部や末梢ではない何らかの全体性・中枢性を含んでいてこそ「本質」と呼ぶに値するものであろう。

このような前提を踏まえながらも存在論的文脈であえてこの形式で問うことに意義を持たせるためには、本質に比肩するくらいの存在論的重要性を担う何かでありながら先ほどのyの位置に来るようなものがあるだろうか、と問うてみることが有効かもしれない。そしてこのような観点を採ったとき、ひとつ思い当たるのが「存在（existence）」である。「本質とはそれを失うことによって存在も失われてしまうような何かである」という形で、本質に対する存在の依存性の主張が本質主義者によってなされることがしばしばあるからである。では、そのような存在に対する本質の先行性を成立させる存在論的依存性とはどのような意味での依存性なのだろうか。これについては、先に挙げた本質主義の三つの態様に応じて若干強調点の相違があるように思われる。

第一に、必然性本質主義においては、物的対象の性質における必然性対偶然性という対比がその中心となる。そして、偶然的性質は文字どおり、その物にとってあってもなくてもよい性質であるのに対し、必然的性質はなくてはならない性質だとすれば、そのようななくてはならない性質を失ったとき、当然、その物はその物でなくなるだろう。だからこそ「なくてはならない」性質なのである。たとえば、液体としての水において水分子が持っている運動エネルギーという性質は、それが変化して氷や水蒸気の中の水分子が持つ運動エネルギーとなったとしてもそれが水分子であることを止めないのに対し、「H_2Oという分子構造を有する」という性質を失ったとき、もはやそれは水分子ではなくなるということである。

次に、質料形相的本質主義においては、現実性対潜在性という対比がその中心となるように思われる。オダーバーグは次のように述べている：

存在するとは、単に潜在性の中にのみあるのではなく、現実性の中にあるということである。それゆえ、存在は何ものかの現実化――より正確には、本質の現実化である。実体は、形相が質料と結合したときに存在し始め、それ自身の実在的本質を有する両者の結合体がもたらされるのである。(12)

存在は、性質でも偶有性でもないけれども、存在するものどもについて真であり、それらについての事実である。ちょうど形相が潜在性を現実化して実体をもたらすように、存在は形相そのものの現実化として考えうる。形相は質料を現実化し、存在は形相を現実化するのである。(13)

先ほど事例として用いた水分子に即して解釈すれば、質料として種々の分子を形成する可能性を持つ水素原子や酸素原子によって創出される形相としてのH_2Oという分子構造が、水分子という実体の本質であり、さらにそのような本質が現実化することによって水分子が存在する、ということになるだろう。そしてこのように捉えたとき、存在に対する本質の優先性とは、まさしく存在が何ものかの現実化である以上、その何ものかとしての本質がない限り存在もない、という意味となるだろう。

そして最後に定義的本質主義については、本質としての「定義」が「……とはそもそも何であるか」を規定するものであることを踏まえると、それに対応するwhatがhowに対して示す対比が中心的と考えるのが適切であろう。そしてこの対比の意味を考えるにあたっては、類や種が特殊から普遍に向かう階層性をその特質としていることへの着目が有効だと思われる。すなわち、前章第三節（六九頁）で述べたように、垂直述定に基づく「何であるか」という問いについては、たとえば、「ドビンとは何ものか」という問いに対する「馬である」という回答がさらに「では馬とは何か」という問いを呼び、それが「動物である」という回答をさらに要求し、……というように、どんどんと抽象化されていく方向性を、類種関係が有している。そしてその先には、「カテゴリー」という、それ以上一般化できないような何ものかがあることになる。これに対して、水平述定に基づくhowという問いの特質はむしろ、垂直述定の中に現れる種や類のそれぞれに対して規定される、いわゆる「種差」への問いなのであった。

そして、このようにカテゴリーへと向かう問いとして本質への問いを捉えたとき、存在に対するその先行性の意味も見えてくる。すなわちそれは、存在するためには何らかのカテゴリーに属さねばならないという主張として捉えられる。まさしく、（対象として）存在するためには「何か」でなければならないのである。「同一性なくして存在者なし（No entity without identity）」というクワインによる有名な標語があるが、その標語は、同定・再認の明確な基準がない限り存在者として認定すべきでないという認識論的な意味合いが強かったと想像される。しかし、そこでの「同一性」を、関係的同一性としてではなくロウが述べていたような定義的同一性として捉えるならば、'No entity without what it is.' という、より存在論的・本質主義的な主張としてその標語を理解することができるだろう。

現代的本質主義に関するここまでの議論を一度まとめておこう。まず、現代の（特に物的対象に関する）本質主義は、〈本質と想定されているものが、必然的性質であるか、質料形相混合体であるか、実在的定義であるか〉に応じて少なくとも三種類に区別できることが、確認された。その次に、その分類に即しながら存在に対する本質の先行性という本質主義的主張をどのように捉えうるかということを考えた結果、それぞれの立場において、必然性対偶然性、現実性対潜在性、（存在論的）垂直性対水平性という対比が、その主張に対する根拠となるであろうということを見出したのであった。

2　実在的定義としての本質

問題は、これら三種類の本質や対比どうしの関係である。それらは個々ばらばらの独立的主張であって、もしも本質主義が正しい主張であるとすれば、いずれかが正しくてその他は誤っているということになるのだろうか。それとも、それらの間には何らかの親和的関係が成立しており、いずれかがいずれかを含意するとか、すべてを統合しうるようなより一般化された本質主義を想定する、などのことができるのだろうか。

この問いに対する私の回答を先に述べてしまうと、三種の本質主義のうち、もっとも一般性の高いのが定義的本質主義であり、必然性本質主義と質料形相的本質主義は、そこからの帰結もしくはその局所的適用であると考えるのが最も妥当だと思われる。

まず、必然性本質主義と定義的本質主義との関係については、性質が必然的であることはその性質が本質的であることの必要条件ではあるが十分条件ではないというファインの主張に私は賛同する。クリマも指摘するように、必然性によって本質を定義しようとすることは、おそらく本末転倒型の誤謬である。(14) また、これまで、起源や分子構造などの本質的とされる性質について、それが本当に必然的であるのかどうかということは結局主観的判断に委ねられざるをえないということがしばしば指摘されてきた。[15] その大きな要因は、「すべての可能世界」において成立するかどうかということの判断がそこでは求められることになるが、そのような認識を確実に行う術を我々は持たないということにある。

これに対し、本質的であることが必然的であることの十分条件であり、少なくとも本来的な形での必然的性質は本質から帰結するのだと考えれば、事物が本来的に様相的性質を所有することに対する根拠づけになると同時に、「現実世界」に関する「理解」にもとづいて様相的判断を行う可能性が開かれる。[16] もちろんその際も、具体的にどのような形で本質から必然的性質が帰結するのか、「実在的定義」というものの客観性を保証しうるのか、などの問題が発生する。しかしその場合も、「事物は本質を持つ」という本来の本質主義に即した形で議論を構成することができるであろう。したがって、定義的本質主義にもとづきながら様相論を展開する方が、その逆よりは少なくとも有望かつ健全であるという点において、本質主義の妥当性・応用性を訴えるうえで有利だと思われる。

次に、質料形相的本質主義と定義的本質主義の関係についてであるが、そもそもオダーバーグ自身、彼が質料形相論を適用するところの「もの」として想定しているのは「物的対象についてのみ」だと断りを入れていることから見ても、質料形相論的な本質概念が適用されるのは、基本的に物質的かつ実体的な存在者のみであると考えられる。そうだとすれば、ここで考えるべきは、定義的本質主義がそうした物的対象に適用された場合に、質料形相論と親和性を持つかどうか、という問いであることとなる。そして、カテゴリーへと垂直的に向かっていく問いとしての what への問いこそが定義的本質主義における本質への問いであることを踏まえるならば、さらに必要なのは、物的対象というカテゴリーがどのようなカテゴリーであるのか、物的対象とはそもそも何なのか、という問いについて、特に存在に対する本質の先行性の問題と関係づけながら考えていくことであろう。

そこで、物的対象に視野を限定したうえで、改めて what と how の対比について考えてみよう。すると浮かび上がってくるひとつの対比は、アリストテレスに即した形で述べるならば、両者はいずれも基体としての物的対象「について」述べられるものとしての「普遍者」である点では共通しているが、後者が基体「の中にある」のに対し、前者はそうでないという対比であることになる。このような「中にあるか否か」という対比と存在との関連性はいかなるものなのだろうか。(17)

両者の対比において着目されることが多いのは、独立性と依存性という相違である。すなわち、種と性質の間には、〈少なくとも何らかの意味で、性質は（基体としての）個体に存在論的に依存するのに対し、種はそうではない〉という相違があるとされる。しかし、仮にそのような相違があるとしても、残念ながら、その事実そのものは、存在に対する本質の存在論的先行性の意味への問いに対して、少なくとも直接的には答えを与えてくれない。与えうるとすれば、種の存在論的独立性の意味自体が多少なりとも解明されることによってであろう。

そこで、存在論的独立性の有無とは異なるような種と性質の中心的対比を探し求めてみると、ひとつ思い当たるのは、全体と部分の対比である。もちろん、この場合の「部分」を、メレオロジー的な意味での部分、すなわち、全体を「構成」するような部分という意味で捉えてはいけないということは、アリストテレス自身も明確に述べていることであり、そのように考えると、個体が性質に依存することになってしまう。(18)そうではなく、あくまでも実体的対象のひとつの「あり方」としてそれを特徴づける一種の「側面」という意味で、この場合の「部分」は捉えられるべきであろう。このような解釈は、ロックが、普遍者に関する唯名論的立場からではあれ、（個体としての）性質を「モード」と呼び、我々の「部分的考慮（*partial* consideration）」によって私たちが選択的に注目して抽象するところの（実体的個体の）「アスペクト」としてそれを捉えていたこととも呼応するだろう。(19)

そして、このように限定された意味での「全体としての本質」という観点のもとで眺めたとき、本質の存在に対する先行性はある意味で明解なものとなる。というのも、本質が全体である以上、本質の消失は全体の消失であることになるからである。これに対し、性質が部分である以上、それが消失したとしても（必然的性質の場合を除けば）他の部分は残るのが少なくとも通常であることになる。この場合により即した形で言えば、性質があくまでも実体的対象のあり方の一側面にすぎない以上、その側面が失われたとしても、他の諸側面は依然として残るということである。そして「他の部分」が残っているということによって、その対象の存在そのものは失われていないと解釈する余地が残るだろう。ただし、このような見方を採用するためには、物的対象に関するある種の全体論的立場を前提することとなる。もしも結局のところ全体に対して部分が存在論的に先行するのであればいまの議論はまったく成立しないからである。そうではなく、「あり方の一側面」としての「部分」とは、それが特徴づけるところの何ものかの存在を前提として初めて意味を持つのである。

また、観点次第で全体性にも色々な意味がありうるなかで、いま問題となっているのは、存在に対する先行性というすぐれて存在論的な問題である以上、その全体性は、存在論的に重要な意味での全体性でなければならないだろう。要約すれば、定義的本質主義のもとでの物的対象の本質とは、物的対象に関して多かれ少なかれ全体論的な立場に立脚したうえでの、存在論的に基礎的であるような何らかの全体性である、というのが私の解釈である。

そしてこのように基礎的全体性として物的対象の本質を捉えたとき、その本質が物的対象というカテゴリーへの問いに対する回答であるという点や、物的対象が実体的なものである以上何らかの意味で独立的であるという点との関わりも見えてくる。というのも、その場合の独立性とは個体化に関する独立性であると考え、いわば他の存在者に依存せず自律的・自足的に個体化する「自己個体化(self-particularization)」に物的対象というカテゴリーの特徴を見出すならば、自ずから、自己統一性という全体性こそが物的対象の本質となるだろうからである。

さらにもうひとつ見えてくるのが、質料形相的本質主義との関係である。先ほど述べたように、ここで問題となっている全体性は、存在論的な基礎性を有する全体性でなければならない。物的対象におけるそのような基礎性のひとつとして浮上したのが、個体化に寄与するような統一的全体性であった。しかし特に物的対象の「物的」な側面での全体的な存在論的基礎性に向かっていくとき常につきまとうのは、その潜在的・素材的・原因的側面としての質料的な全体性とその現実的・形態的・機能的側面としての形相的全体性との協立である。おそらく、個体化においても、質料的な個体化と形相的な個体化が絡み合って成立していると考えられる。個体化における質料的な全体性のひとつの例として想定されうるのが、そのスケール性である。すなわち、どのレベルでの時空的規模・粒度における対象であるのかということが、物的対象の個体化においては欠かせない。そのうえで、さらにその時空スケールの中でどのような形態や中心的機能などを形相として有するかによって、そもそもそれが何であるかが定まると考えられるだろう。

以上をまとめれば、次のようなこととなる：現代形而上学において最も大きな一般性・妥当性・応用性を見出しうる本質主義は定義的本質主義であり、それは、形而上学的実在論および存在論的カテゴリー論そのものの主張であるか、その根拠ともなりうるような立場である。そしてその立場は、必然性本質主義に対する基礎づけを行う可能性を持つと同時に、物的対象に関する質料形相的本質主義との親和性を有している。というのも、物的対象を含む実体的対象全般の定義的本質は、他の個体に依存せずに自らの個体性を成立させる自己統一性としての存在論的に基礎的な全体性であると考えられ、物的対象のそうした自己統一性の成立に対しては、質料的な要因と形相的な要因の両方が絡み合って貢献しているからである。

定義的本質主義による必然性本質主義の基礎づけは、本書においては、実体様相としての本質様相によって事実様相としてのＳ５様相を根拠づけるという形で行われる。これを具体化するのが本章末尾の第四節での作業である。一方、定義的本質主義と質料形相論との間には一定の緊張関係があることを否めない。というのも、代表的な定義的本質主義者であるロウが一貫して質料形相論に対しては批判的な見解を表明しているからである。そこで次の第三節では、ロウが提示した実体の定義と質料形相論を現代的な形に変容しつつ、それに基づいて提示されたR・クーンズによる実体の定義を見比べながら、物的対象の自己統一性についての理解を深めることを試みる。

3　物的対象の自己統一性と質料形相論

ロウは、質料形相論における質料論的側面を排してもっぱら形相論的に実体を捉えるべきであると一貫して主張している[20]。彼がそもそも質料形相論に批判的であるのは、〈「形相」と「質料」というどちらも単独では不完全な存在者が「結合」して完全な実体を組成する〉という主張において用いられる「不完全」「結合」「組成」という概念が理解困難であるという理由からであった。彼は次のように述べている：

〈質料形相論の〉問題点の核心は、その中心教義――すべての具体的対象、あるいはより正確には、すべての具体的個体的実体は、質料と形相の「結合」であるという教義――にある。というのも、実際、この意味での「結合」をどのように理解すればよいのだろうか。……（中略）……私が理解できないのは、〈完成した家の形相――その「質料」が組織されたあり方――は、その家の「不完全な」成素であり、同様に「不完全な」質料と結合して、完全な実体としての家を組成するものである〉と言うことが何を意味しているのか、ということである。この種の説明において特に私を惑わせる語は、「不完全な」「結合する」「組成する」である。私が言いたいのは、それらの語が他の文脈で通常の仕方で用いられたときにそれらを完全には理解できないということではなく、質料形相論における専門的用法が理解できないということ、そして同様に重要な点として、なぜそのような語のこうした用法が必要だと思われてしまったのかが理解できないということである。[21]

そして彼が特に質料論的側面に批判的である理由のひとつは、仮に「質料」を「物的対象を直接的に構成している素材」という意味で解するならば、往々にして物的対象はそのようなものを持たないということである。たとえば、船を直接的に構成するものは、素材というよりは板や柱やロープなどの多種の物体というべきであるし、クォークや電子などの素粒子は、いかなる「素材」によってもできていないので、「物理的（physical）」であるかもしれないが「非質料的（immaterial）」だと彼は主張する。[22] 彼は次のように総括している：

私は、質料形相論者の質料というカテゴリーが本当に必要だとは思わない。〈水素原子の「質料」はその陽子と電子である、もしくは、それらから成る〉と述べることにやぶさかではないが、それは〈それらが水素原子の部分であり、水素原子を合成するのに寄与する〉という意味においてのみである。しかしながら、この意味においての原子の「質料」は、質料形相論者がそう解釈しているように、原子の「形相」によって補完されるべき、原子の何らかの「不完全な」成素ではない。実際、現代物理学がそうしたように、少なくとも基礎理論的用語としては「質料」という用語を完全に捨て去ってしまうことの方を私は好む。たとえば、現代の科学者が「凝縮物質物理学（物性物理学、condensed matter physics）」について語るということはあるけれども、素粒子物理学者がこんにち、陽子や電子が質料を持つとか質料から成るなどと語ることはない――それらについて「エネルギーのパケット」であるとか質量（*mass*）を持つなどと語ることにためらいはないだろうが。[23]

一方、ロウは、定義的本質主義に基づいた実体の定義を少なくとも二度提示しているが、それに関しては若干の変更を行っている。

第一の定義は、著書『形而上学の可能性』（1998）の中で提示した次のようなものである。[24] 彼はまず、暫定的に実体を次のように定義する：

［DL1］　x は実体である。=df　(1)　x は個体である。(2)　次のような個体 y は存在しない：y は x と同一ではなく、かつ、x はその存在を y に依存している。[25]

さらに、この定義中における「x はその存在を y に依存している」を次のように定義する：

［DL2］　x はその存在を y に依存している（x depends for its existence upon y）。=df　必然的に、x の同一性は y の同一性に依存している。[26]

結果としてロウは、実体に関して成立する次のような定理を得たことになる：

［ＴＬ１］　xは実体である。if and only if　⑴　xは個体である、⑵　次のような個体yは存在しない：yはxと同一ではなく、かつ、xはその同一性をyの同一性に依存している[27]。

しかし、すると今度は、「同一性を依存」するということの意味が問われねばならない。そこで彼は、同一性の依存性が成立することの必要条件として、次のような（非数学的対象に対しても適用できるような一般化された意味での）「関数（function）」の必然的存在を挙げる：

［ＴＬ２］　もしもxの同一性がyの同一性に依存しているならば、必然的に次のような関数Fが存在する：xはyのFと必然的に同一である[28]。

たとえば、暗殺という（トークンとしての）できごとxの同一性は、（少なくとも部分的には）暗殺された人物yの同一性に依存するため、「人物yの暗殺」という関数Fが存在する。しかしこの条件は、一般に同一性の依存の必要条件ではあっても十分条件とは言えない。というのも、ファインが示したように、xの同一性はxを唯一の要素とする集合（シングルトン）｛x｝の同一性に依存しないにもかかわらず、「必然的に、xはシングルトン｛x｝の唯一の要素と同一である」という必然性が成立してしまうという例が存在するからである。

そこで彼は、最終的に「本質」という概念を用いて同一性の依存性を次のように定義する：

［DL3］　xの同一性はyの同一性に依存している（The identity of x depends on the identity of y）。
=df　必然的に、次のような関数Fが存在する：xはyのFであるということは、xの本質の一部である。[29]

この場合の関数Fは、xの属する種についての同一性基準の根拠となるものだと考えられる。たとえば集合の場合は、外延性の公理（Axiom of Extensionality）がその同一性基準となるが、その理由は、a、b、cという三つの要素から成る集合Sにとっては、この場合の関数Fに相当する「a、b、c（のみ）を要素とするもの」であるということが、その本質の一部だからである。したがって、a、b、cへの同一性依存のゆえに集合Sは実体とは言えない。これに対し、もしも要素a、b、cがたとえばいずれも生物的個体や人物であるとすれば、（少なくとも日常的存在論のもとでは）それらは実体であることになる。このようにしてロウは、実体の特徴としての独立性を、当該の実体の本質の規定において他の個体が関与する余地がないこととして、解釈したのである。

ロウによる第二の定義は、論文「複雑な実在：実体存在論における統一性・単純性・複雑性」(2013) において示されたものである。[30] まず、彼は一九九八年の論考では存在の（個別的）依存性を同一性の依存性によって「定義」していたが、二〇一三年論文では、存在論的依存性のなかでも、同一性の依存は非対称的（あるいは少なくとも反対称的）でなければならないのに対し存在の依存は対称的でありうるという理由で、同一性の依存性を存在の依存性から分離した。そのうえで、存在の個別的依存性を同一性の依存性からの含意として位置づけた。これによって、実体の存在論的独立性が、存在するか否かに先行して規定される、まさしく「何であるか」という意味での同一性に関する独立性として、より鮮明化されたと言える。

そして、「具体的対象（concrete object）」を、(a) 時間と空間の中に存在し、かつ、(b) 因果的力能を有する（ひとつの）(c) 性質の担い手（property bearer）という意味で理解したうえで (a)(b)が「具体的」に、(c)が「対象」に対応する)、実体を次のように定義した：

［DL］ xは個別的実体（individual substance）である。=df xは、他の具体的対象に同一性依存（identity dependent）していないような具体的対象である。(31)

個別的実体が時間と空間の中に存在するという意味で具体的であるという点は、一九九八年時点においても主張されていたことなので、因果的力能を有するという点が定義に新たに加わったことになる。これによって、たとえば太陽系の質量中心点や地球の赤道などが具体的対象から排除され、それらは抽象的な対象として位置づけられる。これらは時空内には存在するが因果的効力を有しないからである。一方、石を積み上げて作られた小山のような堆積物は具体的対象であるが、それを構成する石のいずれかを入れ替えれば別の山になってしまうので、当該の石への同一性依存のゆえに実体ではないことになる。いずれにせよ、ロウの定義は、実体の実在的定義によって示される本質に関する独立性に実体固有の特徴を見出しているという点においてはもっぱら形相論的に行われているところに一貫した特徴がある。

これに対して、クーンズは、論文「強固なvs.脆弱な質料形相論：構造のアリストテレス的説明に向けて」（2014）において、特に複合的構造を持つ実体に対して、次のような定義を提示した：

複合的実体（composite substances）は、機能的諸部分の階層的な構造を実現する。二次的力能は、束構造（lattice structure）の頂点（有機体全体）から底辺（素粒子たち）へと段階的に下降していく。同様に、それによって有機体全体の存在が（その偶有的性質とともに）維持されるところの物的プロセスは、その同じ機能的諸段階の底辺から頂点へと上昇していく。中間的諸段階は、同名意義原理（Homonymy principle）が適用される依存的諸部分から成っており、一方、その最下レベルは、実体的変化（substantial change）の耐続的な基体であるところの独立的諸部分から成っている。実体は、このような構造の頂点に存在しうる何ものかとして、次のように定義することができる：

〔複合的〕実体の定義：*x*が実体であるのは次の場合である：*x*は包括されていない（unencompassed）（すなわち、いかなるものに対してもその真部分ではない[32]）。

上記のクーンズによる説明の中に登場する「二次的力能」とは、複合的実体の諸部分が、その固有の力能（一次的力能（primary power））に加えて、〈実体の構成部分となることによってその全体が所有する一次的力能からの影響をも部分的に受ける結果、所有することとなる力能〉を表している。また、「同名意義原理」とは、〈生物の器官や四肢などの諸部分は、生物から切り離されたときにはもはや存在せず、ただそれらは同じ名前で呼ばれるにすぎない〉というアリストテレスが提示した原理を表している。つまりここでは、複合的実体の構造における中間的な諸部分は、実体全体との関連によってのみ存在しうる依存的諸部分であるということが主張されている。

クーンズの定義は、ロウとは対照的に、少なくとも直接的には実体の〈部分-全体〉関係にのみ関わっており、その境界の包括性を実体の定義の中核に据えているという点において、もっぱら質料論的な定義であると見なすことができる。また、クーンズは、建築物・機械・芸術作品などの人工物やその部品は実体には含めないということ、したがって実質的に生物（および人物）のみを複合的実体として認める点において、ロウよりもアリストテレスにより忠実である(33)。

このように、ロウとクーンズがそれぞれ提示している実体の定義そのものに関してはほとんど共通性が見出せないが、各々の背後にある実体論には意外に共通性も多い。そのことを、相違点にも目を配りつつ確認しておこう。

まず第一に、当たり前と言えば当たり前だが、二人とも基本的にはアリストテレス的実体論に即した形でのいわば正統的な実体主義者だということである。ロウは質料形相論の特に質料論的側面に対して批判的であるので、たしかに「強硬な」質料形相論者ではない。しかし、すぐ後で述べるように、彼自身「私はあるバージョンによる質料と形相の区別は支持する」とも述べている。一方、クーンズは、質料形相論に関してはよりアリストテレスに即しているが、形相をプロセスとしての個体と見なし、本質を実体の性質の一種として位置づけている点においては、アリストテレス的な四カテゴリー存在論の図式を必ずしも踏襲していない。[34] しかし、少なくとも個体的形相を承認している点では、ロウの「個体化した形相としての実体」という後述する主張と通い合っている。

そして二人とも、構成部分間で一定の関係が成立すれば一様に実体と見なしてしまうB・ウィリアムズ、ファイン、ジョンストンや、形相と質料を実体の「部分」と見なすK・コスリツキのような、クーンズの見立てによるところの「脆弱な」(形相質料論者としての)実体主義者ではないという点で共通している。[35] また彼らは、C・B・マーティン、J・ヘイル、I・ヨハンソンのように、実体が属性とは峻別されるべきカテゴリーであることは強調しながらも両者がいわば相互依存的な関係にあると見なす立場、すなわち、何らかのものの二つのアスペクトとして実体と属性を位置づける、ダブル・アスペクト説的な実体主義とも一線を画し、実体を最も基礎的な存在者として位置づけている。[36] もちろん、実体を実質的にトロープの束に還元してしまうP・サイモンズのような還元主義的実体論にも与していない。[37] これらの点において、ロウとクーンズはともに「強硬な」実体主義者だと言える。

第二に、二人とも、複合的実体の構造を純粋な原子論にも全体論にも陥らない形で捉えようとしている。クーンズについては、上で引用した彼の定義に対する説明によってそのことは明らかであるが、ロウも次のように述べている:

複合的実体の多元論者(complex substance pluralist)として、私は実際、「上方」「下方」両方の存在論的依存性と独立性がありうるということ、したがって、「レベル」間の依存の唯一の方向

は存在しないということを、主張する。(38)

異なるレベルに存在する対象間における依存性や根拠づけの唯一の方向を伴うような、単一の普遍的な存在論的レベルの序列を認める必要はない。そしてその意味において、「最下」「最上」「中間的」のいずれを問わず、存在の唯一の「基礎的レベル」を承認する必要はないのである。(39)

そして実際、内臓や四肢などの生物の中間的レベルの部分に対してはアリストテレスの同名意義原理を適用すべきであるが、最下レベルの部分は生物そのものの発生前から発生後を通じて耐続する実体として承認すべきであると考える点において、ロウはクーンズと一致している。(40) 少なくとも生物に関する限り、両者の相違は、クーンズが「最下レベルの部分」として素粒子のような基礎的粒子のみを想定しているのに対し、ロウは生物を構成する原子、分子、細胞までをもそこに含めているという、程度の差にすぎない。

そして何よりも重要な両者の共通性は、力能実在論に基づいた因果の力能理論をその実体論の中核に据えている点である。そのことは、本稿で見た二人による実体定義(ロウの場合は第二の定義)のいずれの説明においても力能への言及が含まれていることによっても明らかであるが、より具体的な類似性は、それぞれの次のような叙述に見られる:

(ロウ)

電子が陽子に捕えられてその周囲の位置を占めるように「再配置」されたときは、水素原子というまったく異なる種類の新たな具体的対象が実際に存在し始めることとなる。この対象は、陽子や電子の特徴とはまったく異なるある特徴、とりわけ、ある力能を有しており、またその特徴は、自由陽子と自由電子のメレオロジー的和の特徴とも異なっている。新たに作られた水素原子において、陽子はそれまでとまったく同じ単なる陽子のままであり、電子も単なる電子のままである。そこでは、新たな形相——陽子も電子も有していないような形相——すなわち水素原子の形相が例化されている。(41)

（クーンズ）

レア〔= Michael Rea〕は、次のように問いを発する：「塩化ナトリウム分子において、〈その質料の潜在性（potentiality）を塩化ナトリウム分子として現実化する〉ものは何なのか？」塩化ナトリウム分子が真正な実体であると想定するならば（少なくともNaCl分子が生物の中に組み込まれていない限り、私はそのことを承認する）、答えは次のとおりである：「（特有の量子的関数によって表現される）特定の創発的な化学的形相が、質量エネルギーと電荷の特定のパケットの潜在性をNaCl分子として現実化したのだ。(42)」

そもそもロウが質料形相論に批判的である最大の理由は、〈「形相」と「質料」といういずれも単独では不完全な存在者が「結合」して完全な実体を組成する〉という主張において用いられる「不完全」「結合」「組成」という概念が理解困難であるということであった。だとすれば、それらの概念を用いないような質料形相論であれば、少なくとも承認の余地はあることになる。実際彼は、先に述べたように「私はあるバージョンによる質料と形相の区別は支持する」とも述べている。(43) その「バージョン」とは次のような教説である：

……実体的普遍（substantial universal）の個体例は、個体としての象や個体としての虎などのような、個別的な具体的対象そのものである。したがって私が推奨する立場は次のようなものである：「もしも質料と形相の区別を有意味なものとしたいならば――この場合の「質料」は、近接質料（*proximate* matter）として理解されるものだが――個別的な具体的対象をそれ自身の個体的な「実体形相（substantial form）」と同一視する（*identify*）べきである。」これによって、〈個別的な具体的対象が第一実体である〉という『カテゴリー論』でのアリストテレスの見解、および、アリストテレスが『形而上学』において述べたことに基づいて彼に帰されることのある〈個体的な実体形相が第一実体である〉という見解の両方を、受け入れることが出来る。というのも、私が示唆するところにしたがえば、これら二つの教説は完全に一致するからである。(44)

一方、クーンズは、「強硬な質料形相論者」として、オダーバーグと同様、現実性と潜在性の区別に基づいた質料形相論を支持しているが、その際の質料や形相をいかなる意味においても実体の「部分」と見なしてはいけない、と主張する点においてはロウと一致している。そして少なくともこの点を共有する質料形相論者の例として、T・スカルツァスとA・マルモドーロを挙げている。(45) 実際、スカルッァスの次の叙述は、ロウが支持するバージョンの質料形相論との親近性を窺わせるものである：

私の主張は次のようなものとなるだろう：アリストテレスにとって実体が複合的であるのは、それが質料、形相、あるいは性質のような個別の抽象的な構成要素の集塊（conglomeration）だからではない。彼にとって実体が複合的であるのは、これらの項目が、統一的な実体の一種の分割であるところの抽象（abstraction）によって分離されうるからである。[46]

……普遍者は、抽象によって、導出したり、それが属する実体とは独立に定義したりできる。これがアリストテレスの存在論において成立しうる唯一の種類の分離性である。普遍者が物理的に分離された存在者としてもそのような存在者の個別の構成要素としても存在しえないということは、それらが精神の虚構であるということを含意しない。もしもそうだとしたら、実現しなかった可能性もその可能性を想像する精神に存在論的に依存せざるをえないことになるだろうが、決してそんなことはないだろう。実現しなかった可能性は、その可能性に思い至る精神がまったく存在しなかったとしても存在したであろう。抽象は想像ではない。それは、物理的対象としては存在しえない存在者を選り出すひとつの方法である。それらが物理的対象として存在しえないということは、それらの本性（nature）についての主張であって、その実在性（reality）についての主張ではない。[47]

さらに重要なのは、クーンズがその質料形相論を次のように彼自身の力能因果論に即した形で定式化しているということである：

> 形相的因果と質料的因果は、私の見解では、ともに実在的で通時的な因果的結合である：その質料的参与者を伴いつつ各時間隔（interval）中に作用している形相的プロセスは、その時間隔の最終点における実体全体の存在の原因である。複合的実体が時点tにおいて存在するのは、tの直前のある時間隔において、その質料的構成要素が適切な形相的プロセスに参与したからである。[48]

そしてクーンズとロウは、力能をその発現によって個別化するという点において一致しており、ここで述べられている「形相的プロセス」がまさにその発現に相当する。[49] だとすれば、質料を個体化した形相そのものとして解釈するロウの見解とクーンズの見解との懸隔は一見して思われるほど大きくはないと言える。というのも、力能が発現によって個別化されるということは、力能とその発現としてのプロセスとの間には何らかの内的関係が成立しているということを含意するからである（この関係については、第四章で詳説する）。また、ロウ自身も、実体の本質はその通時的なあり方を含めて捉えられるべきであることを再三強調している。[50]

そして再度ロウによる実体の定義を振り返ってみると、特にその改良バージョンと言える第二の定義において前面に出てきたのが力能であった。彼は、それ以前はもっぱら時間・空間内にあるか否かによって具体的か抽象的かを決定していたが、質量中心点や地球赤道のように時間・空間内にあっても何らかの力能を持たないような対象は抽象的だと主張したのである。しかし、だとすれば、まず第一に、時空性とは無関係に具体的であるか否かが決定されることになる。[51]したがって彼は、実体であるための要件のひとつとして具体性を挙げたうえでその具体性を時空性と力能性という二つの要因に分解していたが、むしろ、(力能性としての)具体性に加えて時空性という別の条件を挙げたと考えるべきであろう。そして第二に、彼の主張に従う限り、少なくとも原理的には、何らかの力能を持つが時間・空間内にはないような対象というものも考えられることになる。ひょっとすると「神」はその一例かもしれない。いずれにせよ、そのような対象は、まさしくimmaterialという形容を適用することがふさわしい典型的な「具体的」対象だと言わざるをえないだろう。

こうしたことから逆に浮かび上がってくるのが、materialであるということと時間・空間内にあるということの連関性である。そして、ロウは、その第二の定義においては、力能を有する対象としての具体的対象が時間空間内に存在して初めて実体たりうるのだということを主張したことになる。すなわち、少なくとも時空性という非常に薄い意味ででではあるかもしれないが、一種の質料性を実体の要件のひとつとして認定したと言えるのではないだろうか。

形相に関してクーンズとロウの主たる相違は、先にも述べたようにクーンズが形相をもっぱら(プロセスとしての)個体として解釈するのに対し、彼がマルモドーロに帰している「形相をプロセスそのものとして解釈するのではなく、そのような形相的プロセスによって具現化される抽象的対象として解釈する[52]」という見解を、ロウも四カテゴリー存在論に基づいて採用しているということである。

そして私自身も、この点に関してロウとマルモドーロの側に与する者である。もちろんその主たる理由は、私自身も基本的にはアリストテレス的四カテゴリー図式に則った形で実体を捉えるということ、その結果として、ロウの主張するとおり、実体的普遍者としての実体形相とその個体化としての個体的形相という、いわゆる伝統的な第二・第一実体に対応する形相を承認するからである。この点に関しても、ロウの主張との親近性をうかがわせるスカルツァスの叙述がある：

> 私の解釈では、抽象的形相は活動ではなく、具体的実体が何であるかについての原理である。形相は、それが現実性の中にあるときにのみ、すなわち質料化されている（enmattered）ときにのみ、活動である。しかし、質料化された形相は、実体それ自体である。現実性の中にある形相と具体的実体の間に区別はない。それゆえ、その形相を有している（*has*）主体（subject）とその活動が形相である（*is*）主体との間に存在論的な空隙はない。[53]

しかしこのような形相の抽象性・普遍者性に関する相違を別にして、仮にクーンズのように個体的な形相のみを承認するとしても、先ほど示したような、存在論的に基礎的な全体性を表す実在的定義としての本質に対応する何ものかとして形相を捉えた場合、実体が参与するプロセスにおける時間的・通時的な全体性（この全体性は、クーンズも強調するところである[54]）だけでは不十分だと思われる。というのも、たとえば$NaCl$やH_2Oという実体における分子構造や生物の身体構造などの空間的・共時的全体性も、実体の本質の一部として当然、実体形相に含まれるべきだからである。そして実際、クーンズ自身も次のように述べる際には、事実上そのことを暗黙の前提としていると考えざるをえない：

共時的依存関係（単一時点において起きている）と通時的依存関係（先行する諸時点に存在する物または物たちに対する、ある時点におけるある物の依存関係）という、二種類の依存関係が存在する。共時的依存性はトップダウンであり、諸部分の力能が全体の力能に根拠づけられている。一方、通時的依存性はボトムアップであり、後の時点での全体の存在が、先行する諸時点での諸部分の活動に依存している。それゆえ循環はない。循環ではなく、依存の図式は、各時点において下降し時間の進行に伴って上昇するジグザグ経路となる。(55)

すなわちここで彼は、実体においては、先ほど引用したような通時的依存関係以外にも共時的依存関係が存在し、後者においては、諸部分の力能を根拠づける共時的な全体性が、因果性や依存性の循環を避けるためには不可欠なものだと考えているのである。

ロウとクーンズの異同に関する以上の分析を踏まえて、物的対象に関する質料形相論的側面について、私自身は次のように立場を定めたい。物的対象の形相的側面としては、四カテゴリー図式に即した形でのロウ、マルモドーロ、スカルツァスが主張するような普遍者としての形相とその個体化された形相をそれぞれいわゆる第二・第一実体形相として認定する。これが、定義的本質によって示されるwhat it isとしての基礎的全体性を表すものである。しかし一方では、クーンズが強調するように、このような形相の個体化・具体化が物的対象の力能によって時間・空間の中で実現されるということをその質料的側面として認定する。すなわち、ロウと同様、素材や裸の個体としての質料という概念は否定しつつも、力能的統一性を伴う空間的延長――いわば「力能的外延（powerful extension）」――として物的対象の質料を措定する。その外延を明示するのが物的対象やその諸部分の境界であり、境界を通して当該の実体を取り巻く環境との諸関係や複合的実体の内部構造などが成立することになる。そしてこうした境界づけは、ミクロレベルからマクロレベルまでその粒度に応じた種々のレベルで成立している。当該の物的対象に関わるこのような力能的境界の粒度こそが、質料的な基礎的全体性にほかならない。このような意味での質料形相論的観点から、改めて物的実体の自己統一性について一般化してみよう。

まず確認しておくべきことは、実体的対象は個体の一種だということである。そしてそのことの最も一般的意味は、アリストテレスがその四カテゴリー存在論のなかで「何らかの対象について述べられるものでもないし、その中にあるものでもない」という形で特徴づけた、垂直述定の中での基底性である。言い換えれば、実体的対象とは、何らかの対象を例化することはあっても、それ自体が例化されることはないという意味での、例化の究極的な担い手だということである。

そしてこのような基底的例化を行う対象という意味での個体としては、物的対象以外にも集合や命題などの（非時空的な）抽象的個体が少なくとも可能性として考えられる。したがって、実体的対象を何らかの意味で「物的」たらしめる要因としての「質料性」のひとつの最低要件は、当該の個体による基底的例化が時間と空間の中で行われるということであった。しかし、こうした時空性を伴う個体としては、(トークンとしての)プロセスやできごとなども考えられる。したがって、それらの個体と対比される意味での実体性を実現するような時空性は、特にその時間的側面において、継続と対比される意味での持続としての「耐続性」によって実現されるものであると考えるべきであろう。これにより、たとえば「境界」(「点」も境界の一種と見なせる)は、その存在論的依存性のゆえに純然たる実体ではないし、その非力能性のゆえに質料的でもないかもしれないが、耐続性という実体的対象に固有の持続性を備えていることにより、最低限の意味で「実体的」であるとは言えることになる。この耐続性については、特に様相論的観点のもとで第五章において詳説される。

次に再確認すべきは、物的実体の自己統一性における「統一性」とは、存在論的な意味での基礎的な全体性・単一性として想定されるものだったということである。そして、質料形相論との関わりで言えば、物的実体のそのような意味での統一性には、質料的な全体性と形相的な全体性の双方が関与していると考えたのであった。一方、物的対象の自己統一性における「自己性」は、伝統的には、ある種の独立性として規定されてきた。ここでは、その自己性を「独立性」と「実在性」というふたつの要因に分けて考えたい。ただし後者も、我々の精神からの独立性としての実在性という意味では、独立性の一種と見なすことができる。

まず、その独立性に関しては、基本的にロウが提示したような定義的同一性としての本質における他の個体からの独立性、すなわち、他の個体に同一性依存していないこととしての存在論的独立性こそが物的実体の独立性の中核である。一方、クーンズが主張した境界の包括性という一種の質料的独立性にも一定の意義は認めるが、本書では、実体についてのできるだけ一般化された観点を採用するという方針に基づき、そのような境界的独立性は程度を許容するものと考えることにする。またこの点は、その多くの部分を境界のあり方に依存せざるをえない統一性そのものについても同様である。これらの結果として、曖昧な境界を持つ実体や、複合的人工物およびその諸部品のような対象も実体として承認される。この点においても、生物（および人物）のみを複合的実体として認めるアリストテレスおよびそれに同調するクーンズ、スカルツァス、マルモドーロら現代の質料形相論者よりも広い意味で実体を捉えるロウに近い立場を採ることになる。まとめるならば、（典型的）実体とは、〈当該の粒度に応じた質料としての力能的外延が、実在的定義に基づく自らの（程度を伴う）形相的統一性によって個体化された、独立的な「力能的統一体」〉だと言えるだろう。

一方、物的実体の自己統一性の実在性は、その形相的側面については、実体の実在的定義において用いられるような、カテゴリーへと向かっていく類種関係の実在性がその根拠であろう。これに対して、その質料的側面に関する実在性の根拠となるものは、本節での考察にしたがえば、力能の実在性だということになるだろう。また、実体の実在的定義においてもその力能的統一性が中核を占めるとするならば、力能の実在性は、類種関係の実在性をも支えていると考えるべきであろう。

M・ラックスは「種は世界を徘徊し、いわば、その実例であるところの別々の個体へと世界を分割していく」と述べ、B・スミスは、実体の外的境界は、「もの自体における境界、我々の側での分節化の行為が一切存在しなくとも存在するような類の境界」であると述べた[56]。しかし、カテゴリーや類種関係の実在性の主張に対しては、実はそれらは我々の側で設定された概念にすぎないのではないかという概念主義者からの疑念が常につきまとい、実体の境界の実在性の主張に対しても、それらは私たちが規約によって決定するものにすぎないと考える規約主義的疑念が伴いがちである。実際、類種の抽象レベルや境界の粒度レベルは、原理的には無限の段階を設定できそうに思われる。これらがどのようにして有限的・離散的な形で客観的に定まるのか、という問いに対しては、基本的には実体的対象が所有する力能の実在性と法則性にその根拠を求めざるをえないだろう。そしてこのような法則性のうちの経験的部分すなわち自然法則性についての解明は、種々の科学的探究に委ねられるであろう。力能については、この後の第四章において、持続の場合と同様、特にその様相的性格を中心に検討される。

最後に、本節での考察を踏まえると、material と immaterial の対比すなわち物質対非物質の対比はどのような対比として捉えられるべきであることになるのか、ということについて簡単に触れておきたい。これについては、「質料」の意味を、素材などの旧来の意味で捉えた場合における対比と力能的外延という本節で一般化された意味で捉えた場合における対比の双方に言及する必要があるだろう。

前者に関しては、力能的外延という一般化された意味での種々の質料の中のあくまでもひとつのタイプ、たとえば不可入性や素材の同一性などを伴うような力能的外延として、その相対的な位置づけを低下させざるをえないだろう。すなわち、このような旧来的意味での material 対 immaterial の対比は、必ずしも存在論的に基礎的な区別とは言えなくなるだろう。この区別に基づく限り、たとえばロウが挙げていたようなクォークや電子などの素粒子以外にも、電磁場のような「(古典)場」なども material だとは言えないことになる。[57] しかしこれらはいずれも physical であるという広い意味において、他の物理学的対象と同様に扱われるべきであろう。また、「穴」にも力能性を認めてよいならば、それはその存在論的依存性のゆえに純然たる実体とは言えないかもしれないが、このような旧来的意味で immaterial であるけれども physical ではある実体的対象だと言えることになるだろう[58]。

一方、力能的外延としての質料性に対置されるべき意味での「非質料的な」実体的対象は、文字どおりにとれば、その定義上、非力能的であるか非外延的であるような実体的対象であることになる。ただし、この場合の「外延性」は、境界の粒度が力能の単位として重要であるという意味での外延性なので、そのような外延的粒度が問題とされないという点において「非質料的な」実体的対象というものが考えられる。たとえば、素粒子が広がりを一切持たない文字どおりの意味での「点」であるとした場合の非外延性や、いわゆる「量子もつれ」という現象に見られるような量子論的全体性も、一種の非質料性として捉えられるかもしれない。

さらに、当該の粒度における単位的な広がりを上回る広がりを持ちながらも単純と言えるような、すなわち、メレオロジー的な内部構造を一切持たないような（日常的サイズの）実体としての、ロウが主張するところの「人物（person）」などもその一例と言えるかもしれない[59]。また、先ほど挙げた「穴」については、このような広い意味での非質料性も当てはまるだろう。

4　本質様相の解明

第二節で述べた理由により、本書では、実在的定義としての本質という本質概念に基づく本質主義を採用する。すると改めて、実体的対象の本質様相についての次のような問いに対する考察が必要となる：

〔問①〕　実在的定義としての本質を源泉とするような本質様相のアプリオリ性は、どのようにして成立するのか。

〔問②〕　実体様相としてのそのような本質様相からどのようにして事実様相としてのS5様相が帰結するのか。

まずは問①に答えるために、もう一度前章の第三節末尾で試みた本質様相の必然性の証明を参照してみよう：

1　$\alpha /_{E}\, a$　（仮定）

2　$\Box(\neg\, \alpha /_{E}\, a \rightarrow a \neq a)$

3　$\Box(a{=}a \rightarrow \alpha /_{E}\, a)$　（2、対偶律）

4　$\Box\, a{=}a$　（自己同一性の必然性）

5　$\Box\, \alpha /_{E}\, a$　（3、4、派生推論規則〔$\Box(P \rightarrow Q), \Box P, \vdash \Box Q$〕）

∴　$\alpha /_{E}\, a \rightarrow \Box\, \alpha /_{E}\, a$　（1～5、条件法導入則）

この証明を成立させるうえで決定的なのは第二前提の「$\Box(\neg\, \alpha /_{E}\, a \rightarrow a \neq a)$」であり、これはたとえば「$\Box(\neg \beta /_{E} d \rightarrow d \neq d)$（必然的に、ドビンが動物でないならば、ドビンはドビンでない）［d：ドビン、β：動物］」ということを表すのであった。この命題の意味について、より深く検討してみよう。特に、この条件命題の後件であるところの「$a \neq a$」とか「ドビンはドビンでない」とはどういうことなのだろうか。

　ここで重要なのは、同一性関係とはいわゆる「内的関係」の一種だということである。そして内的関係とは、関係項どうしの偶然的関係によって成立する関係ではなく、その関係項に関わる事柄だけで必然的に成立してしまうような関係である。たとえば「山田さんは加藤さんの隣人である」が外的関係であるのに対し、たとえば「山田さんは加藤さんよりも背が高い」という関係は、山田さんの身長と加藤さんの身長というそれぞれの性質から帰結するので、内的関係であるとされる(60)。

　しかし同一性関係における「関係項だけに関わる事柄」とは何であろうか。同一性命題の普遍性を踏まえれば、そのような「事柄」はいま挙げたような何らかの特定の性質ではないことは明らかである。そして、同一性が成立しない、という「$a \neq a$」とは、そのような普遍的な事柄でさえ成立しない、という非常に強い意味での否定であることになる。関係項の何が成立しないのであろうか？

　その問いに対する答えは、まさしく「関係項そのものが成立しない」「関係項として成立しない」ということである。逆にこのことを「a=a」という肯定命題に即して言えば、このようなaの同一性が成立するためには、aが関係項としての資格を認定されていることが必要だということである。そしてaが関係項として成立しているということは結局のところ、それが何らかの対象であるという意味でのいわば「対象性」が成立しているということである。この意味で、存在論的観点からすると、内的関係としての同一性については、'No entity without (relational) identity'よりもむしろ'No (relational) identity without entity'という関係が成立していると言える。そして、これと本章第一節で述べた'No entity without what it is'を合わせることにより、'No identity without what it is'すなわち'No relational identity without definitional identity'という関係も成立することになる。このような意味で、定義的本質としての同一性は、対象性を介して内的関係としての同一性の前提となるのである。

実体的対象の実在的定義によって規定されるところのwhat it isとしての本質とは、まさにいま述べたような形で、同一性を付与できるような個体（particular object）としての対象性を成立させるための前提となっているという点で、「個体性の原理（principle of particularity）」となるものだと言える。ただしここで注意すべきは、「個体性の原理」と「同一性の基準（criterion of identity）」との区別である。個体性の原理としての本質とは、何かが個体であるための条件を与える原理となるものであり、特にそれが実体的な個体すなわち実体的対象である場合は、ひとつの個体として持続的に存在するための条件を与える原理となるものである。すなわち、この原理によって、実体的対象は、通時的（貫時点同一的）な個体として成立することになる。これに対し、同一性の基準は、そのような個体性の原理によって成立している通時的な個体x、yについてxとyが同一であるための条件を与える基準である。したがって、同一性の基準は個体性の原理としての本質を前提とする。これこそが、'No identity without what it is'の意味に他ならない。xとyとの（内的）関係としての同一性が成立するためには、まずxとyが関係項としての資格を持たなければならない。そのような資格を与えるのが個体性の原理としての本質なのである。

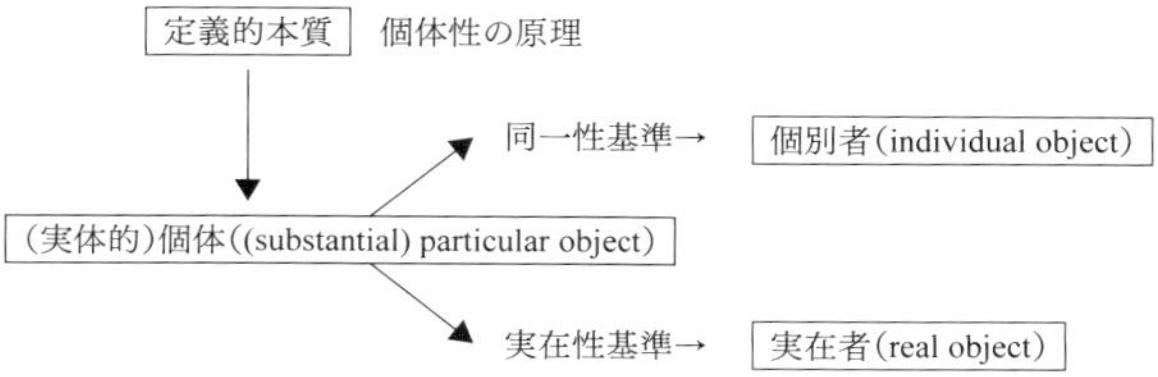

この区別を踏まえたうえで、もうひとつ留意すべきは、原理はあくまでも原理であるので、当該の実体的対象の本質そのものの性格ゆえに、個体性の原理としての本質によって同一性基準が明確な形では与えられない場合――たとえば存在論的に曖昧な実体や擬似的実体の場合など――や、情報を含む形で与えられない場合――たとえば最も基礎的な実体の場合など――もありうるということである。本質とは、そのような場合も含めた同一性基準のあり方そのものを定めるのだとも言える。本書では、単に本質によってwhat it isとしての「何ものか」であるだけでなく、同一性基準によってwhich it isとしての「いずれの何ものか」としても成立しているような個体を、「個体」よりも強い意味を持つ用語としての「個別者（individual object）」という用語によって表現することとする。[61]

ついでに述べれば、個体性の原理としての本質は、そのような個体が実在するための基準としての「実在性基準（criterion of reality）」を与える原理としても働く。まさにこの意味において、本質は実在性に先行する。何らかの対象としての「何ものか」であるためには必ずしも実在する必要はないということである。以上の原理や基準を図式化すると上のようなものとなる。

また、これらの「同一性基準」「実在性基準」と「個体性の原理」の関係は、より具体的に次のように定式化できる。まず、当該の実体的対象の本質を構成する類種、すなわち、実在的定義の主要部となるような類種をΦとして表すと、個体性の原理から次のテーゼが成立する[62]：

【個体性テーゼ】　$\exists \Phi F\Phi /_{\mathrm{E}}\, x$

（任意の個体xに対して、それによって本質例化される少なくとも一つのΦが存在する。）

これは、伝統的表現を用いるならば、実体的対象の個体化がいわゆる「裸の個体（bare particular）」によってではなくいわゆる「実体形相（substantial form）」によって行われることを主張するテーゼとして解釈できる。そしてこのテーゼを前提として、次の同一性テーゼが成立する：

【同一性テーゼ】　$x = y \ \rightarrow \ \exists \Phi\ (\Phi /_{\mathrm{E}}\, x \wedge \Phi /_{\mathrm{E}}\, y)$

（任意の個体x、yが同一であるためには、xとyによってともに本質例化される少なくとも一つのΦが存在しなければならない。）

さらにこれら両者を前提として、個体の実在性基準「C_Φ」と同一性基準「I_Φ xy」が次のように定式化されることとなる：

【実在性基準】　$\Phi /_{\mathrm{E}}\, x \ \rightarrow \ (Rx \leftrightarrow C_\Phi x)$

（もしもxによってΦが本質例化されるならば、xが実在するのは、xが条件C_Φを満たす場

合である。［$R_{①}$：①は実在する］）

［同一性基準］（$\Phi /_{\mathrm{E}} x \wedge \Phi /_{\mathrm{E}} y$）→（$x = y \leftrightarrow I_{\Phi}\, xy$）

（もしもxとyによってΦが本質例化されるならば、xとyが同一であるのは、xとyの間に同一性基準関係I_{Φ}が成立する場合である。）

なお、誤解されがちなのだが、これらの基準は、決して実在性や同一性の相対性を主張するものではないことに注意されたい。というのも、同一の個体に対して異なる実在性基準や同一性基準を与えるような複数の類種は存在しないということさえ保証されれば、絶対性は保持できるからである。そして実際にそれが保証されているということを主張するのが次のテーゼである：

［実在性の絶対性テーゼ］$\forall \Phi$（($\Phi /_{\mathrm{E}} x \wedge C_{\Phi} x$）$\rightarrow \neg \exists \Psi$（$\Psi /_{\mathrm{E}} x \wedge \neg C_{\Psi} x$））

（任意のΦについて、もしもxがΦを本質例化し、かつ、Φの実在性基準C_{Φ}を満たしているならば、〈xがΨを本質例化し、かつ、Ψの実在性基準C_{Ψ}を満たしていない〉Ψは存在しない。）

［同一性の絶対性テーゼ］$\forall \Phi$（($\Phi /_{\mathrm{E}} x \wedge \Phi /_{\mathrm{E}} y \wedge I_{\Phi}\, xy$）$\rightarrow \neg \exists \Psi$（$\Psi /_{\mathrm{E}} x \wedge \Psi /_{\mathrm{E}} y \wedge \neg I_{\Psi}\, xy$））

（任意のΦについて、もしもxとyがともにΦを本質例化し、両者の間に同一性基準関係I_{Φ}

が成立しているならば、〈xとyがともにΨを本質例化し、両者の間に同一性基準関係I_Ψが成立しない〉Ψは存在しない。)

ではこれらのテーゼの根拠は何かといえば、結局のところ、先に述べたような（カテゴリーを含めた）本質というものの本来的実在性ならびに、主として類種関係によって提示される実在的定義の各階層における排他性に帰着するであろう。垂直述定によって本質への問いが向かっていくところの最上位に位置する各カテゴリーは（それが複数であるとすれば）本来的に排他的であり、そこから下位に至っていく各段階における類種においても、各々の排他性は保持されているからである。

一方、本質とはこのように実体的対象の個体性・単一性を成立させるような何かであるということから、本質のアプリオリ性も帰結する。というのも、本質が what it is であるとするならば、本質の理解の深浅こそあれ、その本質によって個体化されているところの it そのものは何らかの形で私たちに把握できているはずだからである。言い換えれば、個体性の原理としての本質からの帰結として成立している個体そのものの理解は多かれ少なかれ私たちによってなされており、その個体の本質を問うていくという営みは、いわば個体という終局的帰結からその原理へとさかのぼっていくことによってその理解を「深めて」いく、まさに、「アルケー（始源）」への問いなのである。そしてこの場合のアルケーとは、結局のところ、もはやそれ以上さかのぼれないような垂直述定によって提示される何ものかとしての「カテゴリー」だということになるだろう。

本質の必然性概念に基づいて規定される、何らかの必然的性質としての本質と異なり、類種関係を中心とした実在的定義としての本質とは、このように、個体性を成立させるどこかの段階での類種のみならず、その直上の類からカテゴリーに至るまでの重層的な内容を含んでいるということが重要である。そしてその内容は、カテゴリーに近ければ近いほど、より中核的なものであることになる。つまり、本質の中核に迫るためには、カテゴリー論的な探究をせざるをえないということである。それは明らかにアプリオリかつ困難な追究であり、まさに形而上学的な課題である。

ロウが「何かの本質を知るということは、特別な種類のさらなる何かを直知することではなく、ただ単にそのものが正確には何であるかを理解することである」と述べていた（九六頁）理由もおそらくここにある。たとえば実体的個体の本質を知るということは、その個体に属する何らかの必然的性質という特別な普遍者を発見することではなく、その個体そのものの全体性を構成しているような重層的なそのあり方を理解することであり、少なくとも個体として把握されている以上、そのようなあり方としての本質の最低限の理解は、暗黙的であれなされている。本質の探究とは、その理解をできるだけ適切な形で深めていく営みなのである。

一方、このようなアプリオリ性は、あくまでも個体性を成立させる限りで前提される内容としてのアプリオリ性なので、類種のレベルの中には少なくともこのような意味での本質とは言えないようなレベルも存在しうることになる。たとえば、粒子であるか波であるか、生物であるか無生物であるか、という相違は、当該の個体性の成立に当然関わると思われるが、水分子であるかアンモニア分子であるかとか、馬であるか牛であるかというレベルでの相違は、個体性の成立という要因には必ずしも関わらないように思われる。そうだとすれば、こうした自然種に属することは、本書で規定されるような意味での本質の一部とは言えないということになる。したがって、個体性を成立させるこのようなレベルが実はきわめて上位のものであり、極端な場合には最上位に位置するところのカテゴリーそのものである、という形で本質というものが希薄化されてしまうという可能性も持っている。しかし仮にそうだとしても重要なのは、個体性が成立している以上、それは少なくとも何らかのカテゴリーに属しており、そしてそのような個体性を成立させる最低限の何らかの本質というものを有しているということである。まさしく、「個体」であるためには「何か」でなければならないのである。

次に、第二の問いすなわち「実体様相としてのそのような本質様相からどのようにして事実様相としてのS5様相が帰結するのか」という問いについて検討しよう。ここで重要なのは、本書が立脚する定義的本質主義によれば本質とは何らかの形での「実在的定義」によって与えられるものだということである。実在的定義とは、基本的には、言葉の定義ではなく事物そのものについてそれが「何であるか」を表す定義だと言えるが、実在的定義にはどのような諸形式がありうるのか、どのような特徴を有するのか、そしてそもそもそのような定義が可能なのか、等々の大きな諸問題が控えている。しかしここでは、伝統的に実体的対象の実在的定義として捉えられていた、類種関係を中心とする垂直述定によってなされる定義をその典型例と見なすこととする。

そこで、たとえば「ソクラテスは人間である」という垂直述定を例として考えてみよう。仮に、人間の実在的定義を、①「人間とは、合理的な動物である」だとしてみよう（これがあまりにも「非科学的」であるというならば、「人間とは、直立二足歩行し、文化を持つ類人猿である」など、多少なりともより「科学的な」定義に置き換えてくれて構わない）。さらに、動物の実在的定義を、②「動物とは、移動能力と感覚を持つ従属栄養的な生物である」だとしておこう。これらが本当に正しい定義なのか否かはここでは重要ではない。このようにして、〈垂直述定とは、カテゴリーに向かっていく何らかの形での類種関係とその各段階における「種差」とによって構成される種々の記述を含意するような述定であり、いわばその総体の中の少なくとも一部が個体の本質の内容となるということ〉を示すための仮想的な一例としてそれらは用いられているにすぎない。

ともあれ、このような意味での実在的定義と事実様相との形式的関係について改めて考えてみよう。本質例化を表す垂直述定は「$\alpha /_{E} a$」という形式を持ち、これについては「$\alpha /_{E} a \rightarrow \Box\, \alpha /_{E} a$」という公理［AE2］が成立するのであった。仮にここでのαを人間、aをソクラテスだとしてみよう。すると、まず①の定義は「$\Box(\alpha /_{E} a \leftrightarrow (\beta /_{E} a \wedge Ga))$」と形式化できる［β：動物、$G$①：①は合理的である］[63]。すると、［AE2］と定義①から、定理③「$\alpha /_{E} a \rightarrow (\Box\, \beta /_{E} a \wedge \Box\, Ga)$」が帰結する。さらに、これと定義②を合わせると、定理④「$\alpha /_{E} a \rightarrow (\Box\, \gamma /_{E} a \wedge \Box\, Ma \wedge \Box\, Sa \wedge \Box\, Na \wedge \Box\, Ga)$」が帰結する［γ：生物、$M$①：①は移動可能である、$S$①：①は感覚を持つ、$N$①：①は従属栄養的である］。

このようにして事実様相としての必然性命題が個体の実在的定義から導かれるのであるが、ここで重要なのは、まさしくこのような必然性は一種の「定義」から帰結する必然性だということである。この点において、このような必然性は、論理的妥当式の必然性との親近性を持つ。なぜならば、そのような論理的必然性は、論理語の定義から帰結するような必然性だと言えるからである。そしてこのような論理的様相は、もっぱら論理語の定義のみから帰結するという理由により、「狭い意味での論理的様相」と言えるのに対し、本質様相としての（狭い意味での）形而上学的様相は、論理語の定義に実在的定義も加えた、より包括的な定義から帰結するという意味で、「広い意味での論理的様相」だと言える。ここで重要なのは、この場合の定義がまさに「実在的」定義であるということである。単に定義一般から帰結するような必然性ということであれば、それは「分析的」必然性という一種の言語的必然性であることになるであろう。この場合は、あくまでも実体的対象の実在的な類種性に基づく定義であるがゆえに、形而上学的必然性としての資格を持つのである。

また、広い意味での論理的様相との類比性は、必然性のみならず可能性に関しても成立する。論理的可能性とは、その否定が妥当式となることのないような論理式、すなわち、矛盾式ではないような論理式に帰属される可能性だと言える。つまりこのような可能性は、「矛盾を含まない」という否定表現によって表されるような「消極的な」可能性なのである。これと類比的に、広い意味での論理的様相すなわち狭い意味での形而上学的様相としての本質様相における可能性も、実在的定義によって示される個体の本質と矛盾さえしなければ許容される、やはり消極的なきわめて弱い意味での可能性だと言える。したがってたとえば、「ソクラテスは透明人間である」「ソクラテスは時速一〇〇キロで走る」などの可能性は、もしもそれらがソクラテスの本質と矛盾しないとさえ言えるならば、本質様相に基づく可能性としては成立することになる。一方、「ソクラテスはハムサンドイッチである」「ソクラテスはプラトンと同一の（特定の）時空領域に存在する」などの可能性は、本質様相に基づく弱い意味での可能性としてさえ成立しないだろう。

そして論理的必然性が最も強い必然性であり、その帰結として論理的可能性が最も弱い可能性となるのに準じて、本質様相としての形而上学的様相は、形而上学的様相の中で最も強い必然性と最も弱い可能性から成ることとなる。このことを表すひとつの要因が、様相論理のS5（およびS4）体系においては定理（公理も定理のひとつと見なす）「$\Box A \to \Box\Box A$」（およびその対偶としての「$\Diamond\Diamond A \to \Diamond A$」）が成立するということである：これは、この体系によって提示される必然性は、単に必然的であるというだけでなく、そもそも必然的であるということ自体が必然的であるという強い意味での必然性であることを表している。そしてこれによって、単なる必然性がその強さゆえにより重層的な必然性をも含意してしまうという帰結をもたらす。逆に、可能性については、単なる可能性がその弱さゆえにより重層的な可能性に含意されてしまうという帰結がもたらされる。

さらに、S5においては定理「$\Diamond A \to \Box\Diamond A$」も成立する。これによって、S5においては、必然性のみならず可能性についても、それは単に可能的であるだけでなく、可能的であるということ自体が必然的であるということになる。可能世界意味論に即して述べるならば、任意の可能世界における必然性や可能性が、そのまますべての（そこから到達可能な）可能世界における必然性や可能性としても成立するということである。S5モデルでは、可能世界の集合が同値類を形成し、その内の任意の可能世界から任意の可能世界に到達可能なので、到達可能性の条件がトリヴィアルに満たされてしまう。その結果として、本来は相対的である様相が、形式上は絶対的様相と一致することになる。そして、論理語の定義に基づく論理的様相が絶対的様相とならざるをえないのと同様、本質様相も、それが「実在的」定義に基づくものである以上、やはり絶対的様相とならざるをえない。したがって、そのような文的様相を表す様相論理の体系として適切なのは、自ずからS5体系となるだろう。

また、最後に強調しておくべきは、上に示したような文演算子としての必然性によって表される個々の必然性命題は、少なくともそれが実体的対象の実在的定義から帰結する必然性命題である限り、あくまでも単一的対象としての個体の基礎的全体性から帰結する命題であるということである。すなわちそれらは、あくまでも個体の基礎的全体性としての本質からいわば「流れ出る」ような諸性質であり、その源泉を共有しているという意味においてある種のまとまりを持つ諸性質だということである。この点が、クリプキ的な必然性本質主義との大きな相違である。クリプキ的な本質主義によれば、必然的性質でありさえすれば、すなわち、何らかの形で特定されたすべての可能世界でその性質が成立してさえいれば、個体そのものの基礎的なあり方やそれが有する他の諸性質とは無関係に、ただ必然的であるという理由のみによって本質としての資格を得ることができる。

これに対し、定義的本質主義に基づく本質的性質は、あくまでも個体に源泉を持ち、その個体の他の基礎的諸性質と一体となって成立するような性質でなければならない。逆に言えば、ある個体についてそのうちのいくつかの種差が何らかの理由で成立していなかったとしても、その源となる類種が他の種差とともに一体的に示す基礎的全体性が多かれ少なかれ成立していれば、その個体はその本質を完全には失ってはいないということになる。まさしく、種差よりも類種こそが個体の本質の要なのである。

第4章 力能——実体様相の源泉(2)

1 ロウの力能論

力能についても、因果的関係による必然的結合や決定性の源泉として、ヒューム主義的経験論者による直接的な攻撃対象となったという点では本質と同様あるいはそれ以上であった。ヒュームによる『人性論』中の次の箇所はそのことをあからさまに示している：

……原因とは他物を産出する或る物であると言い、依って以て原因を定義したと称する者があるにせよ、それは明白な空言である。(1)

……一切の存在物に就いて、それらの存在物がその伴う或る結果に比例した力能乃至力を賦与されていると語るとき、……(中略)……すべてこうした表現をそのまま用いれば、我々は実のところ、何らの判明な意味も持たないのであり、ただ普通に言われる言葉を少しも明晰な限定された観念なしに使っているだけである。(2)

そして因果論に関しては、起動因としてのできごと因果を中心とするヒューム的因果論が今なお根強い勢いを保っている。また、本質主義の復興においては、指示の固定性という言語哲学的考察がその大きな動因となっていたために、言語哲学を主流としていた分析哲学において受け入れられやすかったのに対し、力能に関しては、それに対応するような動きはなかった。その結果として、ポパー(K. Popper)、ハレ(R. Harre)、メラー(D. H. Mellor)ら少数の論者による傾向性の擁護論を除けば、力能が本格的に復興してきたのは、前章で述べた「存在論的転回」の動きが現れてきた一九九〇年代以降のことである。その動きに大きく与ったのが、現代における形而上学研究の一大メッカであるオーストラリアの形而上学者たちであった。

オーストラリアでは、形而上学における指導者的存在であるアームストロングによる普遍者実在論が大きな刺激となって、もともと性質に関する形而上学的議論が活発に行われていた。アームストロング自身は力能の実在性を否定してその基盤となる非傾向的な性質の実在性のみを承認する基盤性(定言性)主義(Categoricalism)を唱えていたが、それに対抗する形でC・B・マーティンが傾向性主義(Dispositionalism)の論陣を張っていた。またそれと並行して、シューメイカー(S. Shoemaker)、エリス(B. Ellis)らによる科学哲学的考察において、科学的性質の本質をその傾向性に求めるという「傾向性本質主義」が提示された。これは、「本質」と「力能」というヒューム主義者による二つの攻撃対象が合体しているという点で、現代における新アリストテレス主義的形而上学の復興を象徴する立場だと言えるだろう。そしてこれらを継承する形で、二〇〇〇年前後から、マーティンに近い位置にいたモルナー（G. Molnar）や、マンフォード（S. Mumford）、バード（A. Bird）ら主に英国の若手形而上学者たちによって傾向性主義がさらに深化させられつつある。

そして、代表的な力能や傾向性が「能力（*ability*）」「可溶性（*solubility*）」のように可能性を含意した形で表現されること、因果的力能が因果的必然性としばしば結びつけられることなどから、力能と様相が深い関連を持つことは明らかである。必ずしも明らかでないのは、それが具体的にどのような関連性なのか、ということである。

これまでの標準的な力能論において力能がもっとも親密な関係を持つとされてきた様相は、反実条件法（counterfactual）によって表されるような様相である。そして反実条件法が一種の条件つきの必然性（conditional necessity）を表すことを踏まえれば、力能は可能性よりも必然性に近いものとして捉えられていたと言えるだろう。

たとえば、先に挙げた、力能に関する代表的な実在論者の一人であるバードは、傾向性という概念には常にその刺激と発現が伴っていると考え、傾向性を「$D_{(S,M)}$(D：傾向性（disposition）、S：刺激(stimulus)、M：発現（manifestation))」という形で表現した。そのうえで、対象xが傾向性$D_{(S,M)}$を持つということと反実条件法を次のような形で対応づけた：

［CA］　xは刺激Sに対してMを発現する傾向性を持つ if and only if もしもxが刺激Sを受けた

ならば、xはMを発現しただろう。[3]

この対応づけに従えば、たとえば、「xは水溶性という傾向性を持つ」という表現も、より厳密には「もしもxが水に投じられるという刺激を受けたならば、水に溶けるという発現をもたらしたであろう」という形で表現されるべきであることとなる。

バード自身は、以上のような対応づけについて、それが傾向性を反実条件法によって「概念的に分析」し、前者を後者に「還元」するものであるという考え方に対しては反対し、むしろ逆に（当該の反実条件法を洗練させたうえで）傾向性がそのような反実条件法に対する真理付与者（truthmaker）としての地位を持つことを表していると考えた。このようにバードは、傾向性と反実条件法との間の一種の主従関係を逆転させながらも、その図式自体は保持した。そしてそれに基づきつつ、たとえばD・ルイスなどによる因果の反実条件法分析を批判して、反実条件法によって示されるような因果的関係についても、それは次のように傾向性に関する主張として捉えるべきであることを主張した：

［SD］　AがBを引き起こすのは、Aがある傾向性の刺激であり、Bがそれに対応する発現であるときである。[4]

バードによれば、これによって因果の反実条件法分析にまつわるいくつかの問題点（たとえば、原因と条件を区別できないなど）を解消させることができる。かくして、傾向性は、（確率的な因果性をさしあたり度外視すれば）原因と結果との必然的結合としての因果的必然性を保証することにより、反ヒューム主義的・実在論的な因果論を成立せしめるのに貢献できることとなる。傾向性という概念が復活したひとつの要因は、このような因果論的応用可能性にあった。

しかし、近年、このような反実条件法を枠組みとした力能論に対して根本的な疑念を投げかける論者たちが現れた。そのような疑念をもっとも明瞭に表明した一人が、ロウである。彼は論文「力能についてどのように考えてはいけないか：〈傾向性と条件法〉論争の解体」（2011）において、まず第一に、たとえば、発現が自発的かつランダムに生起するラジウム原子の放射性崩壊や、常に発現が生じている重力などのように、条件法を伴わない傾向性が存在することを指摘した[5]。さらに、傾向性の発現という結果をもたらす原因として条件法の前件によって表現されている刺激は、バードが考えているような形での本来的な意味での原因と見なされるべきものではなく、実は発現の論理的な必要条件にすぎないと主張した。

たとえば、先ほど挙げた水溶性に関する刺激としての「水に投入する」というできごとについて考えてみると、そもそも「xが水に溶ける」という発現の概念自体の中に、xが水に浸されている、あるいは少なくとも水に接触しているということが必要条件として含まれている。彼は次のように述べる：

> したがって、水溶性と水中にあるということの間には特に密接な関係があることはたしかであるが、それは単に、何かが水中にあるということはその傾向性の発現の必要条件であるからにすぎ

ない。しかしながら、何かが水中にあるということを、それが水に溶かされるという傾向性の発現の原因と見なすべきでないことは明らかである。[6]

そのうえで、傾向性は発現に対しては本質的な関係を持つのに対して、刺激に対してはそのような関係を持たないと主張した：

> いかなる傾向性も、少なくとも「刺激」について論者たちが典型的に想定しているような形では、それが「発現」を持っているというのと同じ意味では「刺激」を持っていない。傾向性の発現は、その傾向性の本性そのものに組み込まれている。というのも、先ほど指摘したとおり、傾向性は常にかくかくしかじかへの傾向性であり、その「かくかくしかじか」は当該の傾向性の発現だからである。しかし「刺激」という概念は、同様な形ではいかなる傾向性の本性そのものには組み込まれていない。[7]

また、ロウは、こうした主張を、傾向性を表現する述語が‘water-soluble’などのように典型的には‘φ-able’という形をしていることと関連づけている。というのも、そのような表現は「φされる（する）ことが可能である」ということを表すのであって、決して「もしも…ならばφされる（する）であろう」ということを表すのでないことは明らかだからである。[8] これは、ロウが傾向性を（条件的）必然性よりは可能性に近いものとして認定していることの現れと捉えてよいだろう。

以上のようなロウの主張をバードと対比させながらまとめるとすれば、以下のようになるだろう：

(1) 刺激は、発現の（本来的な）原因ではなく、（論理的な）必要条件である。

(2) 傾向性は、反実条件法によって表現される「刺激-発現」のペアにではなく、「発現」のみに（少なくとも直接的には）対応づけられるべきである。

(3) 傾向性は（条件的）必然性よりも可能性に近い。

一般にこれまでの傾向性の実在性に関する議論は、傾向性を反実条件法に還元できるか否か、という問いのもとで行われてきた。その結果、刺激を受けたとたん傾向性を失わせてしまう「フィンク（fink）」や、傾向性は維持されているが発現に至る過程で妨害を行う「マスク（mask）」などによって、刺激を受けても発現が生じないという反例が力能実在論者によって提示され、反実在論者はその反例を克服すべく、より洗練された条件法分析を新たに提示する、という応酬の繰り返しによって論争が展開していた。

ここで示したようなロウの考察は、こうした論争の土台となっている〈条件法を中心とした力能の特徴づけ〉が、もともと検証主義的発想から力能を観察可能な性質やできごとに還元しようとしたカルナップやライルら、実は力能に関する反実在論者によって押しつけられた一種のドグマであることを明らかにし、その図式そのものを捨て去って力能実在論者が進むべき方向性を示した点で意義深い。

しかし、少し詳細に踏み込んでみると、ロウの主張に対してはいくらかの疑念も伴う。(1)の「刺激は発現の論理的必要条件である」という主張については、まず第一に、たとえば「塩を水に投入する」という刺激はたしかに「塩が水に溶ける」という発現の「原因」と見なされるべきではないのかもしれないが、だからと言って前者は後者の「論理的」必要条件と言えるほどまでの強い意味的な結びつきを両者の間に見出してよいのだろうか。

彼は次のように述べている：

……実際、水が何かを溶かす（*dissolving*）という概念そのものに、その何かが水に浸されている（*immersed*）、あるいは少なくとも水と接触している（in *contact* with）ということが含まれている。水が何かを「遠隔的に（at a distance）」溶かすなどということはありえない！[9]

だが問題は、この「ありえなさ」は、本当に論理的な不可能性と言えるほど強いものだろうかということである。彼がそう考えていることは、次の記述から窺える：

もしも〔何かが〕水に溶かされているならば、それは水の中になければならない（論理的な「なければならない」の意味において）。なぜなら、「遠隔的な溶解」は端的に無意味だからである。[10]

実際、次のように言うことは正しいと思われる――水が「遠隔的に」何かを溶かしていると考えることは端的に無意味であるという意味において、水中にあるということは、水に溶かされると

いうことの論理的な必要条件である。(11)

だが、たとえば山盛りされた塩と水の入ったビーカーが離れた位置に置かれていたが、何かをきっかけとして塩の山が徐々に小さくなっていくとともに水の塩分濃度が徐々に上がっていき、そのまま塩の山が消滅する、というようなことは、少なくとも想像しうるだろう。したがって、そのような形での塩の「可溶性」に論理的な矛盾は含まれていないだろう。

ただし、ここで注意すべきは、ロウが発現として想定しているのは、「*A*が*B*を溶かしている」ということ、より強調的に表現するとすれば「*A*が*B*を溶かしつつある」という、他動詞によって表現されるような一種のプロセスであるということである。彼はそのことを、発現そのものがcausingであるという形で捉え、次のように表現している：

……発現自体が因果的状態——当該の物が溶けるということを、水が引き起こすこと——である。そして、引き起こすこと自体が原因を持つということは、あるいは、原因を持ちうるということでさえ、少なく見積もっても、問題を孕んでいる。(12)

力能の発現それ自体が因果的事態であり、それゆえ、引き起こされた何かであるというよりは引き起こすことである。もちろん、発現が引き起こすことであるならば、発現が起きたときに実際に何かが引き起こされている。水溶性の場合は、引き起こされているのは溶質が溶けること

（solvent's dissolving」）である。しかし、すでに見たとおり、これは水溶性の発現ではない[13]。

つまり彼がここで行っているのは、原因としての刺激と結果としての発現という図式そのものを否定して、発現を原因の側に位置づけることである。彼がここで採用している図式は次のようなものと考えられる：

（原因としての）水が、塩が溶けていく（I）というプロセス（結果）を、（水の）溶解力（＝何かを溶かす（T）という力能）の行使（＝発現＝何かを溶かしていく＝causing）というプロセスによって引き起こしている[14]。

いわば彼は、原因としての刺激とそれが直後にもたらす結果としての発現という、ふたつの連続するできごとを因果項とする、いわゆる「因果の two-event モデル」を、原因としての実体がその因果的力能（causal power）を行使・発現するプロセスによってその力能の受容者が変化するプロセスを同時的もしくは漸進的に結果としてもたらすという、いわば「因果の things-process モデル」に置き換えているのである。

したがって、先ほど挙げた反例のように、因果の two-event モデルの図式を保持したまま彼の主張に異を唱えることは、完全な的外れであることになる。つまり彼がここで主張しているのは、「水が塩を溶かしつつある」という発現と区別される「塩の山が水から離れて置かれた（置かれている）」

というできごとまたは状態が、「水が塩を溶かす」という言葉の意味によって排除される、ということではない。もちろん、それは排除されない。したがってそこに論理的矛盾はない。しかし「水が塩を溶かしつつある」ということが、水が塩を分解して自らの中で平均化し、一体化させていくということに他ならないとすれば、そのようなプロセスと、溶けつつある塩が水の外にあるということとは、明らかに矛盾するだろう。

別の言い方をすれば、彼が主張したいのは、〈真の因果関係に対応するのは、「もしも*S*だったならば*M*だっただろう」という、傾向性に関する反実条件的な複合命題ではなく、「*a*が*b*に対して*F*している」というプロセスを表す他動詞を用いた定言的な原子命題だ〉ということである。いわば、反実条件命題の前件*S*と後件*M*は、それぞれそのプロセスの出発点と終着点を表すものにすぎない。たとえば、「塩を水に投入する」というできごとは、水が塩を溶かしていくという因果的プロセスが起こるための必要条件のあくまでもひとつとしての「きっかけ（trigger）」にすぎない。そしてそれをきっかけとして開始された因果的プロセスの結果である「塩が水に溶かされていく」というプロセスの結末が、「塩が水に溶けた」というできごとだということになる。したがって、「塩を水に投入する」というできごとの生起は、たしかにそのような因果的プロセスが起きることの必要条件ではあるがゆえに、その条件が満たされたということは、塩が水に溶けるという結果がもたらされることを予測させる根拠にはなる。その結果として、「塩を水に投入したならば、塩は水に溶けたであろう」という反実条件命題が、通常、真となるのである（ただし、あくまでも「通常」でしかない、ということも重要である）[15]。

しかし、いわゆる「刺激」がこのような意味での必要条件であるとするならば、それをもって「論理的な」必要条件であると批判したロウの主張は、やはり勇み足であったように思われる。ロウの主張は、あくまでも彼の採用する因果図式のなかでのみ成立するものであり、バードのように標準的な傾向性の刺激–発現モデルを採用している者にしてみれば、発現から意味論的に刺激が含意されるというロウの主張はとうてい納得できるものではないだろう。たとえば、マッチ棒やベンジンの「発火性（inflammability）」や水の「沸騰性（effervescency）」などの傾向性について考えてみよう。この場合の「刺激」は「マッチ棒をマッチ箱にこすりつける」「ベンジンを炎に触れさせる」「（一気圧下で）水温を一〇〇度にする」などということになると思われるが、これらが「発火する」「沸騰する」という「発現」に論理的に含まれている必要条件であるとは言えないだろう。

一方、バードは、因果の傾向性理論の長所のひとつとして、因果関係における原因としての刺激をその際の諸条件から区別できるということを挙げていたが、少なくとも刺激も「必要条件」のひとつであることには変わりないであろう。ただ、数々ある因果の必要条件の中で、まさしく「きっかけ」となるような必要条件が、通常、「原因」と見なされる、あるいは少なくとも見なされやすい、ということにすぎないであろう。こうして考えてみると、反実条件法的な見方のもとでの「原因」は、基本的にはあくまでも「必要条件」の一種としての「原因」にすぎず、まさにその点こそが、ロウのような力能実在論者からすれば、「比較的つまらない（relatively uninteresting）意味での原因」ということになる理由であろう。(16)

ロウの力能論は、彼自身の因果論的立場に強くコミットした形で主張されたものであり、少なくとも先ほどあげた三つの主張の適用範囲も原則として「因果的力能」に限られていた。したがって、彼のそれらの主張の妥当性について検討するためには、彼の因果論的立場の妥当性やその主張の一般化の可能性について検討する必要があることになる。ロウが示したような方向性に従う限り、少なくともバードが考えていたような形での力能と因果との結びつきは放棄されなければならないのは明らかである。すなわち、「原因としての刺激」と「結果としての発現」というふたつのできごと間の関係としての因果という two-event モデルの図式から、実体的諸対象がもたらすプロセスとしての因果という things-process モデルの図式への変換が求められるであろう。実際、科学哲学における因果論・自然法則論の文脈で、ロウが示した因果論の方向性に沿った議論が展開されている。次節でこの方向性をより一般化した後に、続く第三節において、その因果論的・自然法則論的な含意について改めて検討することとする。

2　ヴェターの潜在性理論

ヴェターは、先述の著書『潜在性——傾向性から様相へ』において、ロウと方向性を同じくしながらも、前節で述べたような彼の議論の限界を意識しつつ、実は条件法という形式そのものが傾向性の特性にそぐわないという、力能の条件法分析的特徴づけ全般に波及する構造的な観点からこれまでの標準的な傾向性理論を批判した[17]。

このような条件法的特徴づけの構造的問題を最初に指摘したのはD・マンリーとR・ワサーマンで

ある。彼らは、ロウと同様に無条件的な傾向性が存在することを指摘した他、比較可能性や文脈依存性という傾向性の特徴が「ひとつの」条件法による特徴づけでは捉えられないということを示し、一般に傾向性は、無数の条件法に対応づけられる傾向性としての「複線的（multi-truck）傾向性」として捉えるべきであることを主張した[18]。ヴェターは、このようなマンリーとワサーマンの主張を、〈たとえば「ちょうど8・35Nの力を加えたときにのみ壊れる」という傾向性としての「脆弱性$_{8.35}$」とか「1.6×10^{-19}Cの電荷から距離5.3×10^{-11}mの距離にあるときに8×10^{-8}Nの斥力を行使する傾向性」などのように、きわめて限定された特殊な傾向性（すなわち確定可能者（determinable）ではなく確定者（deteriminate）に基づく傾向性）以外はすべて複線的な傾向性とならざるをえない〉という主張としてより精密化した後に、その主張を立証した[19]。

そのうえで、傾向性に関する自然な実在論、すなわち、いま挙げたような特殊な傾向性（確定者に関わる傾向性）ではなく（確定可能者としての）クーロン力や脆弱性のような自然な傾向性に基礎性を付与するような実在論を採る限り、この主張は、先ほど述べたような「傾向性の標準理論」と両立しないことを彼女は示した[20]。彼女は標準理論の要点を次の二つの基本主張としてまとめている：

(1) 傾向性〔のタイプ〕は、その刺激条件とその発現のペア〔のタイプ〕によって個別化される（あるいは、もしもそれが複線的（multi-track）傾向性ならば、そうしたいくつかのペアによって個別化される）：それは、*S*したとき*M*するという（*M* when *S*）傾向性である（あるいは、それが複線的傾向性ならば、S_1したときM_1する、S_2したときM_2する、等々）。

(2) その様相的本性は、「もしもxがSしていたならば、xはMしたであろう（If x were S, x would M）」という反実条件法（あるいは、もしもそれが複線的傾向性ならば、そうしたいくつかの条件法）に、何らかの形で、（第一次近似的に）対応づけられる、もしくは、それによって最良のかたちで特徴づけられる。[21]

これに対して彼女は、次のような二つの基本主張を中心とする「傾向性の代替概念（＝可能性概念）」を提案した：

(1) 傾向性〔のタイプ〕は、その発現〔のタイプ〕のみによって個別化される。それは、Mする（M, full stop.）という傾向性である。

(2) その様相的本性は可能性であり、「xはMできる（x can M）」という命題に（第一次近似的に）対応づけられる、もしくは、それによって最良のかたちで特徴づけられる。[22]

つまり、マンリーとワサーマンは、あくまでも条件法に基づく標準理論を保持したうえでその洗練を計っていたのに対し、ヴェターは条件法そのものを捨て去って発現のみによって傾向性を個別化するという、根底的な改訂を提案したのである。[23] このような提案は、ロウの(2)の主張とほぼ一致する。しかしロウは、ヴェターの二番目の基本主張、すなわち、力能を特徴づける真理様相は必然性ではなくむしろ可能性であるという主張（ロウの(3)の主張）に関しては、言語表現を引き合いに出してわずかに示唆したにすぎないのに対し、ヴェタ一は、力能に対応する日常的な「傾向性」の概念を「潜在性」としてより一般化し、それに関する本格的な理論を構築した。その一般化の手続きは、三段階から成るおおよそ次のようなものである：

(1) まず、傾向性と能力の両方を包含しうるように、程度を伴う形で潜在性を規定する。[24]

(2) 次に、複数の個体によって担われる共同的潜在性（joint potentiality）を導入したうえで、それに基づく個体の外在的潜在性（extrinsic potentiality）をも認定する。[25]

(3) さらに、「潜在性を持つ潜在性（を持つ潜在性……）」としての「反復的潜在性（iterated potentiality）」を導入する。[26]

これらのうち、(1)については、すでに第二章第四節で述べた。(2)(3)は、ある対象 x が、完全に x 以外の対象について語る命題 P についても、P ということへの潜在性を持ちうるように潜在性の概念を拡張することをも目的としている。なぜそのようなことを目的とするかと言えば、彼女は形而上学的様相全般を潜在性に還元する、「(形而上学的) 様相の潜在性理論」を目論んでいるからである。そして実は、この点がロウとヴェタ一が決定的に袂を分かつところでもある。というのも、ロウは、本質主義者として、すべての形而上学的様相の源泉は本質であると明言し、形而上学的様相と力能的様相を峻別しているのに対し、ヴェタ一は前者を後者に還元する「様相の潜在性理論」――彼女が潜在性を一種の可能性として考えていることを踏まえると、より直接的には「可能性の潜在性理論（the potentiality account of possibility)」——を目論んでいるからである。(27)

ヴェターの企ては、形而上学的可能性と潜在性の通常の概念からすると、異例だと言える。というのも、通常、潜在性は、いわゆるactとpotencyの対比に基づくところのactすなわち顕在性には至っていない、あるいは少なくとも、至っている必要はない、ということによって、その存在性格に何らかの弱さ・不完全さを含んでおり、その点がまさしく潜在性を可能性に近づける要因と言えるが、他方では、それは「単なる可能性」よりは何らかの意味で強い意味での可能性であり、その点において、より限定的な意味での可能性であるということも、その重要な本性のひとつとして挙げられる場合が多いからである。(28)

したがってヴェターは、広い意味での可能性を潜在性という狭い範囲の可能性に還元するという課題を強いられることになるが、そのために彼女が行ったのが、潜在性の概念のさらなる一般化すなわち第二・第三段階の一般化である。まず第二の一般化について見てみよう。

潜在性の文脈依存性には、潜在性の程度によってもたらされるような種類のもの以外に、次のような場合もある——手厚く包装された壺について、その壺は「壊れやすい」のでそれを気泡緩衝材（通称「プチプチ」）で包んだのだ、とも言えれば、その同じ壺について、それをプチプチで包んだので「壊れにくい」とも言える。こうした相違は、「壊れやすい」という壺の性質を内在的（intrinsic）性質と捉えるか外在的（extrinsic）性質と捉えるかに依存すると考えられる。内在的性質とは、ある世界においてその担い手が単独で存在するか他の対象とともに存在するかに関わりなく所有されるような性質であり、外在的性質は、この意味で内在的ではない性質である。前者のような文脈においては、帰属させられる潜在性が対象以外の特定の何ものにも関わっていないので内在的であるのに対し、後者のような文脈では、それがその担い手の内在的性質にのみ依存するのではなく特定の外的（external）環境にも依存しているので外在的なのである。

これまでは、傾向性（あるいは潜在性）は内在的でなければならないという主張が主流であったが、ヴェターは、このような主張の精神を保持しつつ、複数の対象が共同的に持つ潜在性としての共同的潜在性を導入することによって、外在的潜在性にも存在の余地を与える。[29] 彼女によれば、外在的潜在性は、内在的であるが共同に所有されているような潜在性に基づいている。たとえば、特定のドアdを開ける（潜在性を持つ）という、特定の鍵kの潜在性について考えてみよう。このkの潜在性は、dが存在して初めて成立する潜在性なので、dの存在如何に依存するという点において明らかに外在的な潜在性である。これに対して、kが「何らかの」ドアを開ける潜在性を持っていたとしたら、その潜在性は内在的である。たとえこの世にドアがひとつも存在しなかったとしても、もしも存在した場合はそれを開けられるということ自体に変わりはないからである。そしてこの場合の外在的潜在性は、「kはtを開ける（という潜在的関係が両者の間に成立している）」という、kとtの共同的かつ内在的な潜在性に基づいていることになる。

こうした共同的潜在性には二つのタイプがある。第一は、その発現がその潜在性の共同所有者たちの間で自明でない形で（non-trivially）成立している関係（あるいは複数者の性質）である場合であり、いま述べたような鍵とドアの共同的潜在性がそれに当たる。第二のタイプは、その発現がその共同所有者の一部のみに関わるような場合であり、先ほど述べた壺とプチプチの共同的潜在性がそれに相当する。この場合の発現は、「壺が壊れる」という、壺のみに言及される形で述べられるからである。そしてこれに対応する潜在性が、先ほど述べた「壊れにくい」という方の壺の潜在性すなわち外在的潜在性だったのである。

そして彼女はこのいずれのタイプに対しても「外在的潜在性への共同的潜在性からの含意はその共同的潜在性のいずれの所有者においても成立する」という対称性の原理を適用することにより、第二のタイプにおける「壺が壊れにくいというプチプチの外在的潜在性」などのような、潜在性の担い手とその発現の担い手が異なっている変則的な外在的潜在性をも承認する。これが、潜在性の概念のさらなる一般化のひとつであり、次のように例示している：

> 壺aとプチプチbは、aが壊れにくい〔＝小さな程度において壊れうる〕という共同的潜在性を持つ〔＝その共同的潜在性のおかげで壺は壊れにくい〕。その場合、aもbも、aが壊れにくいというそれぞれにとっての外在的潜在性を持つ。[30]

このような一般化を行う理由のひとつは、先ほども述べたように、ヴェターが形而上学的可能性を潜在性に還元しようとする「可能性の潜在性理論」を目論んでいることである。その基本主張は、四五頁で述べたように、第一次近似的に次のように定式化される：

> [P′]　*P*ということが可能であるのは、*P*ということへの潜在性を何かが持つ場合である。[31]

すなわち、可能性とは潜在性をその担い手からの抽象によって得られるものだと考えるのであるが、このような抽象ができるためには、ある対象 x が、x とはまったく異なる諸対象について語る「命題」P に対して、P ということへの潜在性を持ちうるということが保証されなければならない。このような保証を成立させるために導入される、潜在性の最後の拡張すなわち第三段階の一般化が、「反復的潜在性」である。

反復的潜在性を彼女は次のような説明によって導入している：

物（things）は、性質を所有する潜在性を持つ。潜在性それ自体が性質である。それゆえ、普通に考えれば（*prima facie*）、物は潜在性を持つ潜在性を持つはずである。そして、この後者の潜在性はそれ自体潜在性を持つ潜在性を持つかもしれない。したがって、物が潜在性を持つ潜在性を持つとか、物が潜在性を持つ潜在性を持つ潜在性を持つ……等々ということを妨げるものは何もない。私はこのようなすべての潜在性を反復的潜在性と呼ぶ。[32]

彼女は次のような例で説明している：

私はバイオリンを弾く能力を持っていない。机もそうした能力を持っていない。しかし、私は、机と異なり、バイオリンを弾くことを学ぶ能力――すなわち、バイオリンを弾く能力を獲得する能力——を持っている。後者の能力が、バイオリンを弾くということに関して私を机から区別する。私は、机とは異なり、バイオリンを弾く反復的能力を持っているのである[33]。

バイオリンの教師は特別な技術——生徒にバイオリンを弾くことを教える能力——を持っている。この能力の発現は、他の個体すなわち生徒が能力——バイオリンを弾く能力——を獲得するところに存在する。……かくして、その教師は、その発現が〈生徒がバイオリンを弾く〉ということであるところの、内在的な、三度反復された（three-times iterated）能力を持つこととなる[34]。

そして、ヴェターは可能性を最終的に次のように定義する：

[POSSIBILITY]　*P* ということが可能である。=df　*P* ということへの反復的潜在性を何かが持っている[35]。

(It is possible that *P*.　=df　Something has an iterated potentiality for it to be the case that *P*.)

形式的には、この反復的潜在性は以下のように定義される。第一章で述べたように（四一頁）、まず彼女は、反復されない（非反復的）潜在性すなわち端的な潜在性を、述語演算子 POT としてその構文論を次のように構成する：

Φがn単数項述語であり、$t_1, ..., t_n$が単数項であるとき、あるいは、Φがn複数項述語であり、$t_1, ..., t_n$が複数項であるとき、次は論理式である：POT［Φ］（$t_1, ..., t_n$）.

これに基づいて、反復的潜在性を表す式は次のように定義される(36)：

まず、任意のゼロより大きい自然数n、単数項または複数項t、単数変項または複数変項x、および開いたあるいは閉じた文Φについて、次は文である：

POT^n［Φ］（t）;
POT*［Φ］（t）.

前者はn個の潜在性演算子から成る「n段階潜在性（n-step potentiality）」を表し、後者は任意の段階の反復的潜在性を表す。これらのうち、POT^n［Φ］（t）は、POTを用いて次のように再帰的に定義される：

1. POT^1［Φ］（t）　=df　POT［$\lambda x.\Phi$］（t）,
2. POT^{n+1}［Φ］（t）　=df　POT［$\lambda x. \exists x$ POT^n［Φ］（x）］（t）.

そして、POT*［Φ］(t) の真理条件は、POTⁿを用いて次のように定義される：

［POT*］ POT*［Φ］(t) が真であるのは、あるnについてPOTⁿ［Φ］(t) である場合である。

以上のような手続きによって、可能性の適用範囲が広がると同時に、潜在性の反復によって可能性の強さを弱めることが可能となる。また、通常、形而上学的可能性に対応づけられる、様相論理における様相演算子のように文演算子によって表現されるような可能性をも、潜在性に還元できることとなる。

以上が、ヴェターによる潜在性の第二・第三の一般化による可能性の潜在性への還元の概要であるが、これをどのように評価すべきであろうか。私自身は、第二の一般化すなわち共同的潜在性およびそれに基づく外在的潜在性の導入までについては基本的に賛成であるが、ヴェターがここで行っている第三段階の一般化にはいくつかの問題点があると考える。[37]

まず第一に指摘すべきは、彼女が例示した反復的潜在性は、真の意味での反復的（あるいは高階的）な潜在性とは言えないという点である。実際、彼女自身、そのような見解を次のような形で表明している：

反復的潜在性は、傾向性についての文献の中で認知されてきた。ボルギーニとウィリアムズ(2008) は、可能性の傾向性理論を提示する――私もこれからそうするのであるが――際に、それらを利用する。彼らはそれらを「高階的（higher-order）」傾向性と呼ぶ。私はその表現を傾向性の傾向性——もしもそのようなものが存在すれば——のために取っておくことを好む。「反復的潜在性」という語であるのはこの理由による。(38)

つまり、この引用箇所では、彼女が「傾向性の傾向性」という本来の意味での反復的潜在性としての「高階的潜在性」というものの存在に対しては懐疑的であり、彼女自身はそれとは異なる意味で「反復的潜在性」という語を用いるということを明確に表明している。

また、ここで注記しておくべきは、ボルギーニとウィリアムズも「傾向性の傾向性（disposition *of* disposition）」という意味では「高階の傾向性」という言葉を用いていないということである。ヴェター自身が参照しているように、彼らは次のように述べている：

はっきりさせておくならば、「高階の」傾向性ということで私たちが意味しているものは、さらなる別の傾向性を持つことへの傾向性（dispositions *for the having further dispositions*）である。(39)

いかなる潜在的混乱をも避けるために、「高階の」傾向性とは、さらなる別の傾向性への（*for further* dispositions）傾向性であって、傾向性の傾向性（dispositions *of* dispositions）ではない、ということを繰り返させてほしい。(40)

しかし先ほど引用した「物は、性質を所有する潜在性を持つ。潜在性それ自体が性質である。それゆえ、普通に考えれば、物は潜在性を持つ潜在性を持つはずである」「したがって、物が潜在性を持つ潜在性を持つ潜在性を持つとか、物が潜在性を持つ潜在性を持つ潜在性を持つ潜在性を持つ……等々ということを妨げるものは何もない」という箇所においては、まさしく「潜在性の潜在性」としての「高階的潜在性」が表現されているように思われる。

そして実際、彼女が潜在性を表す述語演算子として想定しているPOTは、そのような高階的な意味での真の反復を許すものである。それどころか、彼女自身が構築する体系Pに基づく限り、あらゆる性質が無限の反復的潜在性を所有することになってしまう。というのも、次のような定理がそれには含まれているからである[41]：

[ACTUALITY]　潜在性は、現実性によって含意される：Φであるものはいずれも、Φである潜在性も持たなければならない。

形式的には次のように表現される：

[$\mathrm{T_{POT}}$]　$\Phi t \to \mathrm{POT}[\Phi](t)$.

これはちょうど、様相論理の公理系Tの下記の公理［T◇］に相当するものであり、潜在性への可

能性の還元を目論むヴェターにとっては不可欠な定理である(42):

そして言うまでもなく、文演算子によって表現される様相論理における可能性は、真の意味での反復を許すものであり、何度反復したとしても、反復命題をもとの命題が含意することの妥当性を可能世界意味論によって保証する。

[T◇] $\varphi \rightarrow \Diamond\varphi$.

しかし問題は、果たして同様の事情が潜在性に適用できるか、ということである。まず、彼女が「物は、性質を所有する潜在性を持つ。潜在性それ自体が性質である」と述べる際に用いている「潜在性」には二義性がある。というのも、第二の「潜在性」が(力能的)性質そのものを表しているのに対し、第一の「潜在性」は性質そのものではなく性質に帰属されるべき様相を表しているからである。これはちょうど、性質としての傾向性を表すdispositionと性質の様相としての傾向性を表すdispositionalityの区別に相当する。それと並行的に、本来彼女はたとえばpotentialとpotentialityというような用語の区別を行うべきだったと思われるが、少なくともこの文脈では、そのようなことは行っていない。私自身は、彼女のような混同を避けるためにも、これ以降、potentialに相当する、性質としての潜在性を「潜在的性質」または「力能(power)」と表現することとする。また、第一の潜在性を形容する「性質を所有する」もおそらくは不正確な表現であり、本来は「潜在的性質を発揮する」あるいは「潜在的性質を獲得する」などという形で表現されるべきだと思われる。

そして、本来の形での反復的可能性が成立するのであれば、同一の性質について何度も（様相としての）潜在性を適用することが可能でなければならず、「潜在性を持つ潜在性を持つ潜在性……」という表現はそのようなこと、すなわち「潜在性の潜在性の潜在性」を窺わせる。しかし、彼女が挙げている例は、「バイオリンを弾く能力の能力の能力……」ではなく、「バイオリンを弾くという能力を獲得する能力」「バイオリンを弾く能力を生徒に獲得させる能力」であり、これらは、本来の反復的様相ではなく、関連し合う複数の潜在性の羅列によって示される擬似的な反復にすぎない。様相としての潜在性とは、やはりactとpotencyとの対比に基づく様相であり、何らかの意味での活動（変化、プロセス）に対する潜在性でしかありえない。いまの場合も、あくまでもバイオリンを弾く能力を「獲得する」とか「獲得させる」という一種の変化への潜在性でしかないのである。したがって、様相としての潜在性は、本来的に反復を許さないものと考えるべきである。また、それが「活動」への潜在性である以上、その様相は、何らかの形での時間性、あるいは、最も広い意味での一種のプロセスに関わるような様相と考えるべきであろう。

　実際、真の意味での反復を許すような潜在性を承認してしまうと、たとえば「バイオリンを弾く能力」「バイオリンを弾く能力の能力」「バイオリンを弾く能力の能力の能力」……のそれぞれの能力の発現は同じなのか違うのか、という問題が生ずる。同じだとすると、誰かがバイオリンを弾いているとき、それらすべての能力が発現していることになるのだろうか？　違うとすると、たとえば「バイオリンを弾く能力の能力」の発現と「バイオリンを弾く能力の能力の能力」の発現とはどのように異なるのだろうか？

一方、ヴェター自身が使用する意味での、本来的ではない「反復的潜在性」についても、少なくとも私自身はそこに存在論的問題が含まれていると考える。というのも、そのような潜在性を認めることは、当該の潜在的性質の担い手とその発現との乖離を認めることになるからである。たとえば、彼女自身が挙げていた「生徒にバイオリンを弾くことを教える」というバイオリン教師の「内在的な、三度反復された能力」について考えてみよう。彼女が述べるとおり、そのような能力はバイオリン教師に内在的でありながら、その発現は「生徒がバイオリンを弾く」という形で生徒によって発揮される。つまり、バイオリン教師の「内在的」能力をその担い手とは別の個体である生徒が発揮するのである。したがって、たとえば仮にその教師が生徒にバイオリンの弾き方を教えた後に急死してしまったとしても、その後に生徒がバイオリンを弾きさえすればその能力が発現されることになる。これに対し私自身は、生徒にバイオリンを弾くことを教えるという教師の潜在的能力の発現は、まさにその「教える」という行為を当該の教師が実際に行うことのみだと考える。潜在性と顕在性の相違は、同一の主体と性質に関する性質帰属のモードの相違でしかないからである。

もちろん、上のような乖離は、たとえば、ある壺とそれを包むプチプチの共同的潜在性によってもたらされる、壊れにくいというその壺の潜在的性質を、対称性によってそのプチプチにも帰属させる場合にも発生する。しかしこの場合は、そのようなプチプチの潜在的性質は、たとえば、プチプチに包まれた壺が何らかの衝撃に耐えるというような、そのプチプチ自身が参与するプロセスによって発現するものである。結局のところ、この場合の乖離は、壺とプチプチとから成る共同的な担い手が存在し、その各部分において各潜在的性質が発揮されることによる乖離にすぎないので、発現そのものが担い手から完全に分離してしまうことはないのである。

ただし、このような共同的潜在性にもとづく乖離についても、たとえば「私がソクラテスを賞賛する」という私の潜在的能力を認めたうえで、それを私とソクラテスによって所有される共同的潜在性からの帰結であると考えると、同様の問題が発生する。そして実際、ヴェターは、「任意の時点において存在するすべてのものは、すべての時点において存在する」と考える時間論的立場としての「強い永久主義」を採用することにより、このような共同的潜在性も承認している。[43] これに対し、私自身は、同時的に（現実的に）存在するような実体的対象間で所有されるような共同的潜在性およびそれに基づく外在的潜在性しか承認しない。そのひとつの理由はいま述べたような「強い永久主義」に反対するという時間論上のものであるが、それ以上に大きな理由は、いま述べたように、ソクラテスを賞賛するという私の潜在能力は、私が何らかの形で実際にソクラテスを賞賛するという実際の活動によってのみ発現するものであり、そのような活動そのものにソクラテス自身が参与していない以上、そのような発現の担い手とは見なせないと考えるからである。

こうした相違は、さらに根本的には、ヴェターが形而上学的可能性のすべてを潜在性に還元しようとしているのに対し、本書では潜在性をあくまでもひとつの種類の形而上学的可能性に対する独特の供給源にすぎないと考えていることに由来する。というのも、ヴェターは、私がソクラテスを賞賛するという可能性も潜在性に還元されなければならないと考えるため、ソクラテスとの共同的潜在性に基づくような発現を持ち出さざるをえなかったのに対し、私自身は、そのような可能性を私が持っているとしても、その源泉を必ずしも潜在性に求める必要はないと考えるからである。私がソクラテスを賞賛するということの可能性の中には、本質様相としての可能性も含まれるであろう。私がソクラテスを賞賛しようがしまいが、それによって私の本質が損なわれることはないはずだからである。前章で述べたように、本質様相は、ある対象が基本的に「何であるか」という広い意味での同一性、あるいは、何らかの形での「実在的定義」に由来する様相であり、その可能性に時間性やプロセス性を伴う何らかの「活動」が含意される必要はない。潜在性には還元できない、本質様相としての可能性の他の例としては、複数の物体が同時に同じ位置に存在しうるか否か、色は誰にも認識されずして存在しうるか否か、ソクラテスがハムサンドウィッチでありうるか否か、といった事柄に関わる可能性が挙げられるだろう。

以上の理由により、反復的潜在性は、それが本来的なものであれ、ヴェターの定義によるものであれ、存在しない。そのひとつの帰結として、すべての形而上学的可能性を潜在性に還元することはできない。これが本書の立場である。すべての形而上学的可能性を潜在性に還元するためには、ソクラテスと私が時間を超えて共同的に参与したり、教師の内在的能力がその死後に生徒によって発揮されたりするような形での発現そしてそれらに対応するような共同的・反復的潜在性も承認しなければならない。これに対し、潜在性に基づく可能性はあくまでも形而上学的可能性の一種にすぎないと考えるならば、あくまでも現実的なプロセスとして発生するような発現とそれに対応するような潜在性のみを認定すればよいのである。

3 潜在性・自然法則・因果

様相としての潜在性をあくまでも act と potency との対比に基づくものとして捉える立場、すなわち、〈何らかの意味での活動（変化、プロセス）に対する潜在性によって力能を個別化する以上、力能は、何らかの形での時間性、あるいは、最も広い意味での一種のプロセスに関わるような性質である〉と考える本書の立場は、結局のところ、ロウによる〈「因果的力能」に関わるような潜在性への限定〉と一致することになる。そしてこれに類似した形で力能を性格づけながら、科学哲学的文脈において自然法則論や因果論を展開している代表的な論者として、N・カートライトとA・チャクラヴァティを挙げることができる。[44]

カートライトは、個体に所有される性質としての「力能（power）」よりも包括的な上位の類概念を表すために「性能（capacity）」という用語を用い、そのような性能として対象に備わっているアリストテレス的な意味での「本性（nature）」を探求するのが科学であり、自然法則の根拠はそこに求めるべきだと主張した。[45]

ロウ（およびヴェター）との第一の類似性は、彼女も、性能に関する主要な様相が必然性ではなく可能性であると考えていることである。そのことは、彼女の著書『まだら模様の世界——科学の境界についての研究』（1999）のなかの次の叙述に明確に現れている：

……必然性を、この世界を構成する事実のひとつの種類として採用しようという提案がある。そうすれば、科学的主張は私たちを取り巻く実在世界の諸事実に照らして判定されるべきだという要求を保持することができるという意味において、経験論者（*empiricist*）の資格を維持できるだろう。私の観点からすると、この提案の問題点は、それが様相的事実を世界の中に導入してしまうことではなく、誤った種類の様相的事実を導入してしまうということである。原子集団の反転分布は干渉性放射を必然化する（*necessitate*）のではない。前者は後者を可能にする（allow）のである。[46]

……反転分布は、世界の構造によって、あるいは、世界が作られている方法によって、干渉性放射を可能にする。しかしそれは何を意味しているのだろうか？　任意のものが任意のものを帰結しうるという意味での偶然的可能性（accidental possibility）の種類と、このような他のより自然法則的な可能性を区別するために、マックス・ウェーバーは後者を「客観的可能性（*objective possibility*）」と命名した。ウェーバーの考えは、科学的知識を理解しようとする現代の私たちの試みにおいて追究するに大いに値すると私には思われる。しかしこれまでのところ、私たちのそうした必要性に最も適した形で考えぬかれた最もすぐれた説明は、本性（*natures*）についてのアリストテレスの教説であると、私はいまなお思っている。[47]

第二に、条件法を中心とした傾向性分析に批判的である点もロウ（およびヴェター）と共通している。そのことは、たとえばカートライトの論文「何が性能を傾向性とするのか？」（2007）の中の次のような叙述に窺える：

多くの者はこれ〔＝条件性（conditionality）〕が科学によって研究される性能の中心的特徴であると考えている。……（中略）……第一に、重力的性能の発現と見なされるできごとは無限に多様である。その性能が別の対象に作用するときに実際に起こることは状況に依存する。それはいかようにも動きうる。しかし、ギルバート・ライルの用語を用いるならば、そのことは性能を因果的性質に対立させるのではなく、それを「高度に類的な（highly generic）」あるいは「確定可能な（determinable）」傾向性とするのである。[48]

私は次のように結論する：条件性は、性能の一般的な特徴ではない――少なくとも、条件性は二面性（two-sidedness）を上回る特徴ではないという意味において。二面性が要求するように、性能とその発現は異なるものである。しかし、性能を特定の発現に結びつけるようないかなる条件法の集合も必要ではないのである。[49]

もちろん、この叙述は、あくまでも力能よりも高度に類的な意味での傾向性としての性能についての形容なので、条件法と力能の関係に関するロウらの主張と短絡的に同一視することはできない。しかし、彼女がJ・ペンバートンとの共著としてさらに直近に著した論文「アリストテレス的力能：それなくして現代科学は何をするのか?」(2013) では、もはや「性能」という用語はほとんど用いられず、個体が所有する性質としての「力能」と「発現」とを次のようにより具体的な形で関係づけている：

> 力能は、典型的結果 (canonical effects) を持っている。実際、力能の典型的結果は、その力能であるということがどのようなことであるかの一部である。ある力能についての要点は、その力能はそれが貢献する (contribute) ところのものであるということであり、その力能が適切に行使 (exercise) されたときには常にそれに貢献するのである。もしも力能が単独で行使されたならば、その典型的結果は実際に起こることであろう。複数の力能が行使されたときにどのようなことが帰結するのかは、それぞれの典型的結果すなわち貢献に体系的な形で依存する。[50]

力能が行使されるとき、その典型的結果が産出される。これは往々にして生起する全体的結果と劇的に異なっている。したがって、力能存在論は、次の三つの現れを区別する：

- 力能の成立（所有）
- 力能の行使……これは、典型的結果すなわち「貢献」と同義であると見なされる。
- 全体的結果の成立

質量を持つということは、あるシステムが質量を持つ別のシステムを自己に引き寄せる力能を持つということである。日常語で言えば、第二の質量〔を持つシステム〕が動かなかったとしても、第一の質量はそれを引っ張る（*pull*）。引っ張るということは、他の物体を近寄せる力能を行使することであり、まさしくそのような意味合いを喚起する。(51)

この説明からもわかるように、実は「発現」という用語は必ずしも適切とは言えない側面も持っている。というのも、いまの引用中の質量の例や力が完全に拮抗している腕相撲や綱引きの場合のように、力能が発揮されていながらも「目に見える」形での変化がもたらされていない、言うなれば、「発現しない発現」とでもいうべき発現がありうるからである。この意味では、「発現」という用語も実は検証主義の産物であるかもしれず、やはり本来は「行使」「貢献」の方が適切であろう。

また、この点は、本章第一節（一五二頁）で紹介した、ロウの因果図式の要点を再確認させてくれる。彼は次の例に示されるような因果の things-process モデルを採用していた：

（原因としての）水が、塩が溶けていく（I）というプロセス（結果）を、（水の）溶解力（＝何かを溶かす（T）という力能）の行使（＝発現＝何かを溶かしていく＝ causing）というプロセスによって引き起こしている。

この図式によって、ロウは、力能の行使としての「発現」は結果よりも引き起こすことすなわち

causingとして原因の側に関連づけるべきだと主張していた。カートライトらは、その行使を「典型的結果」とも表現しているが、それはいわゆる帰結したできごととしての結果すなわち「全体的結果」ではなく、あくまでもそうした結果への「貢献」すなわち表面に現れないかもしれない力能の行使を表していたという点においては、因果のtwo-eventモデルに基づく通常の意味での「結果」ではなく、things-processモデルのもとでの産出のprocessとして位置づけていたと言えるだろう。実際そのような観点は、彼女らの次のような叙述にも現れている：

力能の「典型的結果」――それを力能の「貢献」とも呼ぶ――に焦点を当てることは重要である。それは自然にとって重要である――それは自然が結果を産出する仕方である――のみではない。それは私たちにとっても重要である――そのいくつかの貢献とそれらが文脈の中でどのように結合するかを理解することは、いかなる変化を法則的機構（nomological machine）がもたらすかをどのようにして予測し、新たな帰結をもたらすような新たな機構をどのようにして構築することができ、因果的主張に対する証拠をどのようにして提示するのか、ということに関して中心的である。

私たちの説明にとって中心的なのは、時間の中で展開する一貫した（coherent）プロセスとして変化を解釈することである。この点においても私たちはアリストテレスに与し、変化するというできごとをその出発点と終着点だけで十分に特徴づけられると考えるヒュームと最近の論者のいずれに対しても反対する。(52)

……私たちが意味しているところの力能は、力能が行使されたときに行うことは力能の本性の中に存すると想定する点においてアリストテレス的である。現代科学において機能していることが見て取れる力能は、単一の結果を有する：異なる典型的結果は異なる力能を含意する。[53]

……私たちは力能の「典型的結果」と実際に帰結する結果（outcome）との区別にコミットしている。力能が行使されたときに何が起こるかは文脈に依存する。それは、一般的に、むしろおそらくは常に、カートライトが「法則的機構」と呼んだところのものに因果的諸関係を保証してもらうことを必要とする（Cartwright 1999）。法則的機構が実際の因果的諸関係をもたらすのは、それに含まれている種々の因果的力能の行使が、その機構の文脈の中で結合して、機構の配置における変化をもたらす仕方のゆえにである。[54]

以上の叙述によって、カートライトらもロウと同様に、力能（のタイプ）をその発現として「典型的結果」によって個別化していること、そしてこのような形で力能と発現を内的に関係づけていることも明らかであろう。なお、この二か所の引用のいずれにも登場している「法則的機構」についてのカートライトの説明は、次のようなものである：

法則的機構とは何か？　それは、（十分に）安定した性能を伴う諸要素（components）あるいは諸要因（factors）の（十分に）固定された配置である。そのような配置は、適切な種類の（十分に）安定した環境のもとで、反復的操作によって、科学的法則において表現されるような種類の規則的ふるまいを発生させる。[55]

はからずも、カートライトによるこのような説明は、ヴェターによって提示された共同的潜在性の範囲を限定したくなる要因のひとつを浮かび上がらせてくれる。というのも、私が「共同的潜在性」として認定するのは、まさしくそうした法則的機構によって担われうるような潜在性だからである。ヴェターが過去や未来の実体的対象も巻き込むような共同的潜在性も承認するのに対して私がそれを否定するひとつの理由は、そのような対象も巻き込んだ形での法則的機構というものは少なくとも私には想像できないからである。そしてこうした相違は、結局のところ、ヴェターが形而上学的可能性全般を還元できるような広い意味での潜在性を想定しているのに対し、私自身は、形而上学可能性の複数の源泉のうちのあくまでも一つの種類として潜在性を位置づけるがゆえに、因果的力能と関連するような潜在性のみにその源泉を限定しているという相違点に帰着するだろう。[56]

以上のようなカートライトの主張とロウの主張との親近性は、どちらかといえば潜在性をめぐる様相論的側面におけるものであったが、科学哲学の文脈でより因果論に即した類似性を示しているのが、チャクラヴァティがその著書『科学的実在論のための形而上学』（2007）の中で自己の「科学的半実在論（scientific semirealism）」を根拠づけるために展開した「因果のプロセス理論（process theory of causation）」である。彼は、まず因果をできごと間の関係として捉える因果のできごと理論（event theory of causation)が、ラッセルが提示したような〈因果的実在論の矛盾を立証する議論〉の前提となっていることを指摘したうえで、そのようなモデルを次のように批判する：

できごと間の関係を用いた因果的諸現象の記述は多くの目的のために便利であるが、因果の「仕事をする」のはできごととしてのできごと(event *qua* event)ではない。できごとが因果の記述に共通して登場する理由は、できごとが物(objects)の因果的性質を組み込んでいるからこそである。因果の関係項としてできごとに言及することが私たちの現象的諸経験を理解させてくれるのは、たまたま、できごとが因果的諸現象の究極的な責を担う存在論的な構成員を擁しているからにすぎない。できごとAができごとBを引き起こすと言われる場合、実際に行われているのは、因果的相互作用の詳細に対する肌理の粗い略書きを描くことなのである。[57]

ここでまずひとつ言及に値することは、彼が因果的性質の担い手としてのobjectを、個体全般としてのparticularの中でもeventやprocessから区別されるべき実体的対象として想定しているということである。[58] そして彼が想定しているところの本当に因果の「仕事をする」因果的性質とは何かと言えば、「自身も因果的諸性質を持つ他のいくつかの個体が存在しているかまたは欠如しているかに応じて、当の因果的性質を所有する個体をある形でふるまわせる傾向性を与えるような性質」すなわち、個体の力能に他ならない。[59]

これを踏まえて、因果のできごと理論に代わって彼は次のような因果のプロセス理論を提示する：

因果においては、因果的性質を伴ういくつかの物が相互作用の連続的なプロセスに携わる。その性質によって物に備わっている傾向性が、他のいくつかの物や性質の存在と欠如に呼応して連続的に発現される。因果的諸性質を伴う物は、かくして、因果的相互作用の連続的状態すなわち因果的性質間の諸関係が成立している状態の中にある。たとえば、ある熱源と接した気体は、温度や圧力などの性質によってそのような気体に与えられたいくつかの傾向性のゆえに拡張していき、そうすることによって他の空間領域と接していく。気体の諸性質とともにこれらの新たな諸領域に存在する諸性質が、どのように両者がさらなる影響を受けるかを決定していく、等々。(60)

因果のプロセス理論には、他にもチャクラヴァティが「SDプロセス理論」と呼ぶところのW・サモンやP・ダウが提示したバージョンもある。しかし彼らのプロセスの概念は、チャクラヴァティのそれとは「異なっており、より特殊である(おそらく物理学における因果に最も関連している)」と彼は主張する。その相違点として、因果的力能や傾向性の実在性を認めるか否かという点のほか、次のような相違を挙げている:

SD〔プロセス理論〕による説明は、因果を精神独立的な現象と見なす一方、*de re* 必然性の問題については何も述べていない。この点においてそれはヒューム的である。先に記したように、複数のSDプロセスの重複は因果的相互作用の必要条件ではあるが十分条件ではない。いくつかのプロセスは互いにまったく相互作用することなく通り過ぎる。ではなぜ相互作用をもたらす重複ともたらさない重複があるのか、とひとは尋ねるかもしれない。真のヒューム的精神に基づけば、それには答えられない。単なる規則性があるのみである。逆に、因果的実在論者はなぜ特定の相互作用が起きる場合と起きない場合があるのかを説明することを望む。私が略述した提案にしたがえば、実在論者はそのような説明のための枠組みを持っている。というのも、この見解のもとでは因果の十分条件について何事かを述べられるからである。特定の相互作用は、物の因果的諸性質によって与えられる関連するいくつかの傾向性の発現を諸状況が促すときには常に発生する。因果的相互作用とは、まさに傾向性が発現されるということそのものなのである。(61)

　これらの引用、特に最後の文から、チャクラヴァティにおける「傾向性の連続的発現としての因果的相互作用のプロセス」という主張が、ロウによる因果の things-process モデルにおける「力能の連続的発現としての causing というプロセス」という主張と合致していることは明らかであろう。

　もちろん、力能に関するロウ、カートライト、チャクラヴァティのそれぞれの主張には、様相論的および因果論的に重大な相違も多く存在する。いま見たように、チャクラヴァティは少なくとも自然法則によって示されるような傾向性を可能性ではなく必然性として捉えている。この点については、次節で改めて言及する。一方、カートライトは、ロウやチャクラヴァティと異なり、必ずしもプロセスの担い手としての実体的対象を因果の中心に据えようとはしていない。(62) 他にも、本質主義へのスタンスや性質の存在論に関する立場などが三者三様だと思われる。しかし、もとより自然法則論や因果論という科学哲学上の重要テーマそのものが本書のターゲットではない。ここでは、ロウが示したような力能因果論の方向性が決して現代において孤立している特異な立場ではないということが多少なりとも示せていれば、それで十分である[63]。

4 力能様相の解明

この本章最終節では、ヴェターの潜在性理論（およびロウの力能論）との異同を確認しながら、潜在的性質としての力能ならびにそれに基づく力能様相に関する本書の立場をより明確化することを試みる。

まず、ヴェターとほぼ一致している点はおおよそ次のとおりである：

(1) 力能は、発現のみによって個別化されるべき、実体的対象の性質であり、その様相的本性は、その発現に向かう（または抵抗する）という意味での、程度を伴う一種の可能性としての潜在性である。

(2) その可能性は、何らかの実体的対象に局所化されている点において、いずれかの可能世界における成立として非局所的に規定される可能性とは異なる。

(3) 潜在性には、個体の内在的潜在性だけでなく、複数の個体によって担われる共同的潜在性やそれに基づく個体の外在的潜在性も存在する。

主たる相違点を列挙すれば次のとおりである：

(1) 様相論理によって表されるような形而上学的可能性のすべてを潜在性に還元することはできない。潜在性は、実体的対象に関する広い意味での形而上学的可能性のなかの独特の一種として捉えられるべきである。

(2) 反復的潜在性や異なる時点間での共同的潜在性は存在しない。潜在性は、反復も省略も可能な述語演算子によってではなく、そのいずれも不可能なコプラによって表現されるべきである。

(3) 実体的対象のすべての顕在的性質に対して潜在的性質としての力能が対応するわけではなく、その中でも何らかの変化やプロセスに（肯定的または否定的に）関連する（能動的または受動的）性質のみに関わる。

これら三つの相違点の中核となっているのは(1)の相違、すなわち、様相論理によって表されるような形而上学的可能性すなわち文的・事実的な形而上学的可能性を潜在性に還元できるか否かという点における相違である。この問いに対して肯定的に答える還元主義者としてのヴェターは、文的・事実的可能性のすべての特徴を潜在性に付与しなければならない。その結果として、可能性演算子と同等の反復可能性を潜在性演算子に認めるという(2)の相違点、および、すべての顕在的性質に対して潜在的性質が対応するとする(3)の相違点も帰結することになる。

　これに対し本書では、すべての事実的可能性を潜在性に関連づけるのではなく、あくまでもそのうちの一種類に対してのみであり、また、それを潜在性に還元させるのではなく、あくまでもその供給源のひとつとして潜在性を位置づけたのであった。具体的には、その関連性は次のような公理によって示されていた（七八、八二頁）：

［AP＋］　$\mathcal{J}$-pot-a →◇$\mathcal{J}$-occ-a

［AP－］　$\mathcal{J}$-$\underline{\text{pot}}$-a →◇$\mathcal{J}$-$\underline{\text{occ}}$-a

たとえば、ある壺が壊れやすいという潜在性を持っているとすれば、現実世界で実際には壊れていなくても、それが壊れているということもありえたし、逆に壊れにくいという潜在性を持っているとすれば、現実世界で実際には壊れていても、それが壊れていなかったということもありえたということである。

　このように、コプラ的・実体的可能性としての潜在性から顕在命題の文的・事実的可能性が導かれるのであるが、本質様相の際にも述べたように、ではそのように導かれた文的・事実的可能性は、様相論理のどの体系によって表されるのか、ということが示されねばならない。そしてこのような意味においてならば、私はその体系はTであるという、ヴェターの主張に賛成する。ヴェター自身は、すべての形而上学的様相は体系Tで表されると主張するとともに、T体系における可能性演算子とまったく同等の振る舞いを示すような形で述語演算子としての潜在性演算子を規定したのであるが、本書では、実体様相の一種としての力能様相のみを体系Tに関連づけるとともに、コプラ的演算子そのものの振る舞いではなく、あくまでもそこから帰結する文演算子としての可能性演算子の振る舞いのみを体系Tのものとして認定するのである。

では、なぜ体系Tなのか？　これについては、本質様相から帰結する体系がS５であったことと比較しながら説明することが有効である。まず第一に、本質様相の場合、そこから第一次的に帰結する文的様相は必然性であった。可能性は、本質を表す実在的定義に矛盾しないこと、という形で消極的に規定されたのであった。また、その必然性は論理的必然性に準ずるようなきわめて強力な必然性であり、その帰結として、可能性はきわめて弱い可能性であった。

これに対して、力能様相から第一次的に帰結する文的様相は可能性であり、したがって、本質様相とは逆に、必然性が消極的に規定されることになる。そしてこの場合の可能性は、潜在性という、現実世界に潜む可能性として「半存在」とか「客観的可能性」などの形容によって単なる可能性と対比されるようなきわめて強力な意味での可能性からの帰結であった。すなわち、本質様相から帰結するのが論理的必然性に準ずるようなきわめて強力な必然性であったのと並行的に、力能様相から帰結するのは、いわば、現実性に準ずるようなきわめて強力な可能性だと言える。すると、その裏返しとして、そのような可能性に基づいて消極的に規定される文的必然性は、きわめて弱い意味での必然性だということになる。

このような必然性の例としては、特定の質量から帰結する特定の重力が働いていないということがありえない、とか、電子の電荷から帰結する特定のクーロン力が働いていないということがありえない、などの必然性が挙げられる。そして実際、こうした必然性は、まさしく自然法則的必然性もしくはそれに準ずるような必然性であるという意味において、仮にそれが形而上学的必然性の一種だとしても、少なくともその中では最も弱い意味での必然性だと言えるだろう。ちょうど、本質様相から帰結する必然性・可能性が、論理的必然性・可能性に準ずるような最強の形而上学的必然性と最弱の形而上学的可能性であったのと対照的に、力能様相から帰結する可能性・必然性は、自然的可能性・必然性に準ずるような最強の形而上学的可能性と最弱の形而上学的必然性なのである。そしてこの対比は、最強の必然性と最弱の可能性のみから成り立つ非常に純度の高い様相を表す体系としてのS5体系と、最弱の必然性と最強の可能性まで含んでしまう純度の低い様相を表す体系としてのT体系との対比として現れることになるわけである。

実際、前節で紹介したチャクラヴァティは、自然法則によって示されるような因果的必然性を *de re* 必然性の一種として捉えていたが、それについて彼は次のような留保を加えている：

もしもある可能世界が、現実世界を満たす因果的諸性質とまったく同じ諸性質で満たされているならば、その世界での因果的諸法則はこの世界での諸法則と同じであろう。言い換えれば、因果的諸法則は、現実世界の因果的諸性質が見出されるすべての可能世界において同一なのである。私は、このような形の必然性を形而上学的と呼ぶのではなく、自然的と呼ぶことを好む。その理由はひとえに、現実世界の因果的諸法則がすべての可能世界において見出されるということは、

〔チャクラヴァティが奉ずる〕ＤＩＴ〔＝disposition identity thesis（傾向性同一説：傾向性の同一性が性質の同一性を決定するという説）〕から帰結しないからである。[64]

一方、力能様相としての可能性が自然的可能性に準ずるような最強の形而上学的可能性であるということに関しては、チャクラヴァティは「傾向的」を「本当に存在する」という意味での「顕在的」と対立させることに反対し、傾向性も「真正なる顕在的性質（*bona fide* occurrent properties）」と見なすべきであると主張している。[65] このような「顕在的」という語の用法は本書での用法と異なるが、チャクラヴァティの主張そのものは、単なる可能性すなわち本質様相的な意味での消極的可能性とは区別して、顕在的性質と並んで現実世界に「潜んでいる」という強い意味での可能性として潜在性を認定する本書の精神と合致している。そのことのひとつの現れは、本書では、傾向的性質は顕在的性質によって含意されるという形での顕在的性質に対する直接的な従属性を傾向性に付与しないということである。このような従属性は、ヴェターが定理［T_{POT}］（$\Phi t \rightarrow \mathrm{POT}[\Phi](t)$）によって主張していたことであり、ロウも、彼の類種論理において公理［Ａ４］（$P^n o_1 o_2 \ldots o_n \rightarrow o_1 o_2 \ldots o_n P^n$）によって同様の主張を行っていた。これらは、潜在性命題そのものが顕在性命題に含意されると考えるという点において、後者を前者より強い命題として位置づけている。これに対し本書は、少なくともそのように直接的な強弱関係を承認しないという点においては、潜在性命題に顕在性命題と同等の資格を与えている。

本書において傾向的性質と顕在的性質を関連づける公理は、潜在的性質が顕在的性質を可能にするということを表す［AP＋］（*J* -pot-*a*→◇*J* -occ-*a*）および［AP二］（*J* -pot-*a*→◇*J* -occ-*a*）であり、潜在的性質は必ずしも顕在的性質によって含意されない。その理由のひとつは、本書では、本章第二節で述べたように、顕在的性質に対して必ず潜在的性質すなわち力能が対応するとは考えないということである。この点において本書は、C・ウィットによる次の主張が正しいとすれば、ヴェターやロウよりアリストテレスに即した解釈を潜在性に関して行うことになると思われる：

> アリストテレスは、それに対応する力能あるいは潜在性を伴うことなく活動することは可能であると考える。彼は、原理的にすべての活動性が非活動的な力能または能力と対応づけられなければならないとは考えない。永遠的・非不滅的な存在者は現実的に存在するが潜在的には存在しない（『形而上学』ix.8.1050b6-8）。活動的にあるいは現実的に存在するということは、潜在態（*dunamis*）の存在に依存する、本来的に関係的な存在のかたちではない。これに対し、すべての潜在態は、活動性あるいは現実性と対応づけられ、それに向かっている。これは、すべての潜在態の存在は関係的であるということ、つまり、すべての潜在態は現実性のために存在するからである。すなわち、潜在的Xであるということは、現実にXであることのために存在するということなのである[66]。

本書でも、力能の本質はまさに何らかの変化に対して「向かっている」あるいは、何らかの変化から「遠ざかっている」すなわち当該の変化に対して「抵抗している」ことにあると考える[67]。たとえば、力能とは、ある時点においては当該の変化が顕現していなくてもその時点において現実の実体的対象が当該の変化に向かっていたり抵抗していたりすることによって、その対象における所有を認定されうるような性質である。逆に言えば、実体的対象によって所有されているということが本質的にその性質の顕在性をただちに含意してしまうような性質は、非力能的な性質だと言える。そしてそのような性質の典型例は、その名称の妥当性はともあれ、伝統的に「第一次性質」として分類されてきた、形・大きさ・構造・配置などにまつわる時空的・数学的な性質であろう。また、「変化に向かう（あるいは抵抗する）」のが潜在性なので、変化そのものは潜在性ではない。

現代の性質論においては、これらの性質をcategorical（定言的）という用語で形容し、傾向的(dispositional)と対比させることが多いが、これは傾向性の標準理論に基づいて傾向的性質の本性を反実条件法によって示されるような条件性に見出していることに由来する。すなわち、「条件的」対「定言的」という対比がそこでは設定されているのである。したがって、条件性を傾向性の少なくとも最も主要な特徴とは見なさない本書においてはその対比はそぐわない。むしろ「(現れずして)向かっている」ということが意味をなすか否かという意味での「傾向的」「潜在的」性質としての「力能」「力能的性質（powerful property）」対「非傾向的」「非潜在的」性質としての「非-力能（non-power)」「非-力能的性質（powerless property）」という対比の方が適切であろう。そして、前者は潜在性と顕在性というふたつのモードを持つのに対し、後者は顕在性というモードのみを持つということになる。カートライトの言葉を借りて言うならば（p. 59）、前者のそうした「二面性」こそが力能の本質なのである。

このように本書は性質に関する明確な二元論を主張するのであるが、その大きな要因は、前章で示したような質料としての「力能的外延」の粒度・配置・構造ということが意味をなすためには、これらの性質そのものも一種の力能であるとしたら悪循環を免れないと考えるからである。この点において本書の立場は、同じ力能実在論を標榜しながらも、すべての性質が傾向的であると主張するマンフォードとアンジュムの「汎傾向性主義（pandispositionalism）」や、すべての性質の同一性は傾向性の同一性によって決定されると主張する（先に引用した）チャクラヴァティらの「ＤＩＴ（傾向性同一説）」とは一線を画している。[68]

次に、潜在的性質は必ずしも顕在的性質によって含意されないと考える第二の理由は、当該の顕在的性質に対応する力能が存在する場合も、力能の所有が認められるのはあくまでも閾値以上の潜在性が認められる場合のみであり、単に当該の性質が顕在しているということだけでは力能を所有していることが保証されないと考えるからである。言い換えれば、当該の性質が単に偶然的に顕在している（あるいは顕在していない）場合と、潜在的性質が発揮されることによって顕在している（あるいは顕在していない）場合とを区別するということである。たとえば、何かが特定の文脈における閾値以下の脆弱さしか持っていなかったとしても何らかの例外的事情によってそれが破壊されてしまったり、閾値以下の頑丈さしか持っていないにもかかわらずたまたま破壊されていない場合も当然あるだろう。

この点と関連づけながら改めて様相論理の体系Ｔを特徴づける公理［Ｔ◇］すなわち「$\varphi\rightarrow\Diamond\varphi$」について分析してみると、これは、まず第一に、φの可能性の主張はφの主張よりも弱い主張であること、を表していると言える。このφを否定命題「ψで置き換えたうえでその対偶を採ってみると、

「□φ→φ」が成立するので、この「T◇」によって、φの必然性の主張はφの主張よりも強い主張であることも保証される。いわば、「T◇」は、必然性、現実性、可能性のそれぞれの主張の強さがいま述べた順番どおりであることを保証する公理なのである。ということは、ある体系における□φと◇φが少なくともこの順序を保っていさえすれば、その体系によって表される必然性と可能性はこの公理を満たすということでもある。したがって、その範囲内での最弱の必然性と最強の可能性が保証されるのである。

そして公理「T◇」の第二の特徴は、特定の可能世界におけるφの成立を根拠としてその可能世界におけるφの可能性を保証する公理であるということである。したがって、φに本書における顕在命題「*J* -occ-*a*」「*J* -$\overline{\text{occ}}$-*a*」をそれぞれこの公理に代入すると、「*J* -occ-*a*→◇*J* -occ-*a*」「*J* -$\overline{\text{occ}}$-*a*→◇*J* -$\overline{\text{occ}}$-*a*」という二つの命題が成立する。さらにこれに加えて、仮に「*J* -occ-*a*」「*J* -$\overline{\text{occ}}$-*a*」というそれぞれの顕在命題が成立していなかったとしても、各々に対応する潜在命題「*J* -pot-*a*」「*J* -$\overline{\text{pot}}$-*a*」さえ成立しているならば、そのような場合にはいわば例外的に、「◇*J* -occ-*a*」「◇*J* -$\overline{\text{occ}}$-*a*」という顕在命題の成立の可能性を保証するのが、先ほど挙げた公理「AP＋」と「AP－」すなわち「*J* -pot-*a*→◇*J* -occ-*a*」と「*J* -$\overline{\text{pot}}$-*a*→◇*J* -$\overline{\text{occ}}$-*a*」だと言える。そしてこのような形で実際に発現していない事柄の可能性を保証するというような強力な権限が掛け値なしで許されるのは、やはり当該の可能世界においてのみであろう。その権限をどの程度まで他の可能世界に及ぼせるのかは、自然法則や各世界における種々の偶然的事情に大きく依存するであろうからである。

もちろん、いま述べたことは、φに「*J* -pot-*a*」「*J* -$\overline{\text{pot}}$-*a*」という潜在命題を代入するとともに、公理「AP＋」と「AP－」における顕在命題と潜在命題を入れ替えた命題すなわち「J -occ-a →◇J -pot-a」と「J -occ-a →◇J -pot-a」を同様に公理として認めるならば、逆に、顕在命題によって当該の可能世界では実際には潜在していない事柄の可能性が保証されることになる。そのこと自体に必ずしも問題はないようにも思われるが、ここで重要なのは、やはりactとpotencyの対比すなわち「顕在性」と「潜在性」の本来的な相違である。これら両者はともに当該世界の中に存在しながら、後者は「潜んでいる」という意味で本来的に可能的なあり方であるというぎりぎりの点で、「顕現している」あり方よりも弱いあり方だと言える。だからこそ、「-pot-」や「-pot-」を一種の可能的コプラとして規定する公理「AP＋」と「AP－」が設定される意味があるのである。

そして、先に述べたとおり、本質様相に由来するS5体系における必然性と可能性が、最強の必然性と最弱の可能性といういわば非常に純粋な事実様相のみによって構成されるがゆえに、相対的様相でありながら事実上絶対様相に相当するような非常に整理された様相をもたらすのに対し、T体系は、力能様相に由来するような最弱の必然性から本質様相に由来する最強の必然性までを含む雑多な必然性とその裏返しとしての雑多な可能性をその適用範囲に含んでいるがゆえに、きわめて錯綜した様相をもたらさざるをえない。結局のところ、T体系とは、ある可能世界において当該の命題が成立してさえいれば、その内容如何に関わりなくその世界における可能性を強引に承認してしまうようなきわめて原始的な様相体系だと言える。公理「AP＋」と「AP－」は、その可能世界に潜在する「半存在」としての力能をもその世界の「広い意味での」存在者として承認することによってそうした可能性をさらに拡張しているのである。これは、ちょうど、本質様相が、実在的定義に由来する必然性を論理的必然性に加えることによって「広い意味での」論理的様相となっているのと並行的である。こうした事情に鑑みても、力能に由来する事実様相を表す体系は、本質に由来する事実様相を表す体系S5の対極に位置するようなきわめて素朴な（標準的）様相体系としての体系Tにならざるをえないだろう[69]。

ここで本章を終えるにあたって、第一章第三節で紹介したフォン・ウリクトによる「動的様相」にまつわる問題を振り返っておくことが、ヴェターとの異同をより明確化するうえで効果的かもしれない。彼は「動的様相」を「能力と傾向性」と言い換えているので、それはまさしくヴェターの定義によるところの「潜在性」に他ならないと言える。フォン・ウリクトが提示した問題は次の三つであった（二三頁）：

(1) *de dicto* 様相としての使用へと翻訳できないような、別の自律的な *de re* 様相の使用があるか？

(2) 動的様相は、（真正な意味での）*de re* のみによって用いられるのか？

(3) 動的様相の論理すなわち能力と傾向性の論理は、真理様相とまったく同じ形式的規則に従うのか？

(1)(2)については、ヴェター自身は局所的対非局所的という自己の区別と *de re* 対 *de dicto* の区別は異なるものだと述べているので一概には言えないが、基本的にその区別が対応し合うとするならば、潜在性の論理は文演算子ではなく述語演算子によって表現されるべきだと主張している点で、少なくとも本人の意図としてはいずれに対しても肯定的に答えていると言えるだろう。しかし、第二章（五四頁）で指摘したように、実は述語演算子としての *de re* 様相の使用こそがフォン・ウリクトが想定していたところの「*de dicto* 様相としての使用へと翻訳でき」てしまう、擬似的な *de re* 様相に他ならなかったという点においては、本人の意図に反して結果的には否定的な回答を与えてしまっていると見るべきであろう。

一方、⑶については、潜在性の論理としての体系Pを新たに構築したという点において、否定の回答を示していると考えられるが、これについても、形而上学的様相全般すなわちフォン・ウリクトの表現によるところの「真理様相」全般を表す様相論理の体系をTに求めたうえで、そのTを潜在性の論理の体系Pから導出することによってそれに還元しているという限りにおいては、肯定の回答を提示していると言える。

これに対し、本書では、文または述語に対する修飾子ではなく、原始文そのものを構成する要素である実体的対象の存在形式を表すコプラとして力能様相の表現を認定している点において、⑴⑵に対してはヴェターよりもより明確に肯定するとともに⑶についてはより強く否定していることになる。ただし、力能様相から帰結するものとして限定された文的様相についてはそれを様相論理の体系Tによって表される様相として認定した限りにおいては、留保を加えた部分的な程度において肯定していると言えるだろう。

第5章 持続——実体様相の源泉（3a）（3b）

1 貫時点同一性としての持続

個体の持続をめぐっては、それを実体的対象の通時的同一性としての「耐続（endurance, continuance）」として従来どおりに捉える「三次元主義者」と時間的部分（temporal parts）を持つ個体の時間的延長性としての「延続（perdurance）」として修正的に捉え直す「四次元主義者」との対立として議論が継続されてきたが、第二章第五節の冒頭（八三頁）で述べたとおり、このような対立図式の創出に大きく与ったのがD・ルイスであった。(1) 彼による耐続と延続の定義は次のとおりである：

あるものが持続する（*persist*）のは、何らかのかたちで、それが複数の時点に存在する場合である、と言うことにしよう。これは中立的な言葉である。あるものが延続する（*perdure*）のは、そのいかなる部分も複数の時点においてその全体が現前する（wholly present）ことはないけれども、それは異なる時点において異なる時間的部分（temporal parts）または段階（stage）を持つことによって持続する場合である。これに対し、あるものが耐続する（*endure*）のは、それが複数の時点においてその全体が現前することによって持続する場合である。[2]

しかしこれに対して、マコールとロウは、論文「耐続の定義」（2009）において、このような形の図式自体がそもそも四次元主義者に有利なように設定されていると主張し、ルイスによる定義を次のように批判した：

明らかに、もしも耐続的対象が存在するならば、それらは時間的部分を欠いているので、4D〔＝四次元的〕対象ではありえない。そうではなくそれらは3D〔＝三次元的〕でなければならない。しかしその場合、3D対象が複数の時点において「全体が現前する」ことによって持続すると述べることによって何を意味しうるのだろうか？　「全体が現前する」という語句は「部分のみが現前する（partially present）」と対比されているのだが、3Dの「部分的現前」とはどのようなことであるかが不明瞭であるがために、「全体が現前する」というルイスの用語法は、3D対象が耐続するという主張からいかなる明確な意味をも奪い去ってしまう。サイコロは最初から耐続に不利なような形で振られているのである。[3]

たしかに、「部分のみが現前する」ということに明確な意味を与えるとするならば、それは四次元主義者の延続の概念のもとでの「時間的部分のみが現前する」という意味しかありえないだろう。だとすれば、やはりルイスの定義には、論争の土俵を最初からこっそりと四次元主義者の側に設定する巧妙な仕掛けが組み込まれていたわけである。このような認識のもとに、マコールとロウは、ルイスの定義に替わる次のような耐続の定義を提案した：

ある対象が耐続するのは次の場合である：(i) それは時間的部分を欠いている。そして、(ii) それは複数の時点に存在する。(4)

しかしこの定義も、否定的な形であるとはいえ、四次元主義者によって提示された「時間的部分」という概念に依存しているという点において、四次元主義の土俵から脱し切れていない嫌いがある。実際、ヴァン・インワーゲンのように、そもそも何かが「時間的（真）部分を持つ」という概念を理解することの実質的な不可能性を主張する論者もいる。(5) もしも時間的部分をもつという概念そのものに問題があるのだとしたら、その否定形を用いた耐続の定義もその問題を抱え込むことになるだろう。

また、仮に時間的部分を持つという概念が正当なものだったとしても、「時間的部分を持たない」という否定形による特徴づけしかなされていないこと自体も問題であろう。できることならば、「時間的部分を欠きながら複数の時点に存在する」ということの積極的・肯定的な説明が望まれる。さらに、耐続的対象は、時間的部分を持ちうるような対象なのだがたまたまそれを欠いているのか、それとも必然的に「持ちえない」のか、ということも、この定義では不明である。

しかしこの最後の点については、少なくともロウは「持ちえない」という強い意味で考えていると思われる。というのも、彼は、耐続主義には四次元主義と両立可能な浅いタイプと両立不可能な深いタイプがあると主張し、自らはその後者である「深い耐続主義（serious endurantism）」を提唱しているからである。彼によるその説明は次のとおりである：

〔深い耐続主義は、〕対象が継続的な時間的部分を持つことによって持続することを否定するだけでなく、それらがいかなる意味においても時間上に延長している（*extended* over time）ということも否定する。この見解によれば、時間は、物が――空間の各三次元において延長しているような仕方で――そこにおいて延長しうるような、実在の次元（*dimension*）ではない。[6]

ただ、この説明も、耐続的対象は「時間上に延長していない」、時間は「実在の次元ではない」という否定形による説明にとどまっている。そこで本節では、基本的にロウが提唱するところの「深い耐続主義」の立場を採りつつ、その立場に対するもう少し積極的な意味づけを試みたい。その第一歩として、まずは「時点（time, moment）」を可能世界に準ずる一種の（瞬時的（momentary））世界として捉えることにより、「時間的多世界説（temporal many-worlds view）」と「時間的一世界説（temporal one-world view）」を対比させる。そのうえで、延続と耐続をそれぞれ次のように定義することとする：

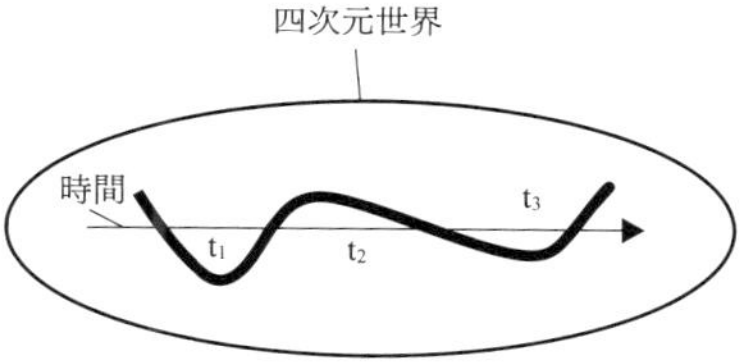

図1

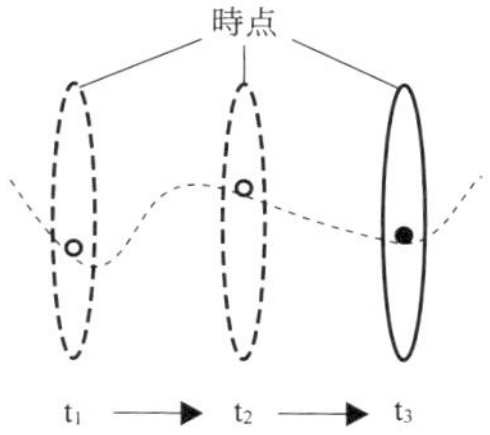

図2

(1)「延続する」すなわち「時間的部分を持つことによって複数の時点に存在する」とは、ひとつの四次元的世界において、複数の時間的部分を持つ個体として存在することである（図1）。

(2)「耐続する」すなわち「時間的部分を持たずして複数の時点に存在する」とは、複数の瞬時的世界すなわち「時点」において、貫時点的同一性（trans-moment identity）を保ちつつ個体として存在することである（図2）。

この定義により、まず第一に、肯定形によって耐続を定義したことになる。また、耐続的対象がいかなる意味においても時間上に延長していないということ、ならびに、空間の各三次元における同様の仕方で物がそこにおいて延長しうるような実在の次元ではないということを、個体を表す線と点による対比、ならびに、時間を表す一世界内の線と複数世界間の順序関係とによる対比によって表している。

これらがロウとマコールによる耐続の定義と比較した場合の長所であるが、その代償もある。それは、定義の中に「時点」と「貫時点同一性」という新たな未定義概念を持ち込んだことである。すると当然、これらについての形而上学的解明が要求されることとなる。後者の解明は主として次節に譲ることとして、まずは前者についていくつか説明しておきたい。

まず第一に、このような「時点」は、様相的文脈における「可能世界」と並んで、「多世界説(many-worlds view)」的な世界像のなかで位置づけられるものである(それぞれに対応する多世界説を「時間的多世界説」と「様相的多世界説」と呼ぶことにする)が、「多世界説」という名称は、あたかもすべての世界が同等の資格を持って「共存」するかのようなイメージを与えがちである(量子論における多世界説のように)。しかし、様相的多世界説のもとで、実在する可能世界は現実世界だけであると主張する「現実主義」の立場があることからもわかるように、時間的多世界説のもとでも、〈現在時点だけが実在する〉とか、あるいは、〈実在するのは過去時点と現在時点のみであり、その中で現在時点が何らかの特権的な存在論的身分を持つ〉などといった形で各時点のあり方に差違を見出すことは可能である。特に、時間的な多世界説の場合、このすぐ後で述べるように、世界の複数性は一種の省略的な表現法の中でのみ登場するものなので、より本来的には、「変遷的世界(transient world)説」「展開的世界(developmental world)説」などと呼ぶ方がふさわしいだろう。

また、各時点が「瞬時的」世界であると述べたが、この場合の「瞬時」は、時間的幅をまったく持たない文字どおりの「一瞬(moment)」でも一定の幅を持つ時間的「間隔(interval)」でも構わないということにとりあえずしておきたい。注意すべきは、時点の時間的幅は、当該時点で起きているプロセスの時間的幅と必ずしも連動しないということである。たとえば「いま(=現在時点において)工事中である」という文が真であるとしよう。その場合、当たり前のことながら、当該の工事が一年以上続いているからと言って現在時点も一年以上の幅を持つと考える必要はないし、現在時点が文字どおりの一瞬であるとしても、それによって当該の工事も一瞬で終わると考える必要もない。当該の文を「現在時点という瞬間的時点が、一年以上続いている工事の期間中にある」という意味のものとして解釈できるからである。このことは、「明日も工事中である」という文が真であるからと言って、誰も明日が一年以上続くとか工事は明日中に終わらなければならないなどとは考えないということからも明白であろう。

ただし、各時点は有向直線によって表されうる少なくとも半順序的な系列を形成するということと、任意の異なる二つの時点間には、何らかの形で計量化された「経過時間」が存在するということを、それらの世界がまさしく「時点」と呼ぶに値するものであることの要件の一部であると見なすこととする。

さらに、「瞬時的」という語の意味に幅を持たせたのに加えて、「世界」という語の意味についても柔軟性を与えておきたい。その大きな理由のひとつは、特殊相対論によって絶対的・客観的な同時性というものが否定されてしまった（と少なくとも考えうる）ので、無邪気に「ある時点における世界の全体」というような形で時点を規定することがもはやできないからである。[7] ここでは、時点というものをとりあえず「いくつかの実体的対象に関して〈何らかの精神独立的な（mind-independent）意味で同時的に〉成立していると言える事柄の総体」として定義しておくこととする。そのような意味での時点の例としては、特殊相対論における特定の基準系のもとで同時的に成立している事柄の総体、ビッグ・バン理論における宇宙時（cosmic time）のもとで同時的に成立している事柄の総体、量子もつれの状態にある複数の素粒子において同時的に成立している事柄の総体、などが挙げられる。そしてこのように規定した場合、単独の実体的対象においてある時点において成立している事柄の総体と、何らかの意味で同時的に存在するすべての実体的対象において成立している事柄の総体としての「世界（あるいは宇宙）」はそれぞれ、時点の――前者は局所的な、後者は全体的な――極限事例（limiting case）だと考えられるだろう。

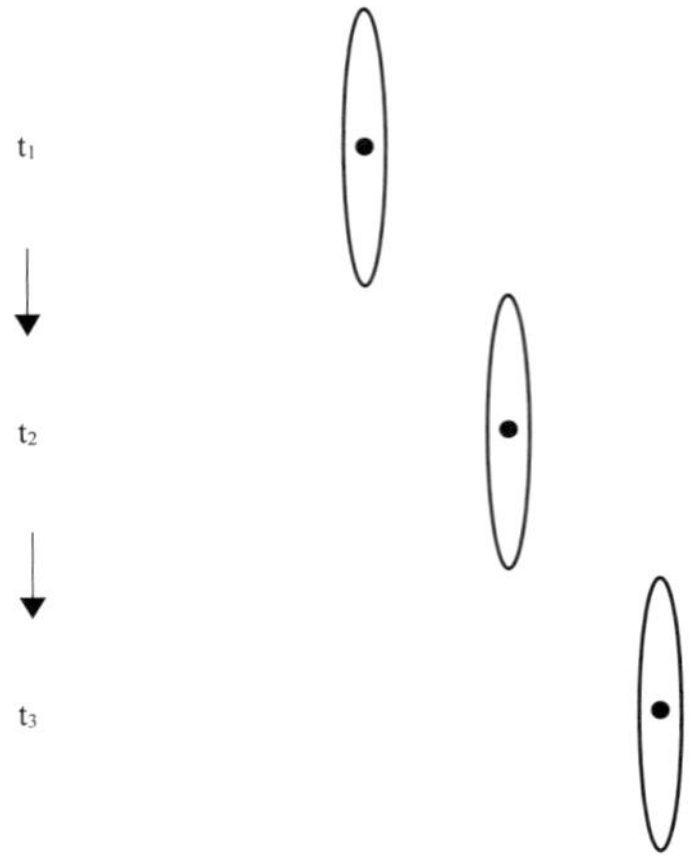

図3

そして最後に、時点を時点たらしめる最も重要な特徴は、それが継起的に生成してはたちまち消滅していくような世界であり、その最新の世界としての現在世界のみが時間的な意味での現実世界であるということである（この点において、本書は一種の現在主義の立場を採ることになる。しかしそれは少なくとも非標準的な形での現在主義であることが、次節において示される）。したがって、たとえば、先ほどの図2では、三つの時点から成る多世界モデルを示したが、そこでも述べたようにこれは一種の省略的描像であり、より厳密に表すとしたら、図3のように描かれるべきである。

すなわち、各瞬間瞬間においては、最も新しく生成した時点としての現在世界しか存在しない。それより未来の時点はその時点に至るまでのいかなる瞬間においてもまだ出現していない――だからこそ、あくまでも「可能的な」時点なのである――ので、この図3の省略形である図2においても描かれていない。

　なお、各瞬間にはひとつの時点しか存在しないということは、各時点が時間的に孤立した断片的な世界であることを必ずしも意味しない。というのも、その世界の最も基礎的な構成要素は実体的対象であり、実体的対象は、まさに持続によってそれまでの歴史とそれからの時間的可能性によって前後の諸時点とつながりながら存在しているからである。そしてこのような持続によってもたらされる時点間での実体的対象の同一性こそが、次節でより詳細に説明される「貫時点同一性」に他ならない。また、先ほど述べた〈時点の時間的幅とプロセスの時間的幅が必ずしも連動しないこと〉も〈時点の瞬時性が時間的孤立性を必ずしも意味しないこと〉と深く関連しているが、それもプロセスに参与している実体的対象の持続性があってこそ保証されることだと言える。

　生成しては瞬時的に消滅していくような対象は、特定の実体的対象の状態やプロセスに関わる個別的な性質や関係としての「トロープ（他に、モード、モーメントなど）」と呼ばれる個体の一種であり、これらは、複数の時点において連続して生起している場合も、それは同一の個体が生起しているのではなく、各時点における同タイプのトロープがまさに「継起的に」入れ替わっているのだと考えられる。(8) そして「時間的部

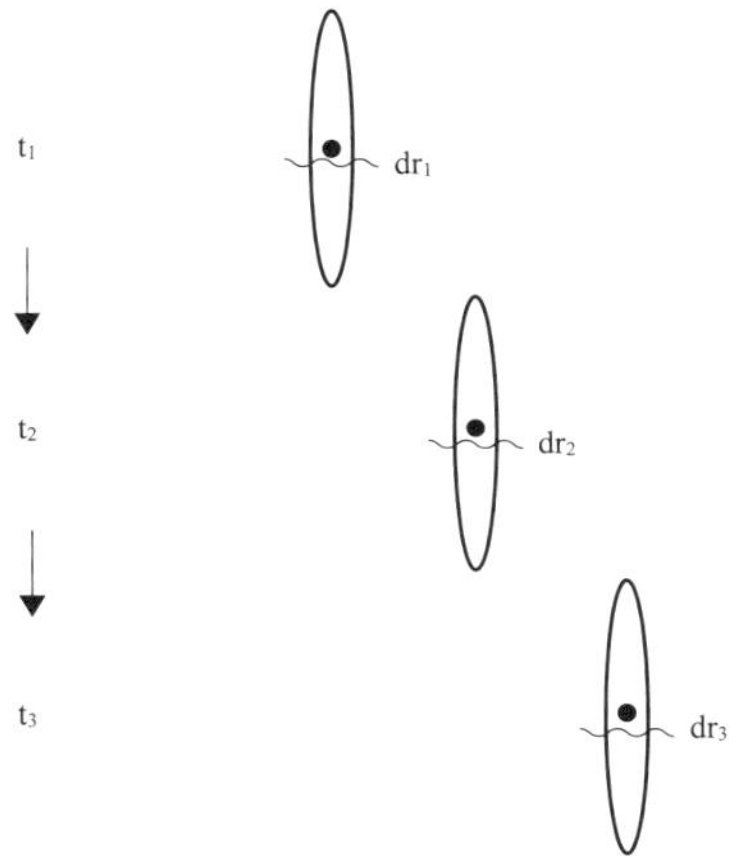

図4

分」という概念が正当なものであるとすれば、そのような概念が適用できるのは、このように継起的に生起・消滅するトロープによって形成される、擬似的な時間的延長に対してのみである。それが「擬似的」であるということを、先ほどの図3に即して説明しよう。図に示されている黒丸が「ドビン」を表し、そこに「ドビンが走っている」と表現される際の「走っている」に相当するトロープを「〜」で追記すると、それは、より厳密には図4のように表されることになる。

　これらを一つにまとめることによって省略的に描かれたものが次の図5である。

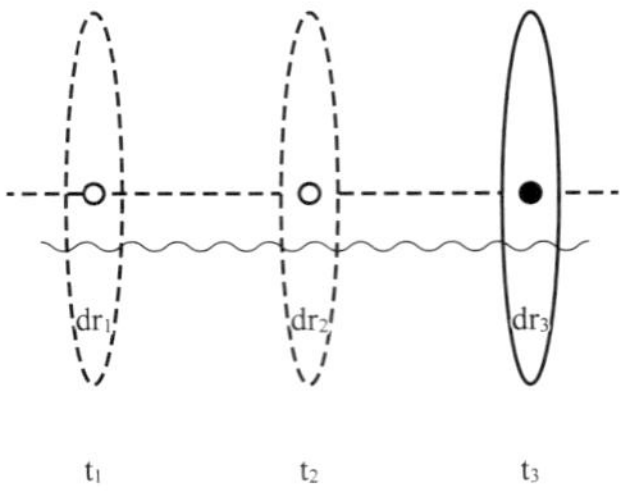

図5

　図5においては、t_1からt_3の間でのドビンの走行が波線全体によって示されており、その中にdr_1, dr_2, dr_3などの（ドビンの走行というプロセスの）時間的部分が含まれている。そしてこのような時間的部分によって形成される延長はまさしく、トロープの「継起」によって成立する時間的連続性である以上、「もの」の「持続」の一種――いわゆる「延続（perdurance）」――としてではなく、文字どおり「継続（succession）」として捉えられるべきであろう。それが一種の時間的延長となるのは、あくまでも省略形のモデルにおいてのみであり、それゆえに、あくまでも「擬似的な」延長でしかないのである。また、そのような延長は、できごとやプロセスなどの非実体的な具体的対象にしか適用できない。したがって、「ドビンの時間的部分が走っている」という命題は「ドビンによる走行の一部が走っている」というカテゴリー・ミステイクを犯した無意味な命題に他ならない。

以上の理由により、第二章でも述べたとおり実体的対象の持続には耐続の一種類のみが存在すると考え、本節におけるような説明の際には避けられないという特殊な事情のために持続–耐続–延続という区別が必要となる場合や引用による場合以外は、特に断らない限り、実体的対象に適用された「持続」という言葉によってもっぱら「耐続」を意味することとする。

2 純粋生成としての貫時点同一性

貫時点同一性とは、端的に述べてしまえば、貫世界同一性の中の独特の一種（*sui generis*）であり、他には還元できないような始原的な（primitive）関係である。ただし重要なのは、この場合の独特性は、「同一性」に関わる独特性ではなく、あくまでも「時点」の存在論的独特さによってもたらされるものであるということである。「同一性」そのものは、通常の絶対的同一性以外の何ものでもない。しかし仮にその独特さが始原的で還元不可能だとしても、どのように独特なのかということの説明や非還元的な最低限の特徴づけ・解明が必要であろう。

そのために私は、リチャード・テイラーによって提示された「純粋生成（pure becoming）」の概念を援用したい。純粋生成とは「ものが形而上学的な意味において歳を取る」ことを意味する「アプリオリな」概念だとして、テイラーは次のように解説している：

時間の中に存在するということのみによってすべてのものが被ると思われる時間上の経過を指し

示すために「純粋生成」という表現を用いることにしよう。それを純粋生成と呼ぶにふさわしい理由は、何かが被るいかなる他の種類の変化や生成もこの種の変化を前提する（*presuppose*）のに対し、この純粋生成は、他のいかなる変化もまったく前提しないからである。かくして、何かが赤くなったり、四角くなったり、大きくなったり、弱くなったり、等々するためには、それは一定の時間を経過しなければならない――これは、そのものは歳を取らなければならないと言うことと同等である。しかしながら、何かが歳を取るという事実、すなわち、かつてよりも大きな年齢を獲得するという事実は、それが他の何らかの変化を被るということを含意しない[9]。

すなわち、ここでテイラーが想定している「歳を取る」ということの意味は、決して生理学的な意味での加齢ではなく、場合によっては「若返り」が起こっている場合にも適用できるし、また、何らその性質が変化していない無生物にも適用できるような、一般化された意味での「加齢」である。彼はこうした純粋生成の概念について、上に引用した説明をさほど展開しておらず、そしてそれは、純粋生成という概念が他には還元できないような始原的概念であることの必然的な結果でもあるのだが、ここでは、本書の目的に即した形での最低限の肉づけ・特徴づけ、および、必要に応じた一定の修正を試みたい。

まず第一に、彼の表現によるところの「時間の中に存在する」ということの意味を、本書では「複数の時点において貫時点同一性を保ちつつ存在する」こととして解釈する。そしてこれは、「形而上学的な意味において歳を取る」ということの本書における意味だとも言える。これらの結果として、テイラーは、純粋生成するもののなかに「できごと」も含めているのに対し、本書ではその概念の適用対象が耐続者としての実体的対象のみに限定されることになる。[10] 先に述べたように、できごとや(状態も含めた)プロセスは、瞬間的トロープが常時生成消滅することによる「継続」によって存在するものだと考えるからである。

ただし、この相違は必ずしもテイラーの意図に完全に反するものではないかもしれない。というのも、本書とは異なって仮に彼のようにできごとが実体的対象のような同一性を保ちながら未来から接近し、過去へ遠ざかっていくと考えたとしても、そのようなできごとの純粋生成の基礎となっているのは、当該のできごとに参与しているような実体的対象を始めとする何らかの実体的対象における純粋生成だと考えうるからである。実際テイラーが先ほど引用した部分において純粋生成する対象として例示しているのは実体的対象であるし、現在は存在しない過去や未来の対象における純粋生成を現在の「私」との関係において説明している。[11]

また、テイラーは、「この純粋生成は、他のいかなる変化もまったく前提しない」と述べているが、この点についても若干の留保が必要である。彼は、「何かが歳を取るという事実、すなわち、かつてよりも大きな年齢を獲得するという事実は、それが他の何らかの変化を被るということを含意しない」とも述べ直しているので、この場合に想定されている「他のいかなる変化」とは、当該のものの性質やそれと他のものとの関係の変化――たとえば色が赤から青へ変わったとか、何かから遠ざかった、など――であり、そのような通常の意味での「変化」が一切なかったとしても純粋生成は起こっているということを主張したいのかもしれない。

そうであれば問題はないのであるが、そのような主張によって純粋生成が「他のいかなる変化もまったく前提しない」ということになるかというと、そこには重要かつ微妙な問題が絡んでくる。というのも、少なくとも本書では、ものが形而上学的な意味において歳を取るということは、それが「複数の時点において貫時点同一性を保ちつつ存在する」ことである以上、純粋生成と「時点」とは切り離しがたいものであり、そして「時点」を時点たらしめるゆえんは、それが発生してはただちに消滅していくような瞬時的な「世界」であるということ——この結果として、一種の現在主義を標榜することになる——だからである。すなわちそこでは、ロウの言うところの「存在変化（existence-change）」すなわち「絶対的意味での存在からの離脱または存在への進入」が起きているということが、純粋生成と表裏一体の関係にあるのである。[12]

この点についても、テイラーは、まさにそのような表裏一体性を「（他のいかなる変化も）前提しない」という表現によって表していたのかもしれない。そうだとすれば、より本来的な形でテイラーとの一致を見ることになるが、いずれにせよ、ここで特に重要なのは、本節の冒頭で述べたような「貫時点同一性」の独特性とは、それが「時点」という世界の独特性によってもたらされるものであり、その独特性が実体的対象においては純粋生成という形で現れるということである。

そしてこのような形での独特さこそが、ルイスの対応者説的同一性や標準的現在主義の約定的同一性のいずれとも異なる独特の貫世界同一性として貫時点同一性を成立させる根本的要因に他ならない。

ルイス自身は四次元主義者なので、時間的な多世界説のもとで段階説を唱えているわけではないが、次のような解説もしている：

時間上の耐続は、重複している諸世界の共通部分の貫世界同一性とされるものに似ている。時間上の延続は、重複しない諸世界の異なる諸部分によって構成される貫世界的個体の——そう呼んでよいならば——「貫時点同一性」に類似している。時間的な場合に関して私が好んでいるところの延続は、様相的な場合に関して私が好んでいるところの対応者説により近い。相違は、対応者説は諸部分のみに集中し、それらによって構成される貫世界的個体は無視することである。[13]

仮にこのように様相的多世界説と並行的な時間的多世界説のもとで段階説を捉えた場合、各可能世界に同等の具体性と実在性を付与するルイスの（還元的）様相実在論を踏まえるならば、それと同様に、各段階が属する世界としての時点は、すべて同等の実在性を持っていることになる。ルイスの対応者的関係に基づく貫時点同一性は、まずはこのように同等の資格を持って実在する各時点において個々の対応者が独立的に存在したうえで、それぞれの対応者どうしの間で成立している、時空的連続性や因果的関係などの何らかの偶然的・外的関係に基づいて構成されるものである。

そして少なくとも過去時点にも何らかの形での実在性を見出す点に関しては、命題の集合などの抽象的対象としての「代用時点」を採用する標準的現在主義よりもルイスの立場に対して本書は親近性を持っている。しかし本書における過去時点の実在性は、形而上学的な意味での「年齢」を持っているところの実体的対象によって現在時点が構成されているということによって含意されるような実在性である。たとえばある実体的対象aが、互いに一定の時間間隔を持つような、現在時点に至るまでの一〇個の時点において存在していたという意味で一〇歳という形而上学的年齢を持つとしよう。すると、当たり前のことなのだが、一〇歳になるためには、九歳になる時点が必要であり、また九歳になるためにはさらに八歳になる時点も必要であり……、さらに零歳の時点も必要であるという形で、一〇歳の実体的対象が現在存在するための必要条件として、当該の一〇個の過去時点の存在が含意されることになる。

あまりにも当たり前すぎて拍子抜けするかもしれないが、この当たり前さにこそ重要な意義があるということを少しでも納得していただくために、このような純粋生成に基づく貫時点同一性を様相的な貫世界同一性と比較してみよう。たとえば、ある実体的対象が現実世界および他の一〇個の可能世界に存在すると仮定しよう。その場合、現実世界でのその対象の存在が他のいずれかの可能世界での存在を含意するがその逆は成立しない、というようなことが正当化できるだろうか。私自身はできないと考えるが、その理由は、(形而上学的かつ非時制的な)様相的文脈における可能世界というものが、その互いの関係において何らかの一方向性が本来的に成立するような世界ではないからである。この点を反映しているのが、接近可能性において対称性が成立しているS5と逆に反射性しか保証されていないTの多世界モデルである。前者は対称性によって積極的に方向性を排しているのに対し、後者は推移性の不成立によって消極的にそれが排されているとも言えるだろう。

これに対し、時点を時点たらしめるゆえんは、それが常に新たに生成しては消滅していくような世界であるということであり、さらにそのなかでも現在時点を現在時点たらしめるゆえんは、それが生成した最新の時点であるということである。そしてそのように継起的に生成・消滅する複数の世界にまたがって存在するということが、純粋生成としての貫時点同一性であり、常に加齢しつつ特定の年齢をもって現在時点に存在するという実体的対象のあり方なのである。この点において、対応説のもとでは定義によって特定の時点にしか存在しない「段階」との相違は明らかであろう。

以上は、過去時点に即してのルイスとの比較であった。一方、純粋生成に基づきながら未来時点を性格づけるならば、たとえば先に述べたような形而上学的な意味での一〇歳の年齢を持つ実体的対象にとっては、再び当たり前にすぎることながら、一一歳になったり二〇歳になったりすることは必ずしも必要ではない。つまり、たとえば九歳にならない限り一〇歳になることはできないのに対し、一一歳にならなくても一〇歳にはなれる。この意味で一〇歳以降の「これからの」年齢はあくまでも「可能的な」年齢であり、そのような今後の純粋生成としての可能的持続をもたらす時点として、未来時点は「可能的な」時点すなわち「可能時点」だと言える。これにより、未来時点については様相的文脈における「可能世界」と同類の扱いが許容される。加えて、最新の時点としての現在時点のみを時間的な文脈における唯一の「現実世界」として見なし、未発生の時点としての未来時点の非実在性を主張することにより、本書は、未来時制に関しては、ルイスよりも現在主義者に対する親近性を持つことになる。

しかし、重要なのは、その場合の「未来時点の非実在性」としてどのようなことを意味しているかということである。標準的な現在主義者にとっての未来時点がルイスの主張するとおり「代用時点」であり、さらにその意味するところが、あくまでも言語的対象としての命題の集合であるということであるならば、その場合の貫時点同一性は、クリプキが唱えているような規約によって成立するものだと考えられる。すなわち、可能世界や時点に関する唯名論的立場を採ったうえで、指示の固定性が固有名の使用規約によって確保されると見なすのである。

これに対し、本書では、文演算子によって表される形而上学的様相全般は言語的対象としての命題に帰属されるべきものではなく、あくまでもそれが表現する事実に帰属されるべきであると考えるので、少なくとも可能世界や時点についての唯名論は採用しない。そのひとつの現れとして、未来時点間における貫時点同一性も、単なる規約ではなく実体的対象の可能的な純粋生成という存在論的根拠に支えられているものと考える。そして未来時点そのものも、現在時点において純粋生成しつつある実体的対象について語る未来命題が表す事実によって構成されていることになる。

未来時点の非実在性とは、このように構成されている事実の集まりの非実在性である。そのような非実在性は、そのようにして構成された時点の部分性（partiality）・不完全性（incompleteness）という形で現れる。その中でも最もわかりやすいのは、現在時点でまだ出現していないような個体を含むような事実が未来時点に対応する事実の中には含まれえないということによる部分性であろう。たとえば、「三年後の（未来）時点において、Aさんは（まだ生まれていない）第一子を溺愛している」という命題は現在時点において存在し、したがってそれが表す可能的事実も存在するが、仮にその子がBと名づけられたとしても、それに対応する「三年後の時点において、AさんはBちゃんを溺愛している」という命題およびそれが表す可能的事実は現在時点において存在しない。

この点を、固有名で指示されるような個体は現実世界にしか存在しないと考える様相的現実主義と比較してみることは有益である。この場合も、そもそも現実世界には存在しないような個体が存在しないのだから、そのような個体への指示を含む命題もそれが表す事実も存在しない。ここまでの事情は未来命題と同様である。しかしこの場合は、現実世界以外の可能世界は「単なる可能世界（merely possible world）」にすぎないのだから、そのような世界の端的な非実在性をためらいなく主張することができる。そして標準的現在主義者であれば、これと全く並行的な非実在性を未来時点・過去時点のいずれに対しても主張できるだろう。個体についても、現在存在しない過去・未来の個体を、「消滅した個体」と「未発生の個体」として同等に扱うであろう。

しかし本書では、まず第一に、個体に関しては、消滅した個体と未発生の個体との対称性を認めない。消滅するための必要条件は存在することであり、現在存在しない過去の個体Aは、いわば「消滅したものの特権」として「Aは消滅した」という命題を可能にする実在性を有すると考える。これに対し、発生しないことは存在することを必要条件としない。発生しないものの中には、たとえば「一〇〇メートルを八秒台で走った最初の人間」のように、固有名では名指しできないばかりか、そもそも永遠に発生しないかもしれないものの未発生も含まれるのである。

しかし一方で、未発生のものの中にはいずれは「その時点ではBはまだ発生していなかった」と言えるような個体の未発生も含まれるということも看過してはならない。未来時点は単なる無としての可能世界ではなく、あくまでも何らかの形での現在との時間的なつながりを有するような無であるからこそ、未来時点なのである。たとえどれだけ比喩的であるにせよ、未発生の世界としての「未だ来ざる世界」は同時に、いずれは発生する世界としての「いずれは来る世界」でもあるということが、やはり未来時点を未来時点たらしめる重要な要因であり、そして本書がそのような「現在との時間的つながり」として要請するのが、（現在存在する）実体的対象の純粋生成に他ならない。

たとえば、「三年後の（未来）時点mにおいて、Aさんは（まだ生まれていない）第一子を溺愛している」という命題においては、Aさんの今後の三年間の純粋生成を利用して三年後の未来時点が指定されている。そしてその命題が現時点において真だとしても、当該の未来時点について語る、現在存在しうる命題の中には、少なくとも三年後以降には存在しうる「時点mにおいて、AさんはBちゃんを溺愛していた」という命題は含まれていない。このような意味で、現在時点においては、未来時点の内容は不完全で部分的なものでしかない。それが完全な内容を持つのは、あくまでもその時点が実際に生成したとき、すなわちそれが現在時点として発生したとき以降である。

したがって、現在におけるすべての未来時点の内容が完全なものとなるのは、無限遠の未来という仮想的時点において、すべての時点が過去時点となったときである。未来時点とは、まさしくそのような仮想的過去時点の系列であり、より厳密には、先ほど説明したように、このような仮想的時点が現在時点であるときにすでに消滅している各々の過去時点を省略的に一括して表したものなのである。

しかしいずれにせよ重要なのは、当然その場合の系列は直線的なものであり、その直線性は、何らかの実体的対象またはそれに相当する何ものかによる仮想的な無限長の純粋生成を想定したとき、その純粋生成は刻一刻と（形而上学的な）年齢を加えていく直線的なものたらざるをえず、そして何よりも、実体的対象そのものが分岐することはないことの反映である。このような非分岐性は、未来時点の系列が実は仮想的な過去時点の系列であるという点からも明らかであろう。そしてこのような純粋生成の直線性を源泉とするような可能性であることが、（未来様相のみならず過去様相も含めた）持続様相に基づく文的様相を類種様相としての本質様相や力能様相に由来する文的様相から区別させるものなのである。

3　持続・プロセス・状態

では、持続様相ならびにそれに由来する文的様相の一般的特性を確認しておこう。実体的対象の持続様相は、背顧形・現行形・前望形の三種類に区別されるのであった（第二章、八四頁）。その各々に対応する（現在時点での）持続は、次のように特徴づけられる：

(a)　背顧的持続　実体的対象における現在時点での一種の必然的持続としての〈その対象のこれまでの持続〉。

(b)　現行的持続　実体的対象における現在時点での一種の現実的持続としての〈その対象の目下の持続〉。

(c)　前望的持続　実体的対象における現在時点での一種の可能的持続としての〈その対象のこれからの持続〉。

第二章で述べたように、(a)、(b)、(c)にそれぞれ対応する時相的コプラ「背顧形コプラ」「現行形コプラ」「前望形コプラ」を「-ret-」「-cur-」「-pro-」と表すことにすると、日常語では「ジェーンは泳いだ」

「ジェーンは泳いでいる」「ジェーンは泳ぐだろう」におおよそ相当する文が「$S^{\text{-ret-}}j$」「$S^{\text{-cur-}}j$」「$S^{\text{-pro-}}j$」「S①：①は泳ぐ、j：ジェーン」と記号化されることになる。また、たとえば過去のある時点において、(a)、(b)、(c)に対応する内容が成立している場合としての過去背顧形・過去現行形・過去前望形とでもいうべき文は、それぞれ過去時制演算子としての「P」を用いて「P $S^{\text{-ret-}}j$」「P $S^{\text{-cur-}}j$」「P $S^{\text{-pro-}}j$」と表されることになる（未来時制演算子「F」の場合も同様）。

第一章で述べたように、時制と時相に対するこのような形式化は、ガルトンの「できごと論理」をその重要な発想源としている。しかし、方法論的・理論的側面のいずれにおいてもいくつかの根本的な点で本書は彼と見解を異にしており、そこで採用される論理形式は「できごと」というよりは「プロセス」を記述する形式として想定されているという意味で、その論理体系は「プロセス論理」とでもいうべきものとなる。まずは、こうした相違について確認しておきたい。

ガルトンは、少なくとも出発点においては、コプラ的演算子としてはそれぞれ完了形・前望形に対応する**Perf**, **Pros**のみを想定し、その適用対象は「できごと」を表すできごと根であるのに対し、F、Pなどの時制演算子の適用対象は「状態」を表す命題だという形で、できごとと状態を峻別していた。

しかし、彼は前掲書の途中で、できごとの中でも「持続的な（durative）できごと」については、できごと*E*の生起が進行中であるという命題を表すために**Prog**という時相演算子を「進行形演算子(progressive operator)」として導入し、その命題を**Prog***E*と記号化している。たとえば、「ジョンが歩いている」という命題は**Prog**（*John-WALK-home*）と記号化されることになる。しかし、これは第一章二節における（3・2・9）（3・2・10）のように時制演算子を適用できる「状態」を表す命題である（三二頁）。

だとすれば、少なくとも彼が言うところの「持続的なできごと」については、そもそも本来的に完了的である「できごと」と本来的に未完了的である「状態」という二分法によって時相演算子の適用の可否を規定することが誤っていたと見るべきであろう。完了形によって語られようが、未完了形の一種としての進行形によって語られようが、その「根」となるものに対しては時相演算子が適用され、いったん時相演算子が適用されればそれは文演算子としての時制演算子の適用対象になることにおいては、いずれも変わりはないからである。

彼は状態とできごとの区別について次のようにも述べている：

状態とできごとの区別は、起こっていることについての区別ではなく、それを記述するために私たちが持っている二つの異なる方法についての区別である。[14]

この記述から、彼が当該の区別を存在論的な区別としてではなく、どちらかと言えば「記述の方法」という言語的な区別として想定していることがわかる。しかし一方で、彼は両者の区別を次のようにも性格づけている：

……一般にできごとは時間を要する（take time）ので、一つの時点にその全体が存在することができない。一方、状態は、一定の期間にわたって持続するかもしれないが、その期間中変化しないので、その期間中の各瞬間に存在している。[15]

状態は、変化の状態かもしれないし静止の状態かもしれないが、ある意味では、状態は本質的に(essentially)変化しないと言える。その意味とは、状態は均質的(homogeneous)であるということである：もしもある物(object)が一定期間中ずっと動いているならば、「それは動いている」という文は、その期間中ずっと真であり、したがってその文が真であることは、その期間を構成する各瞬間についての変化しない性質である。……(中略)……一方、できごとは、本質的に変化を含んでいる。もしも当該の物が動きを止めるならば、それはできごとであり、いまや「それは動いている」という文は真から偽へと変化する。したがって、その物自体はこの命題の真理値に関して変化する。[16]

まず第一に、「本質的に」変化を含むか否かという相違が単なる記述方法の問題だと言えるだろうか。この場合の「本質的に」として想定されているのは文字通りに形而上学的な意味での「本質」ではないにせよ、こうした相違は十分に存在論的な差違をもたらすに足るものではないだろうか。また、第一の引用部で彼は「一般にできごとは時間を要する」と述べながら、第二の引用でできごとの例として挙げられているのは、「動きを止める」という瞬間的なできごとである。実際、何かが止まるとか動き始める、何かが開始するとか終了するなどの瞬間的できごとはいくらでもあり、「一般にできごとは時間を要する」とは言えないのではないだろうか。[17] むしろ、「本質的に」時間的幅を持ち、ここで想定されているような意味での「変化」を含むのは、「できごと」というよりは「プロセス」というカテゴリーに属する対象であろう。なぜなら、何らかの意味での順次的変化を含んでいて初めてプロセスと言えるのであり、したがって、文字通りの意味で「瞬間的な」プロセスというものは矛盾以外の何ものでもないからである。そして興味深いのは、実はプロセスは、このように「時間的幅を持つ」ということをその本質の一部とする点において、できごとよりも「走っている」「泳いでいる」などの（ガルトンによるところの）「状態」に類似性を持つということである。

プロセスが状態よりはできごとに近いと思われがちなのは、ガルトンも述べているように状態は均質的であるのに対し、プロセスは異なる複数の段階によって構成されているという点で非均質的であるという理由からであろう。しかし、たとえプロセスが異なる複数の段階によって構成されているからと言って、ただちにそれによって均質性が失われるわけではない。というのも、H・ステュワードが主張しているように、プロセスの均質性を次のような推論的に表現されるような均質性として解釈できるからである：

もしも〔時点〕t_1とt_2の間でoがφしていた（o was φing）ならば、t_1とt_2の間の任意の部分的期間（subinterval）においてoはφしていた。(18)

たとえば、「植物が光合成している」というプロセスは、異なる複数の段階によって構成されている。しかしだからといって、当該の植物が光合成している期間中の任意の期間においてそれは光合成をしていたとは言えないということにはならないだろう。まさに、その期間は、「光合成している」というプロセスの「最中」の期間だからである。そしてその部分的期間がその極限としての「瞬間」となったとしてもその事情は変わらない。その瞬間は、「光合成している」というプロセスの「期間の最中の瞬間」だと言えるからである。この意味で、ガルトンが「状態は、一定の期間にわたって持続するかもしれないが、その期間中変化しないので、その期間中の各瞬間に存在している」と述べたのと同様の事情がプロセスに対しても適用できる。このような意味での均質性は、すぐ後で述べるように、諸部分の同一性によって個別化される（トークンとしての）できごとと異なり、（トークンとしての）プロセスはその全体的統一性によって個別化されるというプロセスの全体性とも深く関連している。

また、ガルトンは、否定可能か否かという基準も状態とできごとを区別する基準のひとつとして挙げている。[19] 彼によれば、たとえば、「ジェーンは泳いでいなかった」という状態は「ジェーンは泳いでいた」という状態とまったく同様に「成立している（obtain）」と言えるいわば「否定的状態」であるのに対し、「ジェーンはある距離を泳がなかった」という表現は、何らかの「否定的できごと」が「生起している（occur）」ということを表しているのではなく、端的に「ジェーンがある距離を泳ぐ」というできごとが生起しなかったということを表現しているにすぎない。

一方、ある期間においてある植物が「光合成している」というプロセスの表現を否定して、当該期間においてその植物が「光合成していない」と主張することには何の問題もないだろう。そして改めて考えてみれば、「走っている」「光合成していない」などの肯定形・否定形いずれの状態も、そこに表だっては「異なる複数の段階」というものは現れていないが、「現時点では先ほどよりもさらに一キロ走っている」「先ほどからさらに一時間光合成していない」などのような形での連続的な段階を含むと考えうるという広い意味では、一種の「プロセス」であるとも見なせる。思い返してみれば、特に「できごと」と対比される「プロセス」というカテゴリーのもうひとつの本質的な特徴は、それが何かに向かっている、すなわち、何らかの意味での一種の方向性を持つということである。最も狭く深い意味——ひょっとするとアリストテレス的な意味——でのその方向性は、まさしく何らかの「目的」に向かう過程という目的論的な意味合いを含む「プロセス」であるかもしれない。しかし本書では、プロセスにそこまでの形而上学的含意を持つ方向性は要求せず、もう少し浅く広い意味での方向性にとどめておきたい。その方向性こそが、プロセスの担い手としての実体的対象の持続における時間的方向性、すなわち、純粋生成に他ならない。そしてこうした事情は、実体的対象の持続様相が特にプロセスとの関わりで浮かび上がってくる重要な要因となっている。「状態」についても、それは「できごと」と異なり、常に「何か」——通常は、実体的対象——の状態としてしか語りえないことに、やはり実体的対象の持続との不可分性の一端を見いだせるだろう。

そこで、〈時間的幅を持つ〉・〈均質的（全体的）である〉・〈時間的方向性を持つ〉という三つの条件を満たす形で「……しつつある」「……である状態であり続けている」および「……していない」「……でない状態であり続けている」という文字どおりの意味での進行形を肯定形・否定形のいずれにおいても適用できるような広い意味での（タイプとしての）プロセス（および状態）の表現を「プロセス述語」と呼び、いずれの時相表現もこのプロセス述語と個体定項を結合することによって命題を構成するコプラ的機能を果たすと考えることとする。その結果として成立する論理体系は、先に述べたように、ガルトンの「できごと論理」に代わって「プロセス論理」と呼ぶべきものとなる。そしてそのような論理体系を構成する目的は、実体的対象を存在論的に基礎的な対象と見なす実体主義的存在論のもとで実体的対象をプロセスの担い手として位置づけたうえで、そのようなプロセスを表す命題の論理形式や命題間の論理的関係を規定することにある。

本書では、このような実体主義的図式のもとで、トークンとしてのプロセスは、プロセスのタイプを表すプロセス述語とそのプロセスへの参与者としての実体的対象を表す定項の他、両者を媒介してそのプロセス（またはその一部）が展開した期間における当該の実体的対象の持続の様相を表す時相コプラという三つの要素から成る文によって表現されると見なされることになる。

時相コプラのうち、上記の「背顧形」は、通常「完了形」と呼ばれる時相に対応するが、あえて異なる用語を充てたのは、第二章第五節で述べたとおり、完了形の場合よりも若干広い意味で用いられるからである。たとえば、完了形を用いた文としての「ジェーンは泳いだ」は、まさしく泳ぎ「終わって」いてこそ主張できる文である。しかしたとえば、「いま、ジェーンは泳いでいるところだ。もうかなり泳いだ」という文章の二番目の文における「泳いだ」は、現在におけるジェーンの水泳というトークンとしてのプロセスが終了していないにもかかわらず用いられている。「背顧形コプラ」とは、実際に当該のプロセスが完了しているかどうかとは無関係に、そのプロセスに参与する実体的対象のある時点までの持続のなかでの当該プロセスの進行を表現する際に用いられるコプラとして想定されている。

もちろんこの場合も、当該の時点までの泳ぎをもってひとつの完結したできごとと考えれば、それが終了しているという意味で、通常の意味での完了形として解釈できる。ただ、その場合失われてしまうのは、一番目の文で述べられている泳ぎのプロセスとの関係である。「かなり泳いだ」という二番目の文は、「ジェーンはいま泳いでいるところだ」という一番目の文で述べられている泳ぎ全体との関係の中ではじめて意味を持つような形で用いられる文脈もありうるだろうが、そのような関係は、通常の完了形による解釈では少なくとも第一次的には断ち切られてしまう。

ここで重要になってくるのが、先ほど述べた推論的な意味での〈プロセスの均質性〉である。そこで述べたように、(トークンとしての)ひとつのプロセスの期間中の任意の期間に対して同一のプロセスを帰属させられるということが、できごととは異なるプロセスの存在論的特徴である。ステュワードも述べているように、(トークンとしての)できごとは、その同一性が時間的部分の同一性によって定まるいわゆるメレオロジー的本質を持つ。これに対し、プロセスは、時間的部分を持つという点やトークンとして個体化できるという点ではできごとと共通しているものの、各時間的部分の同一性によってではなく時間的全体としての何らかの統一性によって同一性が定まるという全体性をその本質とする。少なくともこの限りにおいては、プロセスは実体と類似した側面を持っていると言える。このような事情を前提としたうえで背顧形という形で表現したいのは、ある特定のプロセスに参与した実体的対象のある時点におけるあり方を問題とする際に、その参与の少なくとも一部がその対象のその時点までの持続の中で行われたということなのである。

いま述べたような事情は前望形にも当てはまる。完了形と並行的に考えれば、前望形は本来、むしろ「未開始形」とでも表現されるべきはずである。通常の意味での前望形による「ジェーンは泳ぐ（だろう）」という主張を現在時点において行ったならば、当該のトークンとしてのジェーンが泳ぐというプロセスはまだ始まっていないと理解するのが自然であろう。これに対して「ジェーンはいま泳いでいるところだ。まだまだ泳ぐ（だろう）」という文章の二番目の文における「泳ぐ（だろう）」は、すでにそのプロセスが始まっているにもかかわらず用いられている。すなわちここで想定されている「前望形コプラ」とは、実際に当該のプロセスが開始しているかどうかとは無関係に、そのプロセスに参与する実体的対象のある時点からの持続のなかでの当該プロセスの進行を表現する際に用いられるコプラなのである。

また、以上のようなプロセスに関する背顧形・前望形というペアーによる時相の解釈は、ガルトンによる時相の解釈との相違点をも浮き彫りにする。ガルトンが「状態」と「できごと」の区別を基本的と考えたのは、たとえば「私は本を書いていた」という過去進行形によって表される過去の状態に対しては「私は本を書いている」という現在進行形によってあらわされる現在の状態が対応するのに対し、「私は本を書いた」という完了文によって表される過去のできごとに対応する「私は本を書く」という文は、現在時点には何も割り当てないという理由からであった。

しかし本書の解釈に基づけば、「私は本を書いた」という背顧形は、〈現在という時点において、これまでの持続の中で本を書くというプロセスを担ったものとして私は存在している〉という意味での実体的対象の現時点でのあり方を、その文そのものが現在に割り当てている。「私は本を書くだろう」という前望形についても同様である。すなわち、〈実体的対象の各時点におけるあり方は、その過去から未来に至る持続と切り離してはありえない〉という前提のもとで、時相コプラとは、ある特定の時点における実体的対象の持続に関わる存在様式として、現行形以外にも背顧形と前望形も加えた三種類の様相を実体的対象に付与するものなのである。私自身は、ガルトンが時相演算子という新たな演算子を導入したことの最大の意義を、このような〈各時点における実体的対象の持続様相の多様化〉という点に見出している。

ではなぜあえて通常の完了形・前望形とは類似しつつも厳密には異なる意味での背顧形・前望形を採用するのかと言えば、第二章の末尾でも述べたように、その目指すところが、日常語の分析にあるのではなく、実体的対象の様相的・時間的な存在形式に関わる形而上学的理論の構築にあるからに他ならない。そして次節で詳述するように、特に様相論的に考察した場合、ある種の必然的持続としてのこれまでの持続とある種の可能的持続としてのこれからの持続の間には決定的な存在論的差違があるということを重視せざるをえないのである。

このような差違は、一例として、具体的に次のようなふたつの定理の差違を結果としてもたらす：

［定理1］ $S^{\text{-ret-}}j \leftrightarrow P^{*}S^{\text{-cur-}}j$

［定理2］ $S^{\text{-pro-}}j \rightarrow F^{*}S^{\text{-cur-}}j$

すなわち、定理1は、背顧形として解釈された「ジェーンは泳いだ」と「(現在時点を含む) 過去のある時点でジェーンは泳いでいる」とが形而上学的に同値となることを表している。一方、それに対応する前望形については、「ジェーンは泳ぐだろう」と「(現在時点を含む) 未来のある時点でジェーンは泳いでいる」との同値性は成立せず、前者が後者の十分条件となるにすぎない。その理由は、仮に結果としてジェーンが未来のある時点で実際に泳いでいたとしても、そのことは現在におけるジェーンのあり方によって確定しているとは限らないからである。これに対し、背顧形によって語られるようなプロセスは、まさにそれがすでに実現してしまっているという意味で、現時点において「確定」している。したがって、そのような意味での確定を伴わない形で過去の時点における現行形のプロセスが成立しているということはありえない。そして、確定性に関するこのような非対称性をもたらす源泉は、現在時点においてその対象がまさにその対象であるために不可欠な必然的持続としてのこれまでの持続と、あくまでも可能的でしかないこれからの持続という存在論的な非対称性なのである。次節において、このような持続様相にまつわる過去と未来の非対称性についてのより一般化された検討を行う。

4　過去様相・未来様相の解明

第二章ではその一部しか示せなかった持続様相に関する公理のうち、過去様相に関連する公理は次のとおりである：

[AR1+]　$K^{\text{-ret-}}a \rightarrow \mathrm{L}^{*} K^{\text{-ret-}}a$

「AR1−」　$K^{\underline{\text{-ret-}}}a \rightarrow L^{*} K^{\underline{\text{-ret-}}}a$

「AR2＋」　$K^{\text{-ret-}}a \leftrightarrow P^{*} K^{\text{-cur-}}a$

「AR2−」　$K^{\underline{\text{-ret-}}}a \leftrightarrow P^{*} K^{\underline{\text{-cur-}}}a$

「ACN」　$K^{\underline{\text{-cur-}}}a \rightarrow \neg K^{\text{-cur-}}a$

「ACE」　$K^{\text{-cur-}}a \vee K^{\underline{\text{-cur-}}}a$

第二章ですでに紹介した「AR1＋」「AR2＋」以外は、すべて過去様相における内的否定に関わる公理であり、これらふたつの各公理の否定形バージョンがそれぞれ「AR1−」「AR2−」である。力能様相において「AP＋」「AP−」が潜在性様態による事実的可能性の根拠づけを表現していたのと対照的に、「AR1＋」「AR1−」は、過去様相においては背顧時相が事実的必然性の根拠を与えていることを示している。「ACN」は、力能様相における「APN」と同様、内的否定と外的否定を関係づける、内的矛盾律に相当する公理である。そして「ACE」は、力能様相における潜在性様態の場合と異なり、持続様相における現行時相においては内的排中律が成立することを表している。

そして、本質様相における「AE2」の場合と同様、L*が必然性演算子なので「AR1＋」「AR1−」はその逆も成立することを踏まえると、「AR1＋」「AR1−」「AR2＋」「AR2−」から、過去様相に関連する次の四つの定理が帰結する：

［TR1＋］ $K^{\text{-ret-}}a \leftrightarrow L^*K^{\text{-ret-}}a$.

［TR1−］ $K^{\underline{\text{-}}\text{ret-}}a \leftrightarrow L^*K^{\underline{\text{-}}\text{ret-}}a$.

［TR2＋］ $P^*K^{\text{-cur-}}a \leftrightarrow L^*K^{\text{-ret-}}a$.

［TR2−］ $P^*K^{\underline{\text{-}}\text{cur-}}a \leftrightarrow L^*K^{\underline{\text{-}}\text{ret-}}a$.

すなわち、$K^{\text{-ret-}}a$, $L^*K^{\text{-ret-}}a$, $P^*K^{\text{-cur-}}a$ が互いに形而上学的に同値となるので、これらのうちのいずれかを主張する者は、同時に他の二つの主張をも行うこととなる（同様のことが、$K^{\underline{\text{-}}\text{ret-}}a$, $L^*K^{\underline{\text{-}}\text{ret-}}a$, $P^*K^{\underline{\text{-}}\text{cur-}}a$ についても成立する）。そしてこれらのうち、$K^{\text{-ret-}}a$ と $L^*K^{\text{-ret-}}a$ の同値性には、本質様相における［TE2］によって表された $\alpha /_{E} a$ と $\Box \alpha /_{E} a$ の同値性との並行性を見いだせる。

このような形で、「これまでの持続」に基づく背顧的時相命題には本質的必然性に似た一種の必然性が伴うことが確認できるのであるが、決してこれは偶然ではない[20]。

実体的対象の本質は、個体化の原理として、複数の時点において同一性を保ちながら存在する耐続者としての個体を切り出す原理である。結果として、それは時点超越的な原理とならざるをえない。なぜならば、それが複数の時点にまたがって支配するような原理である以上、「いつの時点における」本質であるのかを問題にすることは意味がないからである。もちろん、本質を例化する実体的対象自体は純粋生成しつつ存在するのであるから、当該の本質をいずれかの時点で持っていたということは有意味であるが、実在的定義として抽象的である本質そのものが同様に純粋生成することはないので、本質様相はその意味で少なくとも「無時制的」であり、本質自体は「無時間的」なのである。たとえば、ドビンの本質の一部が生物であるということであるとしよう。その場合、その生物であるという本質は、ドビンが存在した複数の時点の中のいずれの時点での本質なのか、と問うことには意味がない。無理矢理答えるならば「(ドビンが存在した)すべての時点においての本質」ということになるだろうが、これはあまり適切な答えとは言えないだろう。むしろ、生物であるという本質が先行して実体的個体としてのドビンが切り出され、その結果として、ドビンが存在する時点が定まるのだからである。このような事情に鑑みれば、やはりそれは「全時間的な」本質というよりは「無時間的な」本質というべきであろう。

一方、私たちは、ある時点に存在する個体の共時的・同時的な同一性というものを問題にすることがありうる。たとえば、二〇〇五年の時点に存在するある馬が前年の有馬記念で敗北しているとしよう。その場合、ディープインパクトが二〇〇四年の有馬記念で実際に勝利している以上、その馬がディープインパクト(と同一)であることはありえない。これに対し、ディープインパクトは翌年の有馬記念に実際には出走しなかったのだが、実際にそれに出走したか否かが、二〇〇五年の時点において、当該の馬がディープインパクトであるか否かを左右することはないであろう。当たり前のことながら二〇〇五年時点において二〇〇六年の時点はまだ発生していないのだから、二〇〇六年におけるあり方が二〇〇五年において存在する対象の(共時的・同時的な)同一性を左右することはありえないのである。そしてこの場合の「二〇〇四年の有馬記念での勝利」というできごとは、二〇〇五年時点での〈ディープインパクトに関する任意の過去のできごと〉に置き換えられる。すなわち、特定の時点においてディープインパクトという馬を他ならぬその馬たらしめるのは、ディープインパクトの当該の時点までの歴史であるということが言える。

いま述べたことを一般化するならば、まずはwhat it isとしての（無時間的）本質が、「ひとつの（あるいは複数の）何ものか」――ディープインパクトの場合は、「生物」もしくは「馬」など――としての（ひとつまたは複数の）「個体」を切り出し、そしてさらに特定の時点までの個体の歴史が、その時点における「他ならぬ当の何ものか」――他ならぬ当の生物もしくは馬――としての「個別者」すなわちwhich it isを選り出すということである。このような意味で、実体的対象の歴史は、当該時点における同一性基準として機能すると言える。

クリプキが実体的対象の個体的本質はその「起源」――たとえばどの両親から生まれたか、など――であるという主張を行って以来、その是非をめぐって盛んな議論が交わされてきたが、いま述べたような観点から捉えるならば、起源は、たしかに歴史の一部として少なくともある時点における同一性基準を構成するものだと言える。そして起源は、起源という当該対象の最初の存在時点での事項であるがゆえに、すべての時点での当該の対象の歴史の中に含まれているというところに、他の事項にはない特権性を有している。この意味で、「起源」を実体的対象の個体的本質であるとするクリプキの主張には一理ある。しかし、少なくともうえで述べたような特定の時点における個体の同一性の問題に話を限るならば、その根拠をたとえば遺伝子の同一性が個体的本質を決定するというような科学的本質主義に求める必要はなく、その根拠はあくまでも当該対象の歴史の一部であるということに尽きるのである。

いずれにせよ、過去様相においては、本質様相の場合と同様、上記のような意味においてのこれまでの持続がそれに対応する事実的必然性の供給源となり、かつ、その必然性はきわめて強力なものとならざるをえない。両者の相違は、実在的定義としての本質の無時間性のゆえに本質様相は完全に絶対的であり、したがって時点間の到達可能性が双方向的であるということ、すなわち、そこでは対称的な到達可能性が成立するのに対し、過去様相における事実的必然性は、その根拠としての実体的対象の持続に伴う一方向性からの帰結として、そのような対称性は成立しないということ、それのみならず、〈もしも任意の時点 m_1 と m_2 の間で双方向的な到達可能関係が成立するならば、m_1 と m_2 は同一である〉という反対称性が成立するということである。

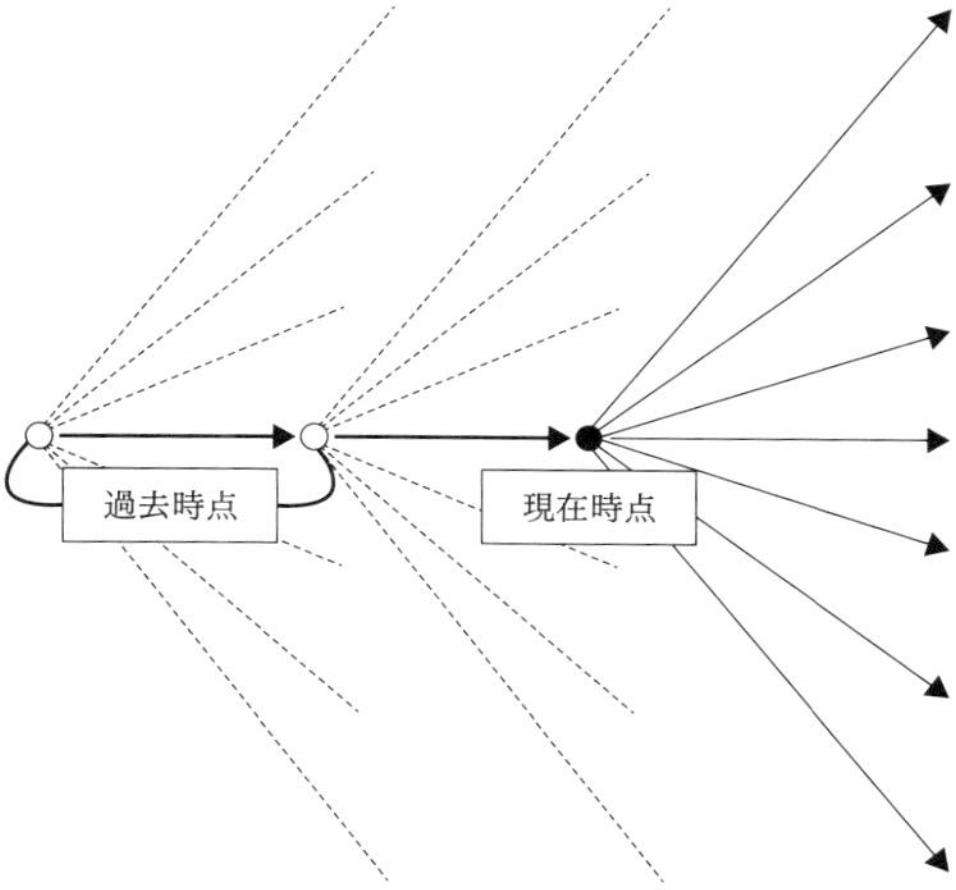

図6

この結果として、事実様相としての過去様相の体系は、S4となる。S4は、S5の公理から到達可能関係の対称性を保証する公理［E］を取り除いた体系であるが、推移性を保証する公理［4］は保持しているので、ある命題が必然的であるならばその必然性自体が必然的であるという強力な必然性をS5と同様にもたらす。一方、その可能性はそのような強力な必然性を用いて消極的に定義される、非常に弱いものとなる。そしてその時点は、上の図6のような〈持続の方向に沿った半順序的な到達可能関係を伴う要素によって構成される、未来に向かって開けたいわゆる分岐時間型の時点集合〉を形成する。

ある時点における命題の必然性は、その時点から到達可能なすべての時点でのその命題の成立を意味し、可能性は、そのうちの少なくとも一つの時点でのその命題の成立を意味する。しかしここで注意すべきは、このような分岐のあり方は、このすぐ後で参照するような、いわゆる「時間分岐説」において通常想定されているような、因果的な分岐可能性を表すものではないということである。(21) もしもそうだとしたら、このような分岐性やそこでの必然性は、世界の因果的事情に依存する偶然的なものとなってしまう。そうではなく、この分岐性は、あくまでも純粋生成としての持続の一方向性から帰結する、アプリオリな分岐性であり、少なくともその点においては、このような時点から成る集合は、本質様相における一種の論理空間としての可能世界の集合に準ずるものである。両者の相違は、生成から帰結する時間依存性の有無のみであり、現在に至るまでの過去は、「現在以降の」世界の「必然的」前提として、その足場となるのである。

また、[AR2+][AR2−][ACE]からは、〈もしも$K^{\text{-ret-}}\alpha$と$K^{\text{-ret-}}_{-}\alpha$にそれぞれ対応する$\mathbf{P}{*}K^{\text{-cur-}}\alpha$と$\mathbf{P}{*}K^{\text{-cur-}}_{-}\alpha$という各命題によって語られる現行的プロセス$K^{\text{-cur-}}\alpha$と$K^{\text{-cur-}}_{-}\alpha$が同一の過去時点におけるプロセスである場合には、現行時相における[ACN]と並行的な「$K^{\text{-ret-}}_{-}\alpha\rightarrow$」$K^{\text{-ret-}}\alpha$」および[ACE]と並行的な「$K^{\text{-ret-}}\alpha\vee K^{\text{-ret-}}_{-}\alpha$」(内的排中律)が当該の背顧時相命題に関しても成立する〉ことが帰結する(また、その逆の帰結関係も成立する)。ただし、このような同時的背顧時相における内的排中律を表現するためには、たとえば背顧時相コプラに'/i'という一種の指標づけをして次のような定理として表現するしかない：

［ARN］ $K_{\text{-}\underline{\text{ret/i}}\text{-}}a \rightarrow \neg K_{\text{-ret/i-}}a$

［ARE］ $K_{\text{-ret/i-}}a \vee K_{\text{-}\underline{\text{ret/i}}\text{-}}a$

この場合、指標‘/i’を伴わない通常の背顧的コプラが、〈それを含む原始命題がこれまでの持続の中のいずれかの時点における現行的プロセスに対応する〉いわば「確定可能的（determinable）」コプラであるのに対して、その中の特定の時点における現行的プロセスに対応する「確定的（determinate）」コプラであることを示している。[22] そして同一の指標を持つ背顧時相命題は、同一の時点における現行的プロセスに対応することになる。本書で示される公理系はあくまでも確定可能的コプラに関するものであり、確定的コプラに関する公理系については今後の展開に委ねるしかない。この点については、第六章で改めて確認される。

次に、未来様相に関する公理は次のとおりである：

［AF＋］ $K_{\text{-pro-}}a \rightarrow F^{*}K_{\text{-cur-}}a$

［AF－］ $K_{\text{-}\underline{\text{pro}}\text{-}}a \rightarrow F^{*}K_{\text{-}\underline{\text{cur}}\text{-}}a$

［ACN］ $K_{\text{-}\underline{\text{cur}}\text{-}}a \rightarrow \neg K_{\text{-cur-}}a$

［ACE］ $K_{\text{-cur-}}a \vee K_{\text{-}\underline{\text{cur}}\text{-}}a$

これらのうち、［AF＋］［AF－］は、文演算子F*が一種の可能性を表していると考えられるので、力能様相における［AP＋］（J -pot-a →◇J -occ-a）［AP－］（J -pot-a →◇J -occ-a）と並行的であり、［AR1＋］［AR1－］において対応する原始命題が必然性の根拠となる過去様相とは対照的である。また、時制的観点からは、それぞれに対応する過去時制の［AR2＋］［AR2－］と異なり、双条件法ではなく条件法であること、したがって、$K^{\text{-pro-}}a$ とF*$K^{\text{-cur-}}a$ および $K^{\underline{\text{-pro-}}}a$ とF*$K^{\underline{\text{-cur-}}}a$ の形而上学的同値性は成立しないということが、未来の偶然性の問題と関連している。

というのも、その同値性が成立しないということは、過去様相における先に示した［ARE］に対応する未来様相における内的排中律すなわち［$K^{\text{-pro/i-}}a \vee K^{\underline{\text{-pro/i-}}}a$］（［AFE］）が成立しないということの言い換えと考えられるからである。そしてこの不成立は、力能様相における［K -pot-a ∨ K -$\underline{\text{pot}}$-a］の不成立と並行的である。一方、［ARN］に対応する内的矛盾律すなわち［$K^{\underline{\text{-pro/i-}}}a \to \neg K^{\text{-pro/i-}}a$］（［AFN］）は成立する。

力能様相における内的排中律の不成立は、文脈に応じた一定の閾値以上の肯定的または否定的な潜在性がある場合のみ、それぞれ J -pot-a, J -$\underline{\text{pot}}$-a が真となるという理由からであった。これに対して未来様相における内的排中律の不成立は、$K^{\text{-pro/i-}}a$, $K^{\underline{\text{-pro/i-}}}a$ が、それぞれに対応するF*$K^{\text{-cur-}}a$, F*$K^{\underline{\text{-cur-}}}a$ の成立が当該時点において決定しているときにのみ真となるという理由からであるが、この理由は、力能様相における理由と密接に関係している。(23)

というのも、F*$K^{\text{-cur-}}a$, F*$K^{\underline{\text{-cur-}}}a$ が当該時点において決定しているという状況は、$K^{\text{-pro-}}a$, $K^{\underline{\text{-pro-}}}a$ にそ

れぞれ対応するような力能様相としての*K* -pot-*a*, *K* -pot-*a* が成立するための閾値が最大限の潜在性として設定された場合のひとつのケースと見なすことが出来るからである。力能様相としての潜在性は、程度を許すような可能性の一種であり、その程度のあり方は、確率として現れたり強度として現れたりと、様々であった。そして最大限の潜在性の典型例は、質量や電荷のように、自然法則によって常に発現されざるをえないような、主に自然種にまつわる潜在性であった。これに対して前望性命題が表す決定性は、「常に」というわけではなく、特定の時点における特定の状況において発現せざるをえないような〈特定のプロセスへの特定の実体的対象の潜在性〉だと考えられる。そしてその決定性には、多くの場合、自然法則が関与しているであろうが、特定の状況における固有の事情によって帰結するような様々な決定性も含まれうるだろう。

また、本書における未来演算子F（およびF*）は、分岐時間型の体系におけるFのように「現時点で色々ありうる可能的な未来の中のある時点において」ということを表すのではなく、「(現時点で決定しているか否かに関わりなく）結果的に成立することになる未来のある時点において」ということを表している。しかしこのような意味での未来演算子の採用は、（少なくとも本書では）必ずしも未来の決定性を含意しない。この点をまずは図像的に説明しておこう。

まず、分岐時間型の体系におけるFは、図7のように現在時点から未来へ向かって分岐していく可能的ないずれかのルートのうちのいずれかの時点（白丸で示されている）の命題の成立を表す。

そして、結果として実際に成立することになるルートを太線で示すと、本書におけるFは、その太線上のいずれかの時点（黒丸で示す）における成立を表す（図8）。

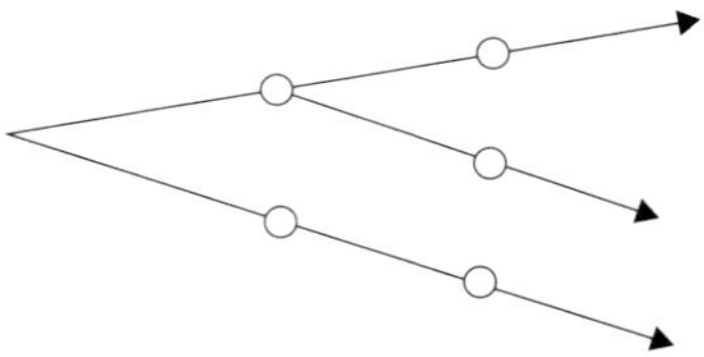

図7

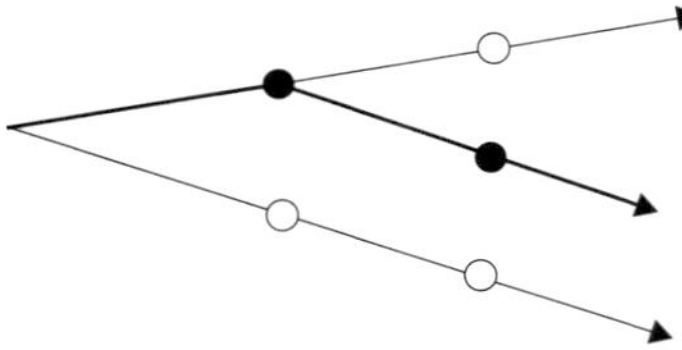

図8

仮にここでの現在時点で決定性が成立しているとするならば、その図は図9のようなものに替わるだろう。

しかしここで変更されるのは、実際のルート以外のルートが（選択的）可能性としてあったかどうかということに関してであって、ルートそのものに変更はない。本書でのFは、その実際のルート上のいずれかの時点を指定するものである。

このようなルートは、「仮の未来（*prima facie* future）」を表すルートとしてしばしば'Thin Red Line（細い赤線）'と呼ばれ（本書では、「TR線」と呼ぶことにする）、未来命題の主張をそのようなルート上での命題の成立として規定するのは「オッカム型」の未来命題と呼ばれる。[24] 第二章第五節で言及した「時制論理の公理系OT」とは、オッカム型の未来命題を表現するために、分岐型未来におけるFすなわち「いずれかの分岐線中のいずれかの時点において」という意味で用いられる文演算子はMで代用し、「分岐線中のうちのTR線上のいずれかの時点において」という意味を現す文演算子としてFを用いたうえで、両者の関係を規定する公理をも含む体系である。これに対して、図10のように「すべての分岐線上のいずれかの時点における成立（その一例を黒丸で示してある）」として規定するのが「パース型」であり、これは現在時点での決定性を含意することになる。

図9

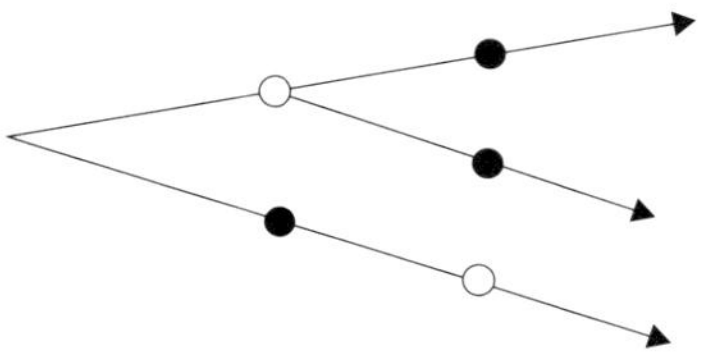

図10

本書では、公理系OTに基づいて時相コプラや時制演算子を規定しているので、未来命題についてはオッカム型を採用することになる。[25] そして、本書におけるように、現在時点をも含めた形でF^*を規定したうえでオッカム型の未来命題を採用すると、このF^*およびそれによって定義されるG^*はそれぞれ、過去様相に基づく体系S4におけるM^*やL^*と同様、「ディオドロス様相論理」と呼ばれる様相論理体系における可能性演算子および必然性演算子として解釈できる。そしてこの点こそが、先の公理［AF＋］［AF－］によって前望形コプラを「様相的」コプラたらしめるものである。

過去様相においては、可能世界間の到達関係が半順序的である結果としてそのモデルが分岐型となったのに対し、未来様相においては、到達関係が全順序的である結果としてそのモデルは非分岐的な直線型となる。特にそのモデルが有理数や実数のように稠密性（density）が成立しているような直線的モデルである場合に対応する体系が、S4・3である。S4・3では、到達可能関係を一直線のみに限定する公理［L］がS4に追加され、これにより、S4・3における必然性はS4における必然性よりも弱い必然性となる。すなわち、純粋生成に基づく一方向性としての公理［4］による必然性の強さは保持しつつも、結果的に実現することになるすべての未来時点においてたまたま成立していさえすれば認められるような必然性でしかないことになる。

これは、F*によって表される可能性がMで表される可能性に比べて強い意味での可能性であることの裏返しであり、これらの対比は、力能様相と本質様相における必然性・可能性の強弱の対比と並行的なものと見なすことができる。

重要なのは、このように時間的に解釈されたディオドロス様相論理における「可能世界」が「可能」世界たるゆえんは、まさにその世界が「(現在時点をも含めた) 未来の」世界であるということ、したがって、ディオドロス様相体系S4・3によって表されているのは、そのような意味での「可能性」なのだ、ということである。分岐的時間モデルではなく直線的モデルが採用される理由の一端はここに存する。というのも、未来の分岐時間モデルによって表現される「可能性」は、未来へのルートが決定されていないということ、すなわち、因果的、神学的など、何らかの理由での決定性が成立していないという意味での「可能性」、いわば選択的な可能性であり、それは未来であることそのものの可能性ではないからである。このような分岐モデルによって表される選択的可能性は、その分岐モデル内の可能世界が実はすべて未来の可能世界であるはずだという点で、未来であることそのものとしての可能性をむしろ「前提」している。だからこそ、分岐を取り除いて一本のTR線だけしか残さなかった場合にも、それが未来の時点によって構成されている以上、一種の可能性を表しているのである。

そして何よりも、未来が直線的でなければならない最大の理由は、実体的対象の「持続」が直線的であり、ここで想定される様相はそのような持続を根拠とする様相だからである。すなわち、実体的対象が分岐しながら持続していくということはありえない。「ありえない」というのは言い過ぎかもしれないが、少なくとも本書で想定されるところの実体的対象とは、非分岐的に成長していくような持続のあり方を本質的に有する存在者としての対象である。このことを意味論的に言い換えるならば、この場合の時点間の「到達可能性」関係は、まさしく実体的対象の持続という存在様式に本来的に伴う時間的方向性によって保証されるような関係だということとなる。

このことを次のようにも言える。先ほどの図2と同様に図9も、より厳密には一種の省略形であり、この図は、仮に最新の時点としての現在時点が理想的には〈無限遠の未来の時点〉、実用的には〈問題となっている実体的対象が消滅した以後の時点〉であると想定したうえで、背顧的にその時点にとっての或る過去時点を当該文脈での現在時点と見なし、それ以後の各時点を省略的に描出したものだと考えられる。いわば、そこに示されているのは「結果的にそうなる」未来であり、だからこそ、TR線をその中に書き入れたとしても決定論を含意することはないのである。TR線上の各時点は、（当該文脈における）現在においては存在しない。しかし存在しないのになぜ時点として描かれているのかと言えば、まさにそれらの時点は、〈無限遠の未来においてならば十全に描けるような世界〉であるという時間的な意味での「可能的な」世界だからなのである。

しかし、次のような疑問がわき起こるかもしれない。未来の直線モデルを用いた場合、決定性が成立している場合と成立していない場合の相違はどのように表されるのか？先ほどの図4のように、分岐モデルを採用したうえで、その中での一本線として実際の未来のルートを示すのであれば、非決定性がそれによって明確に示されるが、最初から図5のように一本線しかないとしたら、決定性の結果としての一本線なのか、偶然的な一本線なのか、区別のしようがないではないか？――これはもっともな疑問である。こうした疑問に答えるためにも、改めて、過去様相の公理［AR1＋］［AR2＋］および未来様相の公理［AF＋］に即しながら、本書で示される過去と未来の本来的な存在論的非対称性の核心がどこにあるかという点についての解説を行うこととする（［AR1－］［AR2－］［AF－］についても並行的な議論が成立する）。

まず再確認しておきたいのは、［AR1＋］と本質様相の公理［AE2］の間および［AF＋］と力能様相の公理［AP＋］の間で並行性が成立していること、すなわち、背顧命題の必然性は本質例化命題の必然性に対して、前望命題の可能性は潜在性命題の可能性に対して、類似性を持っているということである。また、［AE2］の場合と並行的に、次の二つの定理も成立するのであった：

［TR1＋］　$K^{\text{-ret-}}a \leftrightarrow L^{*}K^{\text{-ret-}}a.$

［TR2＋］　$P^{*}K^{\text{-cur-}}a \leftrightarrow L^{*}K^{\text{-ret-}}a.$

すなわち、$K^{\text{-ret-}}a$, $L^{*}K^{\text{-ret-}}a$, $P^{*}K^{\text{-cur-}}a$ が互いに形而上学的に同値なのであったが、これは、第一に「-ret-」という背顧形コプラそのものが本質例化コプラと同様、一種の必然性を表すコプラであること、そして第二に、P^{*}によって指示される過去の時点が、「可能世界」の一種であるところの未来時点と異なり、一種の「必然世界」とでも言うべき世界であることを示している。必然性とは一種の不可能性（否定の不可能性）でもあることを踏まえれば、「不可能世界」とも言える。これは、「未来」であるということそのものがこの場合の可能性なのだ、あるいは、この場合の時点間の到達可能性関係は実体的対象の持続に基づく関係なのだ、という先ほどの主張のひとつの裏づけにもなるだろう。過去時点とは、必然的に到達不可能な時点なのである。

また、内的排中律すなわち「$K^{\text{-pro/i-}}a \vee K^{\underline{\text{-pro/i-}}}a$」は定理とはならないということも「$K$-pot-$a \vee K$-$\underline{\text{pot}}$-$a$」との並行性によって帰結する。そしてこの点こそが、本書において未来の偶然性の問題が処理される方法を示すものである。すなわち、未来の決定性は、分岐的か非分岐的かという文的未来演算子Fに関わる事項によってではなく、前望形コプラ「-pro-」に関わる事項によって左右されるということをそれは示している。

前節の末尾でも例示したように、「AF＋」は、「AR2＋」と対照的に、その逆が必ずしも成立しないことを示すところにその眼目がある。すなわち、「ドビンが高速で走るであろう」という前望時相命題が成立しているならば、「未来のある時点においてドビンは高速で走っている」という未来時制命題も成立するが、「未来のある時点においてドビンは高速で走っている」ということが成立しているからといって「ドビンが高速で走るであろう」という命題の成立は保証されないということを示している。これと同様に、「AF－」は「未来のある時点においてドビンは高速で走っていない」ということが成立しているからと言って「ある時点においてドビンが高速で走らないであろう」ということは必ずしも成立しないということを示している。

なぜこのような相違が生ずるかと言えば、前望時相命題は、原始命題として現在時点における実体的対象の持続様相的な存在形式すなわち前望的存在形式を述べているのに対し、未来時制命題は、まさしく未来時点におけるその対象の持続様相的存在形式すなわち現行的存在形式を述べているからである。この結果として、「ドビンが高速で走るであろう」という前望命題は、その成立のためには現在時点における決定性を要求するが、「未来のある時点においてドビンは高速で走っている」という命題はそれを必ずしも要求しないことになる。現在時点において決定しているか否かに関わりなく、未来のある時点でドビンが実際に走っていれば、後者は真となるからである。

このことを「未来の直線モデルを用いた場合、決定性が成立している場合と成立していない場合の相違はどのように表されるのか？」という先ほど提示した想定される疑問に答える形で表現するならば、その相違は、前望命題の真偽によって表現されるということである。決定性が成立しているのは、「未来のある時点においてドビンは高速で走っている」という未来命題に加えて「ドビンが高速で走るであろう」という前望命題も真である場合であるのに対し、成立していないのは、未来命題のみが真である場合なのである。このような事情は過去命題と背顧命題の間には生じない。「過去のある時点においてドビンが高速で走っている」という過去時制命題と「ドビンは高速で走った」という背顧時相命題は、一方が真であれば他方も真であり、その逆も成立する。このことを示しているのが、［AR2＋］である。

以上が、本質的必然性と過去の必然性との並行性、および、力能的潜在性と未来の決定性との並行性であるが、これら二つの並行性の間には、ある共通の関係を見いだせる。それは、そのいずれの並行性においても、第一の関係項が種やそれに伴う性質といった一般的・無時間的な対象のあり方から帰結するものであるのに対し、第二の関係項は、それらを前提としつつ、さらにそれらを〈特定の時点における特定の状況の中での個体〉という個別的・時間的な対象のあり方によって限定することから帰結するものだということである。

こうした事情を、種々の実体様相命題に対する「真理値付与者（truth-value maker）」の観点から分析してみることは、有効であるばかりか、本書においては不可欠だと言っても過言ではない[26]。というのも、まず第一に、第一章でも述べたとおり、本書では *de dicto* 様相を「事実様相」と命名し、形而上学的様相の一種として捉えるため、命題そのものではなく、命題が表す事柄に関する様相であると考える。したがって、たとえば可能世界や時点そのものを命題の集合として捉える代用説は採らず、あくまでもそのような集合の要素によって表される事柄の総体という意味で「世界」「時点」という用語を用いる。このことを真理論的・意味論的に言い換えれば、真理に関して一種の対応説を採用することであり、その一つの要請として、真理値を有する各命題に対して明確な真理値付与者を割り当てることが求められるからである。さらにこの要請は、本書が一種の現在主義を標榜するということによって切実さを増す。というのも、現在主義に対しては、過去命題や未来命題に対して真理値付与者を割り当てられないということがその問題点としてしばしば指摘されるからである。

そこで本書では、まずは肯定的な（原始的）顕在命題および現行命題に対する真理値付与者として、当該の状態やプロセスがまさに生起している時点における生起的（顕在的）トロープを割り当てる。否定的な顕在・現行命題においては、当該の状態・プロセスに関わる実体的対象における当該の生起的トロープの「欠如」を真理値付与者とする。したがってたとえば、「ドビンが走っていない」という原始命題については、その命題によって語られている（ドビンが存在する）時点において実際にドビンが走っていなかったならば、ドビンの走行というトロープをドビンが「欠いて」いるという理由によって真となる。また逆に、「ドビンが走っている」という命題は、同じ理由によってそれは偽となる。[27] 問題は、背顧命題と前望命題に対する真理値付与者であるが、ここでも本質命題・力能命題とのそれぞれの並行性が有効である。

背顧命題は本質命題と同様に、一種の必然性を表すと考えられる。そして通常、たとえば論理的必然性を表すような命題に対しては、トロープのような真理値付与者は必要とされない。論理的に必然的な命題は、論理語の意味そのものによって真となると考えられるからである。本質的必然性も、それを拡張した「広い意味での」論理的必然性として、what it is を表す実在的定義としての本質そのものによって真となると考えられる。しかしその必然性は、少なくとも実体的対象に関わる *de re* 様相としての必然性であるとすれば、まったく真理値付与者を必要としなかった論理的必然性の場合と異なり、そのような本質的必然性を表す命題に対応する真理値付与者として、what it is を具現化している実体的対象そのものを割り当てることが適切であろう。そして背顧命題に伴う必然性が、時間的な意味での個体的同一性、すなわち単なる「個体」としてのみならずまさに「個別者」としての which it is から帰結する必然性である以上、特定の時点における実体的対象そのものが当該時点でのその対象に関わる背顧命題の真理値付与者であると考えてよいだろう。

一方、前望命題と並行的な力能命題の真理値付与者はその力能命題に関与する諸々の実体的個体の力能すなわち力能のトロープとしての潜在的トロープであると考えられる。そして前望命題は、未来の特定の事象への決定性として時間的・状況的に限定された状況依存的な潜在性を表すという先ほどの分析を踏まえるならば、その真理値付与者は、当該時点での当の実体的対象を取り巻く状況全体にそのあり方として伴う力能トロープであると考えるべきであろう。

そしてここで重要となってくるのが、過去様相に関しては、$K^{\text{-ret-}}a$, $\mathbf{L}^{*}K^{\text{-ret-}}a$, $\mathbf{P}^{*}K^{\text{-cur-}}a$ の互いの形而上学的同値性である（否定命題についても同様）。というのも、現在主義のもとでは、もはや過去時点は存在しないので、$\mathbf{P}^{*}K^{\text{-cur-}}a$ に対する最も直接的な真理値付与者はもはや存在しないことになる（$\mathbf{P}^{*}$によって指定される時点が現在である場合を除いて）。しかし、これらの同値性によって、aが現在時点において存在するならば、a自身が $K^{\text{-ret-}}a$ の直接的な真理値付与者となり、そしてその命題が $\mathbf{P}^{*}K^{\text{-cur-}}a$ と形而上学的に同値であることによって、同時に $\mathbf{P}^{*}K^{\text{-cur-}}a$ への間接的な真理値付与者ともなる。それのみならず、さらに $K^{\text{-ret-}}a$ と $\mathbf{L}^{*}K^{\text{-ret-}}a$ の同値性によって、それ以降のすべての時点すなわち aがもはや存在しなくなった時点においても $\mathbf{P}^{*}K^{\text{-cur-}}a$ と $K^{\text{-ret-}}a$ に対する真理値付与が保証されることになる。

これに対して、未来様相に関しては、$K^{\text{-pro-}}a$ と $\mathbf{F}^{*}K^{\text{-cur-}}a$ および $K^{\underline{\text{-pro}}\text{-}}a$ と $\mathbf{F}^{*}K^{\underline{\text{-cur}}\text{-}}a$ の同値性は成立しない。それぞれの後者に対する真理値付与者は未来の時点での生起的トロープもしくはその欠如なので、それらに対する直接的な真理値付与者は現在時点においては存在しない。この点については過去命題と同様である。しかし過去様相では、内的排中律「$K^{\text{-ret/i-}}a \vee K^{\underline{\text{-ret/i}}\text{-}}a$」の成立、および、$K^{\text{-ret-}}a$ と $\mathbf{P}^{*}K^{\text{-cur-}}a$、$K^{\underline{\text{-ret}}\text{-}}a$ と $\mathbf{P}^{*}K^{\underline{\text{-cur}}\text{-}}a$ のそれぞれの同値性によって必ず真理値の所有を過去現行命題に対して間接的に保証してくれたのに対し、未来様相においては、内的排中律「$K^{\text{-pro/i-}}a \vee K^{\underline{\text{-pro/i}}\text{-}}a$」が不成立であること、あるいは、$K^{\text{-pro-}}a$ と $K^{\underline{\text{-pro}}\text{-}}a$ はそれぞれ $\mathbf{F}^{*}K^{\text{-cur-}}a$ と $\mathbf{F}^{*}K^{\underline{\text{-cur}}\text{-}}a$ の十分条件ではあるが必要条件ではないために、その保証が常にあるとは限らない。したがって、$K^{\text{-pro-}}a$ または $K^{\underline{\text{-pro}}\text{-}}a$ の決定

性によっていわば例外的にそのような保証を伴う場合以外の$\mathrm{F}^{*} K^{\text{-cur-}}a$や$\mathrm{F}^{*} K^{\underline{\text{-}}\text{cur-}}a$に対しては、それらの真理値に対する現在時点での間接的真理値付与者は存在しないことになる。

以上のように、本書では、「過去」と「未来」の対比は、実体的対象の必然的持続と可能的持続との対比およびそれぞれにおける本質的必然性と力能的可能性との親近性によって、基本的に必然性対可能性という様相的対比として捉えられ、そしてその中で「現在」も性格づけられることになる。具体的には、(現在時点を含む) 過去のある時点での命題Aの成立を表す$\mathrm{P}^{*}A$は、過去様相における必然性命題$\mathrm{L}^{*}A$と理論的に同値であるのに対し、(現在時点を含む) 未来時点での命題Aの成立を表す$\mathrm{F}^{*}A$は、未来時点そのものの可能的性格のゆえにF^{*}という演算子自体を可能性演算子として解釈することができ、結果として未来様相における可能命題を表すことになるのである。現在時点は、まさしく未来と過去の境界として、持続様相的な意味での可能性が必然性へと移行するアクテュアルな「現場」となる。そこでは、$K^{\text{-ret-}}a$と$K^{\text{-pro-}}a$という背顧的・前望的両方の時相が現れているとも考えられる。というのも、「(目下)……している」という現行時相で語られるプロセス状態であるということは、瞬間的な形においてではあれ、「(これまで)……したと同時に(これからも)……するだろう」ということを含意していると解釈できるからである。

ここでは、本章を締めくくるに当たって、このような様相的対比のあり方が、時間的方向性や過去と未来の非対称性の問題に関してどのような立場を採ることになるのかを、他の時制主義的立場である成長ブロック説・分岐時間説と比較しながら簡潔に示しておきたい。

C・D・ブロードやM・トゥーリーらが奉ずる成長ブロック説は、実在する過去世界としての四次元世界が時間とともに成長していくと考える立場である。[28] この立場は、過去と未来の対比を実在対非実在という根本的な存在論的対比として捉えたうえで両者の境界として現在を捉える点、および、未来時点の分岐性を主張しない点において本書と共通している。しかしこの立場は、少なくとも（現在を境界として含む）過去世界に関しては四次元主義を標榜するという点において本書と対立している。そして、純粋な四次元主義と異なり、中途半端に世界の四次元性を主張することによってある種の存在論的な不安定さを伴うことになる。というのも、この立場は一方で、その時々に新たに追加されていく現在世界、いわば、未来世界の境界としての現在世界についてはは三次元主義を主張せざるをえないからである。この点は、たとえば、仮に世界に始まりと終わりがあると想定した場合に、成長ブロック説に基づく限り、最初の時点では世界は完全に三次元的であるが、最後の時点では完全に四次元的であるという奇異な折衷的世界像（三・五次元主義？）を提示せざるをえないということによっても確認できるだろう。

一方、S・マコールやN・ベルナップらが採用する分岐時間説は、直線的な過去と分岐的な未来という形での過去と未来の非対称性を主張する立場である。[29] この立場は、分岐対直線という対比によって偶然性対必然性を対比させる様相論的な観点を導入している点において本書と方向性を一にしている。また、成長ブロック説のような折衷性によって汚されてはいない。しかし、分岐対直線という対比は、先ほども述べたとおり、過去と未来の非対称性を非決定論の成立という世界の偶然的・アポステリオリな要因に依存させてしまうという存在論的な脆弱さを抱えている。

いわば、成長ブロック説によって示される過去と未来の非対称性はそれが〈端的な実在〉対〈端的な非実在〉という存在論的にきわめて強力な非対称性であり、それが強みである反面、あまりに強すぎて折衷的ないびつさを抱え込まざるをえなかったのに対し、分岐時間説はそうしたいびつさから免れた統一的な世界像を示しえているが、それは、過去と未来の非対称性をあくまでも偶然的な非対称性として存在論的にはきわめて脆弱なものに貶めることによって得られた報酬でしかないということである。本書で示されたような、持続様相に基づく過去と未来の様相的非対称性は、両者の欠点を免れつつその中間を歩む第三の途を志向した結果としても特徴づけられるだろう(30)。

また、ついでに述べれば、本書によって示される過去と未来の様相的非対称性が、実体的対象における純粋生成としての持続に由来するような存在論的非対称性であるということに着目するならば、少なくとも実体的対象が当事者として過去の時点で何らかの活動を行うような形でのタイムトラベルは形而上学的に不可能であるということも直ちに帰結し、そうしたタイムトラベルにまつわる種々のパラドクスも一元的に解消されることとなる。実体的対象が向かいうるのはあくまでも持続様相的に可能的であるような時点すなわち未来時点でしかありえないとすれば、たとえば、実体的対象のこれまでの持続に関わる過去時点での行為としての自己幼児殺害はありえない。また、〈第四章で主張されたように〉因果的プロセスが必ず力能の担い手としての何らかの実体的対象を含んでいるならば、いわゆる逆向き因果も存在論的にありえないこととなる。さらに、実体的対象は、その純粋生成の直線性のゆえに、特定の時点においてはひとつの形而上学的年齢しか持ちえないということから、〈過去へのタイムトラベラーが出発時点から持ち帰った物体が、実はその到達時点から代々受け継がれた自らが持ち帰った物体であったり〉、〈過去へのタイムトラベラーが到達時点で行った生殖行為のゆえに、実は自分自身が自らの親であったり〉というような、いわゆる時間円環的な実体的対象も存在しえないと言える。そうした時間円環的対象の本質は、まさしく特定の時点において複数の形而上学的年齢を持ってしまう（年齢を持つとすれば）ような対象、すなわち、もはや「もの」としては存在しえない何ものかであることにあるからである。[31]

第6章　総括と課題

我々はどこから来たのか　我々は何者か　我々はどこへ行くのか　——ポール・ゴーギャン

1　実体様相の全体像と様相的コプラの一般化

ここまでの考察を踏まえたうえで、第一章の冒頭で提示した形而上学的様相の全体図を、前章までの考察内容を含めた形で改めて提示し直すと、次の表1a、1bのとおりとなる（肯定形のみ）。すなわち本書では、まずは形而上学的様相の最も基礎的なふたつの分類軸として、(1) 実体的対象の類種性に基づく類種様相（無時制的様相）であるか、実体的対象の持続性に基づく持続様相（時制的様相）であるか、という観点と、(2) 実体的対象の存在様式を表す最も狭い意味での *de re* 様相としての実体様相であるか、それをひとつの根拠として成立する諸事実の様相を表す最も広い意味での *de dicto* 様相としての事実様相であるか、という観点が採用された。

そのうえで、各表の内部において、(3) 必然性を根拠とする様相であるか、可能性を根拠とする様

		S5様相	T様相
事実様相／文的様相	必然的	□	
	現実的	∅	
	可能的	◇	
実体様相／コプラ的様相（様態：mode）		本質様相／垂直述定	力能様相／水平述定
	必然的	$/_E$（本質（essential）例化）	
	現実的	／（例化instantiation）	-occ-（顕在性occurrency）
	可能的		-pot-（潜在性potentiality）

表1a:類種様相（無時制的様相）

相であるか、という観点により、左列の本質様相と過去様相、右列の力能様相と未来様相、という二列に分類される。これらのうち、本質様相が最も強い必然性とその裏返しとしての最も弱い可能性のみから成る純度の高い様相となるため、その事実様相は、絶対的様相と形式上一致するＳ５体系となる。一方、力能様相は、それと対照的に、最も強い可能性とその裏返しとしての最も弱い必然性をも含む純度の低い様相となるため、その事実様相は、それに対応するＴ体系となる。持続様相における過去様相と未来様相においては、類似の対照性がやや弱まった形で現れ、それぞれに対応する事実様相は、Ｓ４とＳ４・３となる。

本質様相と力能様相においては、事実様相に対して、第一次的には、前者における本質例化命題がそれに対応するＳ５様相論理体系における無時制的必然命題の供給源となり、後者における潜在性命題がＴ様相論理体系における無時制的可能命題の供給源となる。そのうえで、Ｓ５様相論理体系における無時制的可能命題とＴ様相論理体系における無時制的必然命題も、否定表現を用いて第二次的に定義される。持続様相においては、過去様相に対応するＳ４様相論理体系に対して、背顧命題が時制的必然命題の供給源となり、未来

		S4様相	S4.3様相
事実様相／文的様相	必然的	L*	G*
	現実的	∅	
	可能的	M*	F*
実体様相／コプラ的様相（時相：aspect）		過去様相／背顧述定	未来様相／前望述定
	必然的	-ret-（背顧性retrospectivity）	
	現実的	-cur-（現行性currency）	
	可能的		-pro-（前望性prospectivity）

表1b:持続様相（時制的様相）

様相に対応するＳ４・３体系に対して、前望命題が時制的可能命題の供給源となる。そして、背顧命題 $K^{\text{-ret-}}\alpha$ は、過去顕在命題 $P^*K^{\text{-cur-}}\alpha$ との形而上学的同値性のゆえに、同時に過去顕在命題の供給源ともなっている。

表１ａ、１ｂの事実様相における現実性の行の記号「∅」は、両者に対応する記号が存在しないことを表している。事実様相における現実的命題とは結局のところ、実体様相として提示されているような原始命題全般に他ならない。したがって、実体様相・コプラ的様相による事実様相・文的様相の根拠づけとは、現実世界・現在時点に存在する実体的対象にまつわる様相的事実による根拠づけであるという点において、本書は一種の現実主義・現在主義の立場を採用していることになる。ただし、その場合の「現実世界」や「現在時点」の現実性・現在性は、そのような実体的対象の可能的・必然的な存在様式をも含んでいるという点において、すでに様態・時相としての諸様相を内蔵しているような「現実性」や「現在性」である。そしてこの点こそが、第二章第一節（五七頁）で述べたとおり、「非還元的様相実在論」という本書の立場を端的に表しており、この場合の「現実性」「現在性」は、事実上、「実在性」に置き換えら

れるような意味のものである。実際、語源に遡れば、reality とは、もともと 're-ality' として、「ものーらしさ」を表していた。本書では、その「ものらしさ」としての実在性の本源を四種類の実体様相に求めたのであり、そのような意味での「実体主義的様相実在論」が展開されたと言える。そしてこのような reality に含まれる様相としての実体様相は、実在世界における個体性・因果性・時間性の根幹を構成し、種々の経験的探究の前提となるがゆえに「形而上学的様相」と呼ぶにふさわしく、また、実体様相を重視する形而上学は、実在論的・様相論的観点からの「実体主義的形而上学」だということになる。

このひとつの結果として、上のような「実在性」としての包括的な意味での「現実性」「現在性」と対比されると同時に「可能的」「必然的」存在様式とも対比されることになる、狭い意味での「現実」や「現在」、すなわち、実在する実体的対象の様相的あり方のひとつとしての「現実的」「現在的」存在様式に対しては、包括的な意味での現実性・現在性と区別すべき場合のために、力能様相と持続様相においてはそれぞれ「顕在性」「現行性」という名称が使用されている。通常の様相論理・時制論理は、これらの顕在性・現行性のみをそれぞれ含む原子文のみによって構成されていると考えられる。本質様相においては、必然的例化に対して「本質例化」という別名称を割り当てることによって、「(狭い意味での) 現実的」例化との区別がなされている。

以上が、表1a、1bによって示された〈実体様相を中核とする形而上学的様相の全体像〉であるが、表中では表現できないような〈様相的コプラに関するいくつかの補足事項〉を最後に改めて記しておきたい。

第一章第二節などで述べたとおり、本書における「コプラ」は、伝統的な主述文におけるコプラからは色々な点で逸脱している、いわば一般化された意味での「コプラ」であり、主たる特徴は次のとおりである：

(1) 伝統論理の図式に沿ってひとつの対象を表す主語と性質を表す述語のみを媒介する伝統的コプラと異なり、本書でのコプラは、関係命題における関係項と関係を媒介することもできる。たとえば、「ディープインパクトがポップロックを追い抜きつつある」という命題は、*λx.Gxp-cur-d* のほか、*λy.Gdy-cur-p*（ポップロックがディープインパクトに追い抜かれつつある）、*λxy.Gxy-cur-dp*（ディープインパクトとポップロックの間に、前者が後者を追い抜きつつあるという関係が成立している）という三とおりの形に記号化できる［$G_{①②}$：①が②を追い抜く、*d*：ディープインパクト、*p*：ポップロック］。

また、本書では踏み込まなかったが、さらなる一般化として、主語としての複称名辞の許容（たとえば、「ディープインパクトとポップロックが競争している」［C-cur-（*d*, *p*）（$C_{①,②,\ldots}$：①、②、……が競争する）］）や、述語の内部で量化を行うことによるさらなる拡張（たとえば、「ディープインパクトはあるものを追い抜きつつある」（*λx.* ∃*yGxy-cur-d*）など）も想定しうるであろう。

(2) 本書におけるコプラは、程度による差違を許容する確定可能者としてのコプラ（「確定可能的コプラ」）であり、その程度の幅を極限まで限定したときには確定者としてのコプラ（「確定的コプラ」）となる。この点は力能様相における潜在性コプラにおいて最も明瞭に現れていたが、持続様相における背顧性と前望性のコプラにおいても、関連する時点に応じた指標づけによって、確定者コプラとすることができる。本質様相における本質例化コプラや例化コプラにおいては表面的にはこのような確定可能性は現れないが、類種関係には抽象度の幅があることを踏まえるならば、同様の事情が成立しているとも考えうるだろう。たとえば、「ドビンは動物である」と「ドビンは生物である」は、抽象度の程度差を有するふたつの確定的本質例化を表しているとも考えうるだろう。本書で示された論理形式や定理を確定的コプラを用いた形のものにした場合には相当の複雑化が予想されるが、将来的な方向性のひとつではあるだろう。

(3) 力能様相における潜在命題と持続様相における前望命題において、命題が真理値を持たない場合も許容する、部分性が成立していた。また、それに伴い、内的否定と外的否定という二種類の否定表現が採用された。上記以外の種類の原始命題においては、必ずしも部分性や二種類の否定を導入する必要はないが、これらは二値的全体性や外的否定からの拡張的一般化と考えられるので、そうした他の種類の原始命題にも適用されると考えても害はない。また、実体様相命題全般の成立・不成立は、当該の実体的対象が存在する可能世界や時点においてのみ問題にしうることとして、それが存在しない世界や時点では実体様相命題は真理値を持たないと考えるならば、実体様相の種類を問わず、部分性が成立していると考えられるだろう。さらに、各実体様相をひとつの根拠とする事実様相の体系S5、T、S4、S4・3も、まさにそのような根拠を有する場合の体系としては、同様に部分化される必要があるだろう。いずれにせよ、本書においては、典型例としての一項述語による原始命題における実体様相の論理形式と、それにまつわるいくつかの主要な公理・定理を、命題論理の範囲で示したのみでとどまっており、公理体系および形式的意味論の整備や述語論理への拡張は、今後の機会に譲られる。

2　実体様相の相互連関性

「もの」を「もの」たらしめる形而上学的様相の源泉としての本質・力能・持続について、それぞれここまで追究してきたのであるが、これらの源泉ならびにそれに由来する各形而上学的様相の間には、緊密な連関性がある。その連関性とは、まず第一に、実体的対象が個体として存在するためにはその定義的本質が不可欠であるが、その定義的本質においては実体的対象の力能が中心的な位置を占めるということ、第二に、力能が実在するためには持続的対象が実在しなければならないが、その（耐続としての）持続のためには本質が不可欠であるということ、この二点から帰結する三者の相互依存性である。このうちの第一点、すなわち個体性における定義的本質の不可欠性と定義的本質における力能の中核性については、すでにそれぞれ第三章、第四章で解説してあるので、第二点についいてのみ述べることとする。

まず、前半部「力能が実在するためには（耐続的対象としての）持続的対象が実在しなければならない」について検討しよう。力能にとって不可欠なのは、潜在性と顕在性の区別である。そしてその区別を可能にしているのは、力能は、顕在的なあり方のみならず、発揮されてはいないけれども所有されているという潜在的な存在様式を持ちうるということである。だとすれば、発揮されていない間にもそれを保持し続けるような対象が持続的に存在していなければならないし、その間、力能そのものも持続していなければならない。さらにまた、力能を個別化する発現としてのプロセスは、当然、様々な時間的な延長を持っている。したがって、そのようなプロセスをもたらす力能の担い手は、そのプロセスが継続している期間中においても、やはり同様に持続していなければならない。

そしてこのような形での持続としては、耐続以外に考えられない。(1) というのも、それと対比されるような形での持続を伴う対象、すなわち、時間的部分によって構成されるような時間的連続性を持つ対象としてのいわゆる「延続的（本書では「継続的」）」対象とは、できごとやプロセスのような対象以外に存在しないからである。これらの対象は、まず第一に、顕在しているからこそできごとやプロセスたりうるのであって、潜在的なできごと・プロセスというものはありえない。また第二に、これらは、瞬時的なトロープの生成・消滅の連続としての継続によって構成されるものなので、力能が発揮されるプロセスを一貫して支えるような同一性を持ちえない。

もちろん、これはできごとやプロセス以外には時間的部分を持つような対象は認めないという、本書の立場に立脚しての主張である。しかし仮にいわゆる「延続的」対象というものを認めたとしても、

郵便はがき

101-0021

お手数ですが切手をお貼りください

千代田区外神田二丁目十八―六

春秋社

愛読者カード係

＊お送りいただいた個人情報は、書籍の発送および小社のマーケティングに利用させていただきます。

(フリガナ) お名前　(男・女)	歳	ご職業
ご住所　〒		
E-mail	電話	

※新規注文書　↓(本を新たに注文する場合のみご記入下さい。)

ご注文方法　□書店で受け取り　□直送(代金先払い)　担当よりご連絡いたします。

書店名　地区	書名	
取次　この欄は小社で記入します		

創業100周年 春秋社
Shunjusha Publishing Company since 1918

ご購読ありがとうございます。このカードは、小社の今後の出版企画および読者の皆様とのご連絡に役立てたいと思いますので、ご記入の上お送り下さい。

〈本のタイトル〉※必ずご記入下さい

●お買い上げ書店名(　　　　地区　　　　書店　)

●本書に関するご感想、小社刊行物についてのご意見

※上記感想をホームページなどでご紹介させていただく場合があります。(諾・否)

●購読新聞

1. 朝日
2. 読売
3. 日経
4. 毎日
5. その他
(　　　　)

●本書を何でお知りになりましたか

1. 書店で見て
2. 新聞の広告で
(1)朝日 (2)読売 (3)日経 (4)その他
3. 書評で(　　　　紙・誌)
4. 人にすすめられて
5. その他

●お買い求めになった動機

1. 著者のファン
2. テーマにひかれて
3. 装丁が良い
4. 帯の文章を読んで
5. その他
(　　　　)

●内容
□満足 □普通 □不満足

●定価
□安い □普通 □高い

●装丁
□良い □普通 □悪い

●最近読んで面白かった本 (著者) (出版社)

(書名)

春秋社 電話 03-3255-9611 FAX 03-3253-1384 振替 00180-6-24861
E-mail:aidokusha@shunjusha.co.jp

上の事情は変わらないと思われる。実際、K・ホーリーは次のように述べている：

延続説と段階説は、共通の形而上学的描像——世界は、継起的に存在する（existing in succession）非常に短命の（very short-lived）対象で満ちているという描像——を共有している。(2)

この叙述は、「非常に短命の対象」という語によって、いわゆる延続者も瞬時的対象の連鎖として存在するような何ものかであることを示すとともに、「継起的に」という語の中に顕在性をも含意しているように思われる。これはうがった読み方なのかもしれないが、少なくとも私自身は、「潜在的な時間的部分」というものの存在を積極的に主張する四次元主義者を知らないし、そのような主張をする何らかの動機が彼らにあるとは思えない。

そして最後に、第二点のうちの「持続のためには本質が不可欠であるという」という後半部についてである。本書では、実体的対象の持続を貫時点同一性として捉え、さらに貫時点同一性を純粋生成として性格づけた。しかしこの性格づけは、あくまでも持続の形式的側面に関わるものであり、時点というものの独特性に由来する独特の貫世界同一性として、様相的な貫世界同一性すなわち貫可能世界同一性との相違を強調することに主眼があった。それがどのような基準によって定まるのかという、実質的な同一性基準を与える原理となるのが、本質に他ならない。

ここで注意すべきは、この場合の本質はあくまでも定義的本質であって、個別的な何らかの必然的性質としての本質ではないということである。第三章で述べたように、必然的性質へと本質を還元する必然性本質主義においては、各時点の対象における当該の必然的諸性質の共有という条件によって貫時点的同一性を規定する。これに対し、定義的本質主義では、その基礎的全体性の定義によって、どのような場合に実体的個体が発生し、その後消滅するのかという、いわば時間的全体性も規定されることになるのである。

以上のような本質・力能・持続の緊密な関係を、ジョンストンは主に生物を例としながら、非常に効果的に表現している。彼は、実体を特徴づける中心的な哲学的概念として、最も強い要請としての独立性と最も弱い要請としての〈述定における基底性〉すなわち〈性質の担い手にはなるがそれ自身は性質とはならないという特性〉を挙げたのちに、後者を補強する第三の特徴を次のように述べた[3]：

実体についての第三の概念は、次のことを要請することによってこの最も弱い特徴づけを補強する。それは、「実体」の名に値するいかなるものも、その存在の各瞬間において、自己保全（self-maintenance）・発達（development）・持続（persistence）の力能——それは、当該の実体であるとはいかなることであるか（what it is to be the substance in question）についてのいかなる十分な説明においても引用されねばならないような力能である——を（少なくともその自然環境と相対的に）有する、という要請である。こうした要請が、「個々の人間（man）や馬」が地上的な実体の典型であるというアリストテレスの発想の背後にあったように思われる。アリストテレス的伝統に沿って、さらに次のことを要請してもよいだろう——複合的実体の本質は、統一性の形式または原理を含んでいる。その形式または原理とは、当該の実体の変動しうる諸部分間の関係であり、ある時点においてその関係が成立しているならば、その実体はその時点において存在し、自己保全・発達・持続の力能を（少なくともその自然環境と相対的に）含むことになるような関係である。

……（中略）……

実体についてのこの概念のもとでは、実体の名に値するいかなるものも耐続（*enduring*）によって持続するということを要請するのも自然なことである。耐続とは、それが存在する各時点においてその本質のすべて（all of its essence）が存在するということである。したがって、生物の場合は、それが存在する各時点において、何らかの適切な種類の有機物が存在し、自己を保全する傾向性が存在する。それこそが、その本質――少なくともその内在的本質――のすべて、すなわち、その質料と形相なのである。[4]

この引用箇所において、〈統一性の原理としての定義的本質が力能を要請し、さらにそのことが耐続としての持続を要請し、その耐続は本質を用いて定義される〉という三者の相互依存関係が見事なまでに凝縮されて記述されている。

本書に即しつつさらに短縮して言い直すならば、「ものである」とは、〈所有する種々の力能を中核とした自己統一性による全体的対象としての「何ものか」として存在し、それらの力能を随所で発揮しながら刻々と（形而上学的な意味での）歳を重ねていくような個体である〉ということである。これが、「ものであるとはいかなることか」という形而上学的問いへの回答として第一章第一節の末尾で予備的に提示した「ものであるとは、それぞれ本質・力能・(過去および未来の)持続に由来する四種類の実体様相をまといつつ存在することである」という第二の回答のさらなる言い換えであり、本書のささやかな結論である。

このようにまとめてみたとき、本章冒頭に掲げたゴーギャンの絵画のタイトルは、「もの」としての我々のあり方の神髄を、芸術家特有の直観によって極限まで凝縮した形で表現しえていることに、改めて驚かされる。探究は、個々の「われわれ」をとにもかくにも何らかの個体として捉えることから始まる。その各々について「何者か」と問いかける問いは、一方では、垂直的な上昇と下降を繰り返しつつその個体性の全体的理解を深めていくと同時に、その各レベルにおいてそうした全体性の中核を構成する個々の力能を露わにしていく。また、そのような個体性は、各個体におけるこれまでの持続とこれからの持続という時間性を常に伴いつつ個別的に成立しているがゆえに、「どこから来て」「どこへ行くのか」と問わざるをえない。「われわれ」は、〈個体性・個別性を成立させる本質と過去〉という垂直的および時間的な必然性による絶対的制約を担いながら、自己をとりまく事物と自己の前に開けた未来に向けての諸々の可能性を発揮しつつ存在を続けていく「もの」なのである。

付録

実体様相の固有公理と様相論理・時制論理の公理系

A 実体様相の固有公理

これらの公理は、原始命題どうしの関係や原始命題による事実様相の根拠づけのあり方を示すものである。以下では、α、J、Kがそれぞれ類種名、実体的個体定項、一項力能述語、一項プロセス述語を表す図式（シェーマ）として用いられている。□、◇、L*、P*、F*は、次のBで示される文的様相演算子・時制演算子を表している。

1 本質様相

［AE1］　$a/_{\mathrm{E}}a \rightarrow a/a$

［AE2］　$a/_{\mathrm{E}}a \rightarrow \Box\, a/_{\mathrm{E}}a$

2　力能様相

［AP＋］　$J\text{-pot-}a \rightarrow \Diamond J\text{-occ-}a$

［AP－］　$J\text{-}\underline{\text{pot}}\text{-}a \rightarrow \Diamond J\text{-}\underline{\text{occ}}\text{-}a$

［APN］　$J\text{-}\underline{\text{pot}}\text{-}a \rightarrow \neg J\text{-pot-}a$

3a　過去様相

［AR1＋］　$K^{\text{-ret-}}a \rightarrow \mathrm{L}{*}K^{\text{-ret-}}a$

［AR1－］　$K^{\underline{\text{-ret-}}}a \rightarrow \mathrm{L}{*}K^{\underline{\text{-ret-}}}a$

［AR2＋］　$K^{\text{-ret-}}a \leftrightarrow \mathrm{P}{*}K^{\text{-cur-}}a$

［AR2－］　$K^{\underline{\text{-ret-}}}a \leftrightarrow \mathrm{P}{*}K^{\underline{\text{-cur-}}}a$

［ACN］　$K^{\underline{\text{-cur-}}}a \rightarrow \neg K^{\text{-cur-}}a$

［ACE］　$K^{\text{-cur-}}a \vee K^{\underline{\text{-cur-}}}a$

3b　未来様相

［AF＋］　$K^{\text{-pro-}}a \rightarrow \mathrm{F}{*}K^{\text{-cur-}}a$

［AF－］　$K^{\underline{\text{-pro-}}}a \rightarrow \mathrm{F}{*}K^{\underline{\text{-cur-}}}a$

［ACN］　$K^{\underline{\text{-cur-}}}a \rightarrow \neg K^{\text{-cur-}}a$

［ACE］　$K^{\text{-cur-}}a \vee K^{\underline{\text{-cur-}}}a$

B　実体様相に関連する様相論理・時制論理の公理系

以下で示されるのは、命題論理の公理系である。いずれの公理系においても、たとえば次の（シェーマによる）ウカシェーヴィチの公理系のような、〈MP〉を唯一の推論規則とする古典論理の任意のヒルベルトタイプの公理系が前提されているものとする：

定義：

［D1］　$A \wedge B$　=df　$\neg(A \to \neg B)$

［D2］　$A \vee B$　=df　$\neg A \to B$

［D3］　$A \leftrightarrow B$　=df　$(A \to B) \wedge (B \to A)$

公理：

［A1］　$A \to (B \to A)$

［A2］　$(A \to (B \to C)) \to ((A \to B) \to (A \to C))$

［A3］　$(\neg A \to \neg B) \to (B \to A)$

推論規則：〈MP〉　もしもAおよび$A \to B$が定理であるならば、Bも定理である。

1　本質様相

様相論理：S5

公理：［K］［T］［4］［E］

推論規則：〈N〉

2　力能様相

様相論理：T

公理：［K］［T］

推論規則：〈N〉

3a　過去様相

時制論理：OT

公理：［A1］～［A13］

推論規則：〈H〉〈G〉〈L〉

様相論理：S4（定義［DM*］［DL*］によるOTの様相的断片）

公理：［K′］［T′］［4′］

推論規則：〈L′〉

3b　未来様相

時制論理：OT（過去様相と同じ）

様相論理：S4・3（定義［DF*］［DG*］によるOTの様相的断片）

公理：［K″］［T″］［4″］［L″］

推論規則：〈L″〉

定義一覧

［D◇］　◇A =df ¬□¬A

［DM］　MA =df ¬L¬A

［DL*］　L*A =df A ∨ L*A

［DM*］　M*A =df ¬L*¬A

［DH］　HA =df ¬P¬A

［DP*］　P*A =df A ∨ PA

［DH*］　H*A =df ¬P*¬A

［DG］　GA =df ¬F¬A

[DF*]　$F^*A \;=_{df}\; A \vee FA$

[DG*]　$G^*A \;=_{df}\; \neg F^* \neg A$

推論規則一覧

〈N〉　もしも A が定理であるならば、$\Box A$ も定理である。

〈H〉　もしも A が定理であるならば、HA も定理である。

〈G〉　もしも A が定理であるならば、GA も定理である。

〈L〉　もしも A が定理であるならば、LA も定理である。

〈H*〉　もしも A が定理であるならば、H^*A も定理である。

〈G*〉　もしも A が定理であるならば、G^*A も定理である。

〈L*〉　もしも A が定理であるならば、L^*A も定理である。

公理一覧

[K]　$\Box(A \rightarrow B) \rightarrow (\Box A \rightarrow \Box B)$

[T]　$\Box A \rightarrow A$

[4]　$\Diamond\Diamond A \rightarrow \Diamond A$

[E]　$\Diamond A \rightarrow \Box\Diamond A$

[L]　$(\Diamond A \wedge \Diamond B) \rightarrow (\Diamond(A \wedge B) \vee (\Diamond(A \wedge \Diamond B) \vee \Diamond(\Diamond A \wedge B)))$

［K′］ $L^*(A \to B) \to (L^*A \to L^*B)$

［T′］ $L^*A \to A$

［4′］ $M^*M^*A \to M^*A$

［K″］ $G^*(A \to B) \to (G^*A \to G^*B)$

［T″］ $G^*A \to A$

［4″］ $F^*F^*A \to F^*A$

［L″］ $(F^*A \wedge F^*B) \to (F^*(A \wedge B) \vee (F^*(A \wedge F^*B) \vee F^*(F^*A \wedge B)))$

［A1］ $G(A \to B) \to (GA \to GB)$

［A2］ $H(A \to B) \to (HA \to HB)$

［A3］ $A \to HFA$

［A4］ $A \to GPA$

［A5］ $FFA \to FA$

［A6］ $(FA \wedge FB) \to (F(A \wedge B) \vee (F(A \wedge FB) \vee F(FA \wedge B)))$

［A7］ $(PA \wedge PB) \to (P(A \wedge B) \vee (P(A \wedge PB) \vee P(PA \wedge B)))$

［A8］ $GA \to FA$

[A9] $\mathrm{H}A \to \mathrm{P}A$

[A10] $\mathrm{L}(A \to B) \to (\mathrm{L}A \to \mathrm{L}B)$

[A11] $\mathrm{MM}A \to \mathrm{M}A$

[A12] $\mathrm{L}A \to \mathrm{G}A$

[A13] $A \to \mathrm{LP}A$

試論　現代物理学と実体主義

第1章　量子論における実体性

1

本論では実体的対象に関する形而上学的考察が行われたのであるが、それが実体的対象全般の存在性格を捉えることを目的とする以上、当然、その視野内には現代科学、特に現代物理学において登場する（広い意味での）諸物体も含まれなければならない。物理学とは、「物理的対象（physical object）」の科学に他ならず、現代における形而上学、特に実体論は、現代物理学の成果とできるかぎり調和していることが望まれるからである。この試論は、本論で描き出された実体像が、現代物理学に登場する諸対象にどの程度適用できるのかを検討することを主たる目的とする、一種の事例研究あるいは応用研究である。

巷間では、量子論・相対論によって描き出される物体像・世界像は、物体や世界の実体的性格を否定することにより、常識的物体観・世界観を覆すようなものだという主張を往々にして耳にする。これに対し、本論で描き出された物体の存在性格は基本的に、実体主義というどちらかと言えば伝統的かつ常識的な物体観を基礎としている。したがって、試論での考察は、実体主義という伝統的・常識的な路線に沿った存在論が、どれほど最先端の物理学研究の成果を捉え切れるのか、という形でのマイナスからのスタートとならざるをえない。まずは、本論における実体論と現代物理学との両立可能性という最低限の課題が当面の目標となる。

しかし、まず再確認しておかなくてはいけないのは、量子論的・相対論的世界像と日常的世界像のあり方が大きく異なるのは、驚くべきことであるどころか、本来はむしろそちらの方が「当たり前」だということである。第一に、素粒子は、理論的には「大きさを持たないもの」であり、近似的には「プランク長さ」であるところの 1.62×10^{-33}cm 以下の大きさの何ものかであるということになっている。[1] 一方、宇宙論の典型的スケールは、9×10^{27}cm だということである。[2] 書くはたやすいが、いずれのスケールにしても文字どおりの意味で「想像を絶する」領域だと言わざるをえない。

そのような想像を絶する領域に登場する諸対象が曲がりなりにも日常的な「もの」らしさをいささかでも持っているということ、ましてや仮に「大きさを持たない」としてもそれを「もの」と呼ぶことが必ずしもただちには矛盾しないということの「驚き」を私たちは忘れてはならない。物理学者であるH・ボンディは、次のように自戒している：

> 私たちが諸道具を用いてより遠くまで行けば行くほど、私たちが探究する諸世界がより未知のものであればあるほど、当然、そのような世界は私たちが慣れ親しんだものからより異なっていくだろう。現代物理学者は、ルイス・キャロルの言葉を借りれば、毎朝少なくとも二つの信じがた

いことを信ずることに慣れてしまっている。それを少し異なった形で再び表現するならば、確かに次のことが言える：驚くべきは気体中の分子がほとんどビリヤードボールのように振る舞うということであって、電子がほとんどビリヤードボールのように振る舞わないということではない(3)。

現代物理学的世界像の特異性を軽々にただ喧伝するのではなく、このような驚きを大切にすることこそ、まさしく哲学のひとつの役割であろう。

量子論における不確定性原理の導入者として有名なW・ハイゼンベルクも、著書『物理学と哲学――現代科学における革命』（1958）において、量子論のパラドクスに対処するために古典的概念を根本的に変更すべきだという提案に対して次のように異を唱えている：

> しかしながらこの提案は誤解に基づいている。古典物理学の概念はまさに日常生活の概念の洗練されたものであり、あらゆる自然科学の根底を形づくっている言語の本質的な部分となっている。我々の科学における現実の立場は、実験の記述に対して古典的概念を使用することであって、量子論の課題というのもこの根底の上に立って実験の理論的解釈を求めることにあった。もし我々が現在の我々とちがった人間であったとすれば、どんなことができるかということを論じたところで何の役にもたたない。この点について、ヴァイツゼッカーがいったように「自然は人間より前からあるし、人間は自然科学より前から存在していた」ということをはっきりと認めなければならない(4)。

また、朝永振一郎の名著『量子力学的世界像』所収の「素粒子は粒子であるか」(1949)は、素粒子の存在性格をきわめて平明な言葉で直観的に理解させることに成功しているすぐれた解説文であるが、第一級の物理学者が素粒子の「もの」的性格を否定した例証として引用されることもある。たしかに、彼は「素粒子はある点では通常の粒子に似ているが、他の点では全く似ていない」と主張しているのであるが、彼が行ったのは、まさしく「素粒子が通常の粒子に似ている点と似ていない点とを、これからだんだんに述べて」いくことであり、「似ている点」を決して閑却しているわけではないことも強調されるべきである。(5) 実際、「素粒子とはこれこれの色をもつとか、これこれの温度をもつとかいう、文章の主語にはなれないようなものである」と述べる一方で、「その位置がこれこれであるという文の主語にはなれるし、またその運動量がこれこれであるという文の主語にもなりうる」とも述べている。(6) すなわち素粒子は、述語や論理形式に関する一定の制約の範囲内であれば、通常の実体的対象と同様、主語によって表現されうるような「もの」であるということである。これらの点を頼みとしつつ、まずは朝永による解説をひとつの導きの糸として、実体論と量子論との間で発生する存在論的諸問題について検討していくこととする。

2

朝永が挙げている素粒子と通常の粒子との類似点は、(1) 一つ二つと数えることが出来る(可算性)、(2) 空間のどこの点にいるかということは(近似的な意味で)定められる(空間的局所性)、(3)(離散的な値の）運動量とエネルギーの担い手である、という三点である。一方、相違点は、(1)自己同一性を持たない、(2)位置と運動量とを二つ一緒には定められない、(3)（(2)のひとつの帰結として）運動の道筋を持つことはできない、(4)電子や光子の状態は（波動関数によって表される）ヴェクトル的な性質のものである、という四点である。ただし、後者の(1)については、「自己同一性をもたない『粒子』はあり得ないものではない」という留保が付けられている。

朝永は、「自己同一性を持たない粒子」を、図1のような「大きな板の上一面にたくさんの電球をギッシリと取付けた仕掛け」としての「電光ニュース」の比喩を用いて説明した。そこでは、最初に二つの一〇〇ワットの光点A、Bが光っていた状態から各光点が少しずつ移動していき、Cで合流して二〇〇ワットで輝いた後に、また少しずつ二つの一〇〇ワットの光点が移動していってそれぞれD、Eに至るという状況が描かれている。この場合、たしかに「二つの」光点がずっと存在していたと考えることができるが、たとえばA、Bの二つの場所を光らせる仕方には一通りしかない。これに対し、もしもA、Bが通常の粒子のように自己同一性を持っていたならば、両者の入れ替えによって二通りとなるはずである。この比較に基づいて、彼は次のようにまとめている：

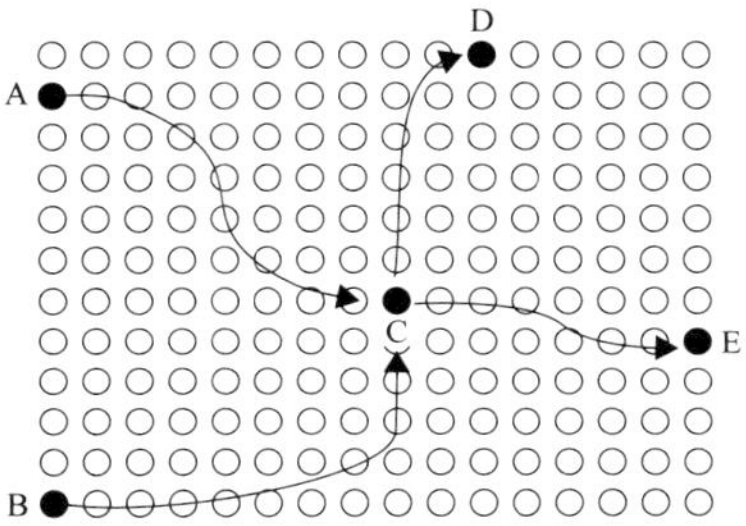

図1　電光ニュースの図

光子のように自己同一性がない粒子というものは、この電光ニュースのようなものだと考えれば、その意味において決して存在し得ないものでないということが、これで明かになった。素粒子というのは正にこういうものなのである。それは粒子であるといっても、電光ニュースの上の光の点のような意味のものである。実際現在の素粒子の理論では、素粒子をこういうものとして取扱う。

素粒子論において、電光板の役目をするものは、いわゆる場である。素粒子とは電光ニュースの上に現れる光点のように場に起る状態の変化として現れるものである。この状態の変化を支配する法則は場の方程式といわれる数学の形で表される。空間の中には色々な場が存在していて、その各々の場にはそれぞれ異なった素粒子が現れる。電磁場の表れとしては光子が、ディラック場の現れとしては電子が、さらに湯川場の現れとしては中間子が現れるのである。(7)

そして、たしかにこの説明に従えば、素粒子とは、「もの」というよりは、ある時空点での特定の量子場の励起という「状態」もしくは状態の「変化」だということになるだろう。しかし、これによって実体主義的な世界像そのものがただちに棄却されることになるかと言えば、そうではない。この場合、実体的対象に相当する「もの」が、光点で表される素粒子から、電光ニュース盤で表される「場」（あるいは個々の電球で表される、場中の各点）に移行したにすぎない(8)。そのことは、朝永自身、「場に起こる変化」という表現を用いていることからも明らかである。

もちろん、この場合、たとえば複数個の光子は、一つの電磁場の中での複数箇所における励起であることになったり、同一の時空点に電磁場やディラック場などの複数の場が存在することになるなど、

「個体」のあり方は、互いに排他的である日常的物体とは大きくかけ離れた、重ね合わせ可能な非排他的なものとなる。(9) しかし、それぞれがエネルギーという一種の物理学的力能の担い手として「ディラック場」「電磁場」(あるいはさらに上位の何らかのカテゴリーとしての場) という本質によって個体化されており、何らかの客観的基準によってその時間的「変化」というものを語りうるような何ものかである以上、その限りにおいて「もの」の資格を満たしている。

元来、「場」という概念は、遠隔的作用を棄却して因果の局所性を守るために特にファラデーによって展開されたという歴史的由来を持っているが、因果の局所性は、「普遍的接触の原理 (principle of universal contact)」とも呼ばれていた。すなわち、因果的作用は離散的な複数の物体どうしの接触のみによって発生するという原理を徹底した所産が「場」だと言える。(10) このような「場」については二つの解釈が可能である。そのひとつの解釈は、場とは、すべての物体 (と通常思われているもの) の無限に広がる斥力の重ね合わせによって成立している唯一の「もの」であるとする一元論的解釈であり、もうひとつの解釈は、すべての連続的な時空点そのものを「もの」として解釈した上でその無限個の集まり全体を「場」だと考える、多元論的解釈である。(11) いずれにせよ、「場」とは、通常の物体から成る世界像を一元論、多元論のいずれかの方向に極限にまで徹底した結果だと考えられる。このような意味においても、「場」は「もの」の延長線上にあると言える。

また、朝永が用いた電光ニュースの比喩は、あくまでも比喩のひとつであり、他の比喩に即した説明もありうる。電光ニュースの比喩は、基本的に量子場の理論にもとづく「場の一元論」的な素粒子論解釈を示したものだと言えるが、P・テラーのように、量子場の理論を文字どおりに「場の理論」

として解釈することに懐疑的な論者もいる。彼は、著書『量子場の理論への解釈的入門』(1997)においては次のように述べている：

「量子場の理論」という名称は、何よりも場の理論として想定されなければならない理論を私たちに予想させる。本書において私が指摘したいと考えている最も重要なひとつのことは、その印象が誤りだということである。適正に記述されるならば、量子場の理論は、まったく同程度に「粒子」の理論である。実際、量子場の理論は、粒子的な側面と場的な側面を持っており、その適正な理解には、いずれのアプローチももう一方のアプローチに勝るものではないということとその理由とをともに理解することが含まれている。[12]

そしてテラー自身は、「粒子(particles)」に代わる文字どおり「量子(quanta)」というカテゴリーのもとに素粒子を収めることを提案し、量子を次のような「預金」と「ロープの瘤」という二つの比喩で説明している[13]：

マグー氏は、彼の貸金庫に二枚の一セント硬貨を投入し、数年後に取り出して、次のような理解可能ではあるが実際には回答不能な問いを立てることはできる：「どちらの硬貨が最初に入れられたのか、そして銀行員の誰かが密かに両者を置き換えたりしただろうか」。しかし、もしもマグー氏が彼の口座に二ドルの小切手もしくは一ドルの小切手二枚によって預金したならば、後日同様の質問をすることは意味をなさない。……（中略）……あなたと私が互いに一定距離離れてロープを持ち、それぞれが良い具合に手元でロープに振動を与えたとする。そうすることによって、私たちは二つの移動する瘤――ひとつはあなた側から中央に向かい、もうひとつは私側から向かう――を作り出す。しかし、中間でふたつの瘤は一瞬合体し、その後、二つの瘤が互いに反対方向にロープを伝いつづけるのが見られる。しかし、この二つの瘤が入れ替わるという状況を思い浮かべることに意味があるだろうか？ 何らかの形でもとの状況と区別されるような状況がありうるだろうか？ ありえそうにないだろう！(14)

これら二つの比喩のうち、ロープの瘤の比喩は、一見すると場あるいは波の状態として素粒子を捉える朝永の見方の別バージョンのようにも思われる。そしてテラー自身も「ロープ上の瘤――典型的な波的現象――の比喩によって、量子の中にどのような粒子概念が残存しているのか、と問うことは理解できる」と認めながらも、彼は瘤の粒子的側面を次のように強調する：

量子的現象の文脈で、次の粒子的側面が残っている：……（中略）……量子は、離散的な単位でのみ集積しうる。加えて、実験により、量子は常に、極端までに（完全ではないけれども）十分に局所化された場所にその全体を現すのを見出すことができる。このいずれの側面も、波や場の古典的概念には伴っていない。(15)

この、量子の二つの粒子的側面とは、朝永が指摘していた「粒子と似ている点」の「⑴ 一つ二つと数えることが出来る（可算性）」、「⑵ 空間のどこの点にいるかということは（近似的な意味で）定められる（空間的局所性）」にほぼ相当する。

一方、テラーが預金やロープの瘤の比喩によって伝えようとしている主たる非-粒子的側面は、朝永もその筆頭にあげていた「⑴ 自己同一性を持たない」に対応する側面である。テラーはまず、伝統的な「実体（substance）」の概念が担っていた概念的役割を次の三つに整理する：⑴ ある時点において、その諸性質から独立に対象の同一性を供給するまたは基礎づける役割、⑵ 対象の諸性質が時間を通じて変化する中で同一であり続ける何ものかを供給する役割、⑶ 諸性質の内在する何ものかを供給する〈性質の担い手〉としての役割。そしてこの三つの役割のうちの⑴⑵を量子的対象に対して与える概念を「根元的このもの性（primitive thisness）」という用語で表現し、量子は通常の粒子と異なり、根源的このもの性を持たないと主張した。だが、⑶の性質の担い手としての役割に関しては両者の類似性を必ずしも否定しなかった。[16] この点は、朝永が素粒子の第三の粒子的側面として挙げた「⑶（離散的な値の）運動量とエネルギーの担い手である」という側面と対応づけられるであろう。

すると残る〈量子の非粒子的側面〉は、朝永が指摘した他の三つの側面「⑵ 位置と運動量とを二つ一緒には定められない、⑶（⑵のひとつの帰結として）運動の道筋を持つことはできない、⑷ 電子や光子の状態はヴェクトル的な性質のものである」である。これらはすべて、いわゆる量子論における「性質の重ね合わせ（superposition of properties）」に関わる側面だと考えられる。⑵は直接的には「不確定性原理」に関わる問題だが、朝永も解説しているように、運動量と位置の一方の値が確定されたとき、もう一方の値がその複数の確定値の確率的な重ね合わせ状態となるという形での、量子状態のヴェクトル的性質の現れとして解釈できる[17]。

そしてこの「重ね合わせ」状態こそが、観測問題を始めとする、量子論にまつわる哲学的諸問題の根源だと言えるが、これに対しては、テラーはいわゆる「傾向性（propensity）解釈」を採用している：

私は、重ね合わされた諸性質を傾向性によって理解する。もしもQという性質が性質P_1とP_2の重ね合わせであるならば、Qはそれ自体としてひとつの性質であるが、適切な「観測」成立条件が満たされたとき、観測結果として、重ね合わさった性質P_1またはP_2を、それぞれの確率値によって与えられる確率のもとでもたらす傾向性をも含んでいる[18]。

この「傾向性解釈」は、M・レッドヘッドが著書『不完全性・非局所性・実在主義――量子力学の哲学序説』（1987）において、量子力学の三つの従来の解釈のうち、実在主義解釈を少なくとも可能にする見解のひとつとして「見解B：傾向性と潜在性（potentiality）」というタイトルのもとで提示した解釈である。この見解Bは、「量子力学におけるオブザーバブル（Qとする）の値について、系の状態がQの固有状態でないときに、何を言うことができるか」という問いに対して「Qは、ぼやけた、すなわち『ファジーな』値を持っている」と答える見解であるが、この見解について彼は次のように解説している：

見解Bの言うところによると、量子力学は、古典物理学が採用する概念の他に新しい概念をもちださざるをえないという点で、不可思議なのである。「新しい」という言い方は、ただ、古典物理学との関係で理解されなければならない。実際、潜在性という観念は、アリストテレス自然学――大ざっぱに言うと、ドングリは樫の木になる潜在性を「もっている」、すべての変化は潜在性質の現実化に他ならない――の中心であった。ハイゼンベルクは、量子力学の哲学に関する晩年の著述の中で、このタイプの解釈とアリストテレスとの親近性を特に強調していた。(19)

レッドヘッドによる見解Bの解説中で紹介されているハイゼンベルクの晩年の著述とは、おそらく先に引用した彼の著書『物理学と哲学――現代科学における革命』(1958) を指しており、実際、彼はその中で次のように述べている：

ボーア、クラマース、スレーターの確率波にはそれ〔＝主観的確率〕以上の意味がある。それはあるものに対する傾向を意味している。それはアリストテレスの哲学における昔の「ポテンティア（潜勢力）」の概念の量的な表現である。それは事象についての観念と現実の事象との中間にある或るもので、まさに可能性とリアリティのちょうど中間にある、奇妙な一種の物理的リアリティである。(20)

観測自身は確率関数を不連続的に変化させる。それはあらゆる可能な事象のうちから現実の一つ、すなわち起こった事象を選択する。……（中略）……

このように「可能」から「現実」への移行が観測をしている間に起こる。もし我々が原子的事象においてどんなことが起ったかを記述したいというならば、「起こる」という語が観測にだけ適用できるもので、二つの観測の間の事件の状態には適用できないことをはっきり知らなければならない。それは観測の物理的な行動に適用され、その心理的行動には適用できない。そうして「可能」から「現実」への移行は、対象が測定器械との、したがってまた世界の他の部分との、相互作用をはじめるやいなや起こるものである。(21)

以上のような、テラーとハイゼンベルク（および、おそらくレッドヘッド自身）に見られる「量子状態の傾向性解釈」は、少なくともレッドヘッドが提示した三つの解釈のうちでは、本論で提示されたような力能実在論と最も親和性が高い解釈である。そして、この解釈のもとでは、〈素粒子の状態が重ね合わせであること、したがって朝永の言う「ヴェクトル的」であること〉自体は、テラーが推奨するところの「量子」としてではなく通常の「粒子」として素粒子を解釈することさえも、必ずしも妨げないとテラーは主張している：

重ね合わせは、私の説明では、適切な「観測」条件のもとで重ね合わさった諸性質のうちのひとつを発現させる傾向性である。仮にこの解釈において［量子ではなく］粒子に固執したとしても、依然として次のように言うことができる：不定数状態（indefinite-number states）とは、〈いかなる粒子も現実には出現していないが、観測によって、ある一定個数の粒子が当該の重ね合わせに対応する形で現れる〉状態である。[22]

もしもテラーのこの主張が正しいならば、本書においても解釈Bを採用するという前提のもとでは、朝永が挙げた素粒子の非粒子的性格のうち「(1) 自己同一性を持たない」という性格のみが、すなわち、テラーの言葉では「根元的このもの性を持たない」という性格のみが、本来的な非粒子性であるということになるだろう。そこで以下では、この点にもっぱら焦点を合わせて考察することとする。しかしその具体的考察を始める前に、自己同一性の問題とも深い関連性を持ちつつも朝永の著作においては必ずしもクローズアップされなかった、量子論に関するもうひとつの主要な哲学的問題源である「量子もつれ（quantum entanglement）」にも目配りをしておきたい。そのために、量子状態に関してはやはり傾向性解釈を採用したうえで「ベルの定理」すなわち「ベルの不等式の破れ」の存在論的帰結について論じたM・エスフェルドの論文「関係の実在性：量子力学からの論拠」(2016) に即して考えることとする。

3

まずエスフェルドは、アインシュタインらによるいわゆるEPR思考実験を次のように解説する：

その思考実験は、次のような状況についてのものである：①二つの粒子がひとつの発生源によって準備され、反対方向に放出される、②その際、各粒子について少なくとも二つの変数を観測することが可能であり、③観測される変数は、観測の直前に、すなわち、これらの粒子がすでに任意の大きさの空間的距離によって隔てられているときに、はじめて決定される(23)。

彼によれば、ベルの定理は次のことを立証している（二つの粒子の観測者をそれぞれアリスとボブだとする）：

このような実験におけるアリスの側での彼女の観測結果の確率は、彼女が観測することを選択した変数と、当該の量子系の過去の状態（彼女の観測操作に至る過去の光円錐内に存在する任意の状態を含んで良い）とによっては決定されない。まったく逆に、アリスの観測結果の確率は、その実験においてボブの側で観測される変数の彼による選択と、彼が得た結果とによって影響される。その際、観測される変数のボブによる選択と彼の観測結果は、観測される変数のアリスによる選択と彼女の観測結果から空間的間隔によって隔てられている、すなわち、光速以下で伝播するいかなる信号も両者間に連絡を付けられない、にもかかわらず(24)。

この結果、量子形式理論（quantum formalism）は次のようなディレンマに陥ることになる：

一方の角では、波動関数に対する単なる認識論的解釈が、一般的事例において除外される。他方の角では、物理学的実在の完全な表象を与えてくれるものとして波動関数を捉えるその存在論的解釈が、アインシュタインが「不気味な遠隔操作」と呼んだものを承認することに私たちをコミットさせる。[25]

エスフェルドによれば、このディレンマは、〈量子力学の教科書における形式理論から直接自然界の存在論を読み取ることは不可能であること、言い換えれば、その形式理論に対して実証主義的な形而上学あるいは自然化された形而上学を適用することが袋小路に陥ること〉を示している。かといって、もちろん、アプリオリな推論によって量子論の存在論をもたらすことはできない。したがって求められるのは、次のような課題を果たす自然哲学（natural philosophy）である：

その自然哲学は、次の両者を一体のものとして、したがって不可分なものとして、成し遂げる：①量子力学の教科書上の〈観測結果の確率を計算するアルゴリズム〉の根拠となる形式理論をもたらすと同時に、②そのアルゴリズムから取り残された物理学的問い（アインシュタインの二つの箱の事例で何が起きるかという問いは、物理学的な問いであって哲学的な問いではない）に対して、自然界の存在論を提示しながら、答えを与える。[26]

このようなタイプの（古典力学に対する）自然哲学の典型例が、実はニュートンの自然哲学だったのであるが、それは、古典力学に関する次の三つの問いに対して答えを与えるものであった：

(1) 物理的対象(physical objects)とは何か？

(2) 物理的対象の時間的変化についての法則とは何か？ より精確には、法則によってその振舞いを説明されるような〈物理的対象の性質〉とは何か？

(3) どのようにして、物理的対象とその性質は、観察可能な現象を説明するのか(27)？

そしてこれらの問いに対する回答について、古典力学と量子力学との間での異同に関して、ベルの考察に導かれながらエスフェルドが導いた帰結はおおよそ次のとおりである：

(1) この問いに関して、古典力学から量子力学への移行に伴って答えを変える必要はない。基礎的存在論は、〈背景空間に配置された物質〉、より精確には〈いくつかの空間点に存在する粒子〉によって構成されている。

(2) 粒子の古典力学的な軌跡は観測結果に対する量子力学的確率を与えてはくれないので、物理的対象の時間的変化についての法則は変更されなければならない。粒子は、古典力学とは異なる性質を与えられなければならない。

(3) この問いに関しても答えを変える必要はない：(a) すべてのマクロ物理的対象は、ミクロ物理的対象によって構成されている。(b) マクロ物理的対象におけるすべての相違は、ミクロ物理的粒子の位置（配置）と位置の変化（運動）に還元できる。唯一の変更点は、粒子の運動を説明する内在的な――それゆえ局所的な――性質の代わりに、一体的に捉えられたすべての粒子のひとつの全体的性質を量子力学は説明するということである。[28]

(2)への回答において述べられている「古典力学とは異なる性質」が、(3)への回答中の「一体的に捉えられたすべての粒子のひとつの全体的性質」なのであるが、具体的には、そのような性質についての法則は、空間における粒子の配置の時間的変化に関する、次のボームの誘導方程式（guiding equation）［1］によって表現される[29]：

$$\frac{dQ}{dt} = v^{\Psi_t}(Q) \quad \cdots\cdots \ [1]$$

エスフェルドは、この方程式中の波動関数Ψによって表される「ひとつの全体的性質」について次のように解説している：

この法則中の波動関数Ψは、時点tにおける位置を与えられたとき、tにおける粒子の速度を決定する役割を果たす。そのような役割を果たせる理由は、あるひとつの性質、すなわち、粒子の速度を確定することによってその時間的変化を決定する、粒子の傾向的なひとつの性質を表していると見なすことが合理的だからである。

しかしながら、［1］中の波動関数は宇宙波動関数であり、したがって、Qは宇宙の中のすべての粒子の配置を表している。すなわち、時点tにおける位置を与えられたときにtにおける粒子の速度を決定する性質は、その粒子の内在的性質ではない。まったく逆に、存在するのは、tにおける各粒子の速度を決定する〈tにおける宇宙波動関数〉によって表される〈すべての粒子の全体的性質〉だけなのである。そしてこれこそが、ボーム的力学においてEPR思考実験とベルの定理によってもたらされる非局所的な相関を説明する仕方に他ならない。言い換えれば、諸粒子の軌跡は、局所的にそれらに働く力によって決定されるのではなく、一体的に扱われるすべての粒子の全体的性質によって決定されるのである。(30)

すなわち、エスフェルド（およびボーム、ベル）も量子的性質に関しては傾向性解釈を採用したうえで、その性質を全体論的・一元論的なものとして規定することにより、量子もつれの問題を解決しているということである。

そしてこのような量子力学解釈は、いわゆる「存在論的構造実在論（ontic structural realism）」を後押しすることになるが、エスフェルドによれば、それは必ずしも実体主義的存在論を退けることにはならない。彼は次のように論文を締めくくっている：

ベルの定理は、いかなる今後の物理理論に対しても制約を与えると考えるべき良き理由があるので、自然界の存在論において内在的諸性質へと戻っていく見込みはない。いずれにせよ、関係は、存在論的構造実在論によって強調されているように、基礎的なものとして認定されなければならないだろう。しかしながら、これらの関係は諸対象によって例示されるのであり、それらの対象を実体として想定することもできるだろう。その場合、実体の概念と伝統的に結びつけられてきたいくつかの特徴は捨てられなければならないとしても。(31)

このように、構造主義を採りながら決して構造の関係項としての対象の実在性を否定しないがゆえに、彼の立場は「穏健な構造実在論」と呼ばれている。なお、エスフェルドによる以上の考察は、従来型の（非相対論的）量子力学に即したものであるが、場の量子論に考察対象を移したとしても大勢に影響はない。相対論的な場の量子論においてもベルの定理は成立するし、上述のような全体論的特徴はむしろ強まるからである。主たる変更点は次のようなことである：

観測結果に対する確率を計算する量子力学的アルゴリズムは、すべての粒子の配置によって例示される全体的性質によってその軌跡を決定される、一定個数の粒子にコミットする存在論から導くことができるが、場の量子論においては、粒子の生成と消滅というできごとに対する余地を残しておかねばならないように思われる。したがって、もしも粒子へのコミットメントを保持し、粒子を実体として解釈するならば、実体が発生し、消滅するということを許容しなければならない。……（中略）……いずれにせよ、場の量子論には、空間中における物質の配置の時間的変化を決定する全体的性質へのコミットメントを支持する良き理由が存在する。たとえ、その性質は、

（ニュートン力学や非相対論的なボーム力学におけるようには）粒子の通時的同一性（intertemporal identity）をもはや提供しないとしても。[32]
この引用の最後の「粒子の通時的同一性」が、朝永の「自己同一性」・テラーの「根元的このもの性」に相当すると考えてよいだろう。

4

ここで整理しよう。前節までの考察で、本書での実体論と両立可能な量子論解釈の候補として次の三つが挙げられた：

(a) 朝永が示したような、場の一元論的解釈
(b) テラーが示したような、「量子カテゴリー」による素粒子解釈
(c) エスフェルドが示したような、ボーム的量子力学による解釈

そのいずれにも共通する点は、波動関数によって表される量子的性質を傾向性として実在論的に解釈したうえで、場または素粒子をそのような性質の担い手として認定していることであった。

その際、本書に従う限り、そのような性質の担い手が少なくとも最低限の意味での「個体」（「個別者」ではないかもしれないが）である限りにおいて、場・量子・粒子という各カテゴリーに属する

「何か」としての本質、すなわち実在的定義としての本質をその前提としているということになる。

それに加えて、波動方程式が、場や素粒子の状態についてその一次元的な時間変化を記述するものである以上、次章で論ずる相対論的問題をさしあたり除外するならば、その変数としての時間と場や素粒子の一種の「(形而上学的)年齢」とを一対一に対応づけることができるだろう。

以上が、上の三つの解釈が本論で示したような実体的対象として場や素粒子を捉えることを可能ならしめると考えうる理由であるが、もちろん、それぞれにおいて、常識的な物体像との大きな乖離が認められた。その乖離の実相について順次検討していきたい。

第一に、(a)の「場としての実体的対象」という解釈は、まず何よりも、(b)、(c)のような「(量子を含む広い意味での)粒子としての実体的対象」という解釈と対比されるところに最大の特徴があるだろう。そして、日常的な物体が通常、局所性・多元性・空間的排他性などの性格を伴うことを踏まえるならば、少なくともその点においては、(b)、(c)のような粒子的解釈の方が、日常的な物体像に近い解釈だと言えるだろう。しかし、「場(または波)」対「粒子」という対比における最も重要な相違点は何なのだろうか？　この問いに答えることは、一見するほど容易ではないように思われる。

というのも、いま述べた三つの特性のいずれも、必ずしも場に対立する特徴ではないと考えうるからである。まず局所性・多元性については、第一節で述べたように、場の解釈には、場中のすべての連続的な時空点を諸性質の担い手として捉える多元的な解釈もありうる。その場合、むしろ日常的な物体の局所性・多元性を排するどころか、逆にそれらを極端なまでに押し詰めて得られるのが、場という実体的対象であることになる。さらに、電磁場やディラック場など複数の種類の場が重なりうるという点においても、多元性は成立していると考えられるだろう。

一方、粒子の特性としての空間的排他性は、少なくとも(b)のような「量子」としての素粒子解釈に対しては適用できない。そして日常的物体に関しても、銅像を組成する別の物体として銅塊を捉えるような立場では、空間的排他性が物体であることの必要条件とされない[33]。

私自身は、場と粒子の最も重要な対比は、「不動性」対「移動（可能）性」だと考える。粒子的な運動に際して、解釈(a)のもとでは、一元的解釈であれ、多元的解釈であれ、実体的対象そのものは移動しない。移動するのは、励起などの状態が現れる場所である。一元的解釈の場合は、〈実体的対象としての特定の場〉の内部においてその状態が発生する場所が移動し、多元的解釈の場合は、その状態を発生させる実体的対象そのものが交代していく。いずれの場合にも、実体的対象そのものは運動しない。いわば「不動の実体」であることが、場の場たるゆえんなのである。

次に、テラーが示したような、「量子カテゴリー」による素粒子解釈(b)の特徴は、素粒子が「自己同一性」あるいは「根元的このもの性」を持たないということであった。改めてテラーの説明を参照してみよう：

従来型の量子力学において二粒子系について議論する際には、粒子（particles）のうちの一方を「粒子1」として、他方を「粒子2」として指示することを宣言することから始まる。このように名づけられる物（things）についてのどのような先入観が理論に持ち込まれるのだろうか？私たちは前理論的な先入観に関心があるのだから、もっと一般的な語である「もの（objects）」

を「粒子」の代わりに用いて、二つのもの1と2を指示することにしよう。
〈そのようなラベル名の使用は、名づけられたものがその諸性質とは独立の同一性を持っていることを示唆する〉と、多くの人は考える。このもの（たとえば、もの1）について、それがどのような性質を持っていようが、あのもの（たとえば、もの2）——それがどのような性質を持っていようが——とは異なるものとして語りうるような意味があるように（ある人たちには）思われる。そのような考え方に対して、私は哲学者の表現「根元的このもの性」という表現を用いる。(34)

このような意味での「根元的このもの性」による個体性とは、テラー自身も述べるとおり、伝統的な意味での基体としての「裸の個体（bare particular）」による個体性に相当するものであるが、本書における実体的対象の個体化はあくまでも「本質」による個体化であったのであるから、少なくとも根元的このもの性には訴えないような個体化であるという点において、「量子」の個体化との共通性を持っている。(35) そして、当該の量子が属する種類を what it is としての量子の本質と見なすことができる。ただし、通常の実体的対象においては、まさしく本質によって個体が単独的に個体化されたのであるが、量子の場合は、量子の「集団（ひとつの個体のみから成る集団も含めて）」が「特定の個数の量子」として個体化されることになる。そして本論における「個体化」と「個別化」の区別に従えば、量子は、まさしく個体化はできても個別化はできないような対象、すなわち、何個存在するということは言えても、その中での which it is ということは言えない没個別的な対象として性格づけることができるだろう。

テラー自身は明示的に述べていないが、量子のこのような没個別性は、量子もつれの問題についても一定の照明を与えてくれるように思われる。というのも、先ほどの例におけるアリスとボブによってそれぞれ観測される以前の二つの粒子は、それらを量子カテゴリーのもとで捉えるならば、実は個別的な二つではなく、あくまでも両者を一体のものとしてみたうえでの二つとでも言うべき形での二つだと言えるからである。

実際、M・ランゲは、量子もつれを理解するためのひとつの可能な方法として、このような微妙な複数性に基づく次のような捉え方を提案している：

……その粒子対（particle pair）〔＝量子もつれの状態にある二つの粒子のペアー〕は、観測以前には、本当は二つの対象から成っているのではない。（しかしながら、どこか誤解させやすいことではあるが、私はそれを粒子対として言及し続けるだろう。）明らかにその粒子対は、ある空間領域によって隔てられた二つぶんの容積を占めている。……（中略）……しかし、この粒子対が二つの部分から成ると述べたとしても、正確ではないだろう。これらの「部分」は、自分自身の状態を欠いているからである。[36]

このように捉えることによって、二つの別々の結果がボブとアリスの各側の粒子に起きるのではなく、（たとえばボブのみが観測した場合、）ボブの観測装置とアリスの側の粒子の領域にひとつのできごとが、ひとつの結果として起きたのだと考えることができる。すなわち、その観測によって、ひとつの波動関数によってあらわされる「もつれた」ひとつの対象としての粒子対が、二つの波動関数によって表される二つの粒子へと「ときほぐされる」過程として、波動関数の収縮を解釈できることになる。これによって、二つの粒子間の遠隔的因果関係を認めずにすむわけである[37]。

そして、あらためて強調されるべきは、テラーが量子を場や波の「状態」としてではなく、あくまでも粒子的な性格を帯びた「もの」として捉えている点である。彼が用いたロープの瘤の比喩に即して言うならば、その場合の状態は、「ロープ上の特定の場所に瘤という一種のものがあるという状態」なのであって、ロープの瘤そのものが状態であるわけではない。預金の比喩を用いるならば、量子は状態であってものではないと主張する人は、現金はものだが預金はものではないという理由で常に現金しか用いないような人に例えられるだろう。

このような事情は、次のような「波もどき」の思考実験によって再確認できるかもしれない。ここでの「波」としては、水が媒質の働きをする通常の海の波のようなものを想定したうえで、波のいくつかの山のうちの特定のひとつの動きに着目することとする。すると、通常の波は、媒質としての海水の移動を伴うことなく、海水の盛り上がり部分がただ移動していくだけなのであるが、波もどきの場合は、どういうわけか、平坦な海水表面上を、通常の波の盛り上がり部分と同じ形をした海水の塊が、その形を維持しながら実際に移動していくと考えよう（図2）。

この場合、この波もどきはあきらかに「もの」である。そしてそれが有する運動エネルギーがもたらす効果は、通常の波の特定の盛り上がり部分の運動エネルギーがもたらす効果と本質的に変わると

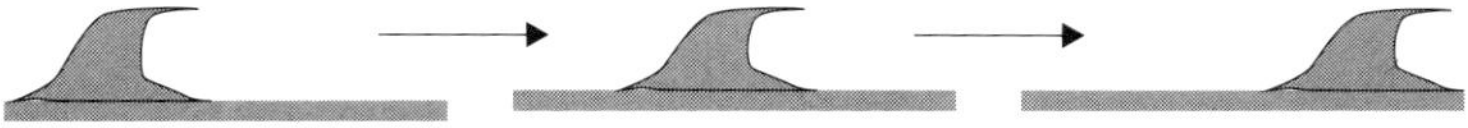

図2　波もどき

ころはないだろう。だとすれば、そのような盛り上がり部分には、状態というよりは、波もどきと同様の「もの」としての資格を認定してやるべきであろう。結局、媒質の機能はエネルギーの伝達にあるのであって、エネルギーが伝達されている限り、媒質そのものが移動していようがいまいが、本質的には変わりないとも言える。そして、G・ペルッツィらが主張しているように、素粒子を初めとする微粒子とは、結局のところエネルギー（と運動量）のパケットであると考えるならば、媒質の有無に関係なく、微粒子は、状態というよりは一種の「もの」であるということのみならず、それらが没個別的であるということも納得できるであろう[38]。

では最後に、解釈(c)、すなわちボームの誘導方程式を用いた量子論解釈について検討しよう。この解釈は、エスフェルドも強調しているように、少なくとも真正な通時的同一性を保有する粒子として素粒子を捉えているという点においては、最も日常的な実体主義に近い解釈だと言える。それどころか、この解釈では、通常は生成・消滅を伴う日常的な実体よりもむしろ永遠不滅な実体としての粒子という強力な意味での実体概念を素粒子に適用している点において、本来の伝統的・質料形相論的な実体主義に近いという性格を持っている。また、それは粒子とその〈三次元空間中の〉位置のみにコミットしているという意味で、いわゆる「始原的存在論（primitive ontology）」の一種である[39]。波動関数は、それらに追加されるべき場やパイロット波など何らかの物理的実体を表すのではなく、〈三次元空間中の粒子全体のあらゆる可能的配置に対して、その配置内の各粒子が持つ運動の傾向性を表す、すなわち、粒子に属する傾向的性質を表す〉と考えられるからである。

しかしこの立場は、〈その際の個々の粒子の個体性がその粒子の内在的性質によって成立するのではなく、粒子全体の配置関係の中で成立する〉と主張する点において、〈基礎的全体性としての本質が実体的対象を個体化する〉とする本書の主張から大きく逸脱するように見える。具体的には、〈単純な対象であるところの「物質点（matter point）」としてのそのような粒子が粒子間の距離関係（distance relations）によって個体化される〉とエスフェルドは主張する。[40] そして、個体化における内在性の喪失は同一性の独立性の喪失をただちに帰結するので、少なくとも伝統的な意味での純然たる実体としての地位は、もはやそのような粒子には認められないだろう。

しかし一方で、そのようにして個体化される粒子は決して「裸の個体」ではないということもエスフェルドは強調する。というのも、そのような粒子は、次のような差違基準によって他のすべての粒子から絶対的に識別できるからである：

もしも物質点iが物質点jと同一でないならば、これらの点が配置の中で他のすべての点に対して持つすべての距離関係を列挙した二つの集合が、少なくともひとつのそうした関係において異なっていなければならない。[41]

このような基準は、物質点の不可入性も含意することになる。この基準によって、同一位置に複数の物質点が存在する可能性が排除されるからである。

また、これらの粒子が「点」であるという規定も実は看過できない要因である。というのも、これによってトリヴィアルな形でではあるが、一種の「全体性」も確保されているからである。結局のところ、「全体の配置関係の中の一点として存在する粒子」という規定は、広い意味での実在的定義として物質点の「本質」を表しており、その個別化に寄与していると考えられる。

さらに言えば、実体的対象における内在性の喪失という点においても実は留保が必要である。というのも、ちょうど解釈(a)においては通常一元論的に捉えられる場を多元論的にも捉えたのと並行的に、解釈(c)における多元論を一元論的に解釈することもできるからである。実際、エスフェルドは次のように述べている：

私は次の二つの存在論の主張を同値だと考える：(a) ひとつの全体（すなわち宇宙）が存在し、その全体の内部で複数の単純な対象を個別化するような諸関係によって内的な差違化が示されている。(b) 単純な諸対象を個別化する諸関係が存在し、それら諸対象と諸関係が〈ひとつの配置すなわち宇宙〉を形成している。(42)

すなわち、〈個々の物質点ではなく、複数の物質点から成る全体こそが実体的対象であり、物質点間の距離関係は、そうしたひとつの全体的対象に「内在する」関係なのだ〉と見なすこともできるということである。だとすれば、解釈(c)においても、本質の内在性は必ずしも失われていないと考えうるだろう。

5

前節での分析が大きく間違っていないならば、本書の立場と整合可能と思われる三つの量子論解釈は、それぞれ、(a) 場の不動性、(b) 量子の没個別性、(c) 物質点の本質の関係性という点において、本論で示された典型的な実体的対象像から逸脱する側面を持っている。しかしその逸脱は、いずれの場合も、場・量子・物質点という対象を非実体的な対象とするほどには過激なものではなかったという点において、本論で示された実体主義的立場との量子論と両立可能性が示されたと言える。

このような両立可能性の確認が試論の最低限の目標だったのだが、もう少し踏み込んだ成果もなかったわけではないように思う。そのひとつは、いま並べた三つの逸脱性を比べてみると、意外にも（意外でないかも知れないが）解釈(a)における場の不動性がもっとも軽度の逸脱であるように見えることである。というのも、移動できるか否かという観点は、本論で示した実体主義の根幹にはほとんど関わらない観点だからである。すなわち、素粒子の粒子的性格を否定するという点において通常の実体像から最も大きな逸脱を示すかと思われた場の一元論的解釈が、実体主義という一般的観点からしてみると、実はもっとも実体主義への親和性を持っていたということである。そしてもうひとつの成果は、傾向性主義に基づく波動関数の実在論的解釈がこれら三つの立場に共通していたという発見である。この発見は、結果的に、波動関数のこのような解釈を形而上学的側面からバックアップすることになるのではないだろうか（ありがた迷惑だと言われるかもしれないが）。

第2章　相対論と純粋生成

1

第一章で扱った量子論に劣らず常識的存在論に対する懐疑を投げかけるのが、相対論である。実際、常識の正当性を真っ向から否定するような「常識とは、一八歳までに身につけた偏見のコレクションのことを言う」というアインシュタインの言葉がしばしば引用される。たしかに、相対論的な時空像と日常的な時空像との隔たりは大きい。しかし問題は、その隔たりがどのような意味での隔たりであるかということである。アインシュタインは次のようにも述べている：

私たちの感覚経験の全体は、思考（概念の操作、概念間の明確な関数的関係の創造と使用、および、これらの概念への感覚経験の統合）によって秩序だったものにできるという事実、この事実こそが、私たちをただ畏敬の念に浸らせ、しかし決して会得することのないであろう事実である。「世界の永遠の神秘は、その理解可能性（comprehensibility）である」と言えるかもしれない。(1)

この叙述は、自然科学といえども、私たちの日常的な感覚経験を概念的に厳密な形で組織化し、拡張した結果以上のものではないということを示唆しているように思われる(2)。それは日常的な感覚経験に対する代替として提示されるのではなく、あくまでもその一般化として提示されるのであるが、おそらくその一般化の度合いとその方法の多様性にはほとんど限界がないかのごとくであるがゆえに、常識への囚われからの解放が求められるのであろう。アインシュタインの言う「偏見」とは、どちらかと言えば「固定観念」というニュアンスが強いのではないだろうか。

実際、試論第一章で紹介したボンディは、常識と物理学の関係について次のように説明している：

> 一方、常識は、それが基づいている特定の分野――すなわち、日常生活の経験――における素晴らしいガイドである。それを超えて進んでいくこと、経験を豊かにし、ひとが通常は出会わない対象や状況についての知識を得ることを可能ならしめるような装置を案出し使用することが物理学者の仕事である(3)。

特に特殊相対論が主題とする「ひとが通常は出会わない」状況とは、互いに対する速度が多少なりとも光速に近いような慣性運動を、各人がばらばらに行っているような状況であり、時間に関してそのような状況が露わにすることの第一は、「私の時間は、私の時計が私に語ることである」という時間の個人性である。すなわち、(慣性的な)ものすごい早さで二人が互いに遠ざかったり近づいたりしていくような状況では、その二人の各時計が示す時間を同一視できないということである。そしてそのような意味での個人的な時間（private time）が、いわゆる「固有時間」だということになる。

そのうえで特殊相対論が与えてくれる「ひとが通常は出会わない対象や状況についての知識」とは、距離のみならず時間までもが経路依存的だということである。出発点から到着点へと至る経路は色々ありえ、その経路次第で走行距離が変化するということは常識である。異なる経路をたどった各人の走行距離が、いわば「固有距離」だということになる。特殊相対論は、そうした経路依存性が時間にまで及ぶこと、すなわち、固有時間も経路依存的だということ、そして、私たちにとって本来的な時間はこの固有時間であることを示したのである。これが、特殊相対論による常識的時間の「一般化」だと考えられる。また、こうした一般化によって、ニュートン力学におけるような慣性系間での法則の不変性（invariance）を、光学・電磁気学にまで拡張しえたのである。(4)

本書における「純粋生成」は、個々の実体的対象の持続に基づいて規定される局所的な生成であり、それによって示される時間は、個々の実体的対象における固有時間として解釈できる。したがって、本書の「現在主義」における「現在性」も、あくまでも局所的な意味での現在性である。そしてそうした現在性の本質を、同時性にではなく、実体的対象の存在様式としての現行性に求めたのであった。また、純粋生成としての持続の概念は「時点」の概念と不可分であるが、特殊相対論における同時性の相対性は、時点の実在性に対する疑念を投げかけていた。しかし、本論において定義された「時点」の概念はフレキシブルなものであった。時点は厳密な意味で瞬間であっても一定の時間幅を持っていてもよい。また、何らかの形での精神独立的な同時性さえ確保されていれば、単独の具体的個体から成る局所的時点から世界または宇宙全体としての時点に至るまでの任意の規模を持ちうるものであった。

こうした形で規定される時点の柔軟性が最も親和性を持つと考えられる科学哲学的立場は、R・ギャリーの「科学的観点主義（scientific perspectivism）」やN・カートライトの「つぎはぎ的世界（dappled world）像」に代表されるような立場、すなわち、目的や文脈に応じて構成される多様な「モデル」の集合体として自然科学を捉えるような立場である。(5) カートライトは、その立場を次のように要約している：

……量子論の最も成功した応用についての私の研究が教えてくれたのは、量子力学は〈それが提供しうるモデルの非常に限られた集合に適合するような非常に特殊な状況〉においてのみ機能するということである。そしてそれは、古典物理学が最良に機能する場面ではまったくうまく働かなかった。

こうした理由で、法則のパッチワークを私は信ずるようになった。種々の部門における物理学は、ポケットの中で（in pockets）、主として壁の内部で（inside walls）――実験室の壁、共通のバッテリーケース、巨大熱炉の奥深くにおいて――行われている：それらの壁の内部では、理論の十分に検証され十分に確立されたモデル、すなわち、信頼性がありその信頼性が維持されうることが保証されたようなモデルに適合するように、ち、ょ、う、ど、そ、う、な、る（*just so*）ように、諸条件が整えられている。(6)

物理学的文脈においては、本書における「時点」を構成する対象は、こうした個々の多様なモデルの記述対象となるような何らかの物理的システムだと考えられる。

興味深いのは、第一章で紹介した、本書と親和性の高い量子論解釈のひとつを提示しているテラーが、いま挙げた二人の立場を自らが奉ずる立場に最も近いと見なしているという点である。彼はそのような物理的システムのモデルについて次のように述べている：

科学のこの説明のもとでは、モデルは正確に物理的システムに対応することを決して期待されていない。そうではなく、モデルは、玩具的な小宇宙（a little toy universe）、すなわち、世界の諸部分が持ちうる限定的なあり方として捉えられており、それは、何らかの側面およびいくらかの程度においてそれら諸部分が実際にありうる仕方に類似していることを想定されているのである。(7)

諸理論についてのこのような考え方は、世界についての種々の前科学的あるいは外科学的な（prescientific, or extra-scientific）思考方法にもうまく当てはまるということは言及に値するだろう。たとえば、古典力学とはまったく異なり、私たちは物理的対象を〈諸性質が「内在」し、その対象の同一性を供給したり確定したりする無限に分割可能な物的実体によって構成されるもの〉として考えがちである。このような記述は、物理的対象の本性と、様々な程度において、ある形では一致するが他の形ではまったく一致しないようなタイプのモデルの要約となっている。(8)

本書における「時点」の柔軟性は、ここでテラーが主張しているようなモデルの柔軟性に呼応するような柔軟性である。だとすれば、特殊相対論が示すような同時性の相対性によって、時点における同時性の実在性や存在論的正当性が剥奪されることには、必ずしもならないだろう。それは、必ずしも宇宙論的な全面的同時性である必要はなく、ましてや絶対的同時性である必要もないからである。

以上のような理由で、本書における純粋生成ならびにそれにまつわる時点や現在性の概念は、必ずしも特殊相対論と齟齬しないどころか、むしろ調和していると私は考える。しかし、どのような形のものであれ「生成」という概念そのものが相対論的な時間概念と両立しないという主張には、根強いものがある。以下では、特に特殊相対論と生成の両立可能性に関する種々の立場を概観し、その中での私自身の位置を定めることを試みたい。

2

特殊相対論と生成との関係については、次の三つのタイプの主張があると考えられる：

(a) クラッシュ型

特殊相対論と生成は両立不可能である。特殊相対論は誤り（または近似的に正しいだけ）であり、一般相対論が正しい。そして一般相対論のもとで捉えられる「宇宙時（Cosmic Time）」が絶対的（absolute）同時性と全面的（global）生成を表している。

(b) ハード・ランディング型

生成は、特殊相対論と両立可能である。特殊相対論は正しいが、その標準的解釈（またはその哲学的支柱であるところの検証主義）が誤っている。そして特殊相対論は、絶対的同時性と全面的生成を排除しない。

(c) ソフト・ランディング型

生成は、特殊相対論と両立可能である。特殊相対論は正しい。しかし、生成は局所的（local）である。

まず(a)のクラッシュ型の主張から見ていこう。たとえば、試論第一章で紹介したボーム的量子論の提唱者であるボームは、量子もつれによって示される同時性などを根拠に、量子論においては絶対的同時性を認めざるをえないと主張した。そして相対論については、インタビューの中で次のように答えている：

——あなたは、特殊相対論を廃棄したいのか？

私は相対論を廃棄せよとは言わない。私が言っているのは、ちょうどニュートン力学が相対論の近似であるように、より広い観点からはひとつの近似となるだろうということである。

——しかし、あなたは、光速を超える信号伝達という考えをたしかに受け入れているにちがいない。そうだ。私は、それを受け入れながらもこれまでに行われたいかなる実験とも矛盾しない見解を持っている。(9)

W・L・クレイグも次のように解説している：

上の三つの物理学的実在——宇宙論的流体(cosmological fluid)、マイクロ波背景輻射(microwave background radiation)、量子力学的真空(quantum mechanical vacuum)——これらすべては、エーテルの概念を新たな形で復活させるのに寄与する。ボーム自身も、「それによって同時的接触が特定されるところの唯一の時空的基準系」が存在すると主張する文脈で、「その基準系は、経験的には、空間における絶対温度三度の背景輻射の平均速度がゼロである基準系に近いはずだ」とコメントしている。(10)

他に、ボーム的量子論を支持するT・モードリンも次のように述べている：

ミンコフスキ時空においては、波束の収縮理論はもはや意味をなさない。収縮が瞬間的でありうるのはたかだか一つの基準系においてのみであり、そのことは次の二つの可能性のいずれか、すなわち、当該の状況の何らかの特徴が〈そこにおいて収縮が瞬間的であるところの特権的な基準系〉を選り出しているか、そもそも収縮が瞬間的でないかのどちらかである、ということを導く[11]。

そして、量子論をミンコフスキ時空に組み込むことによってローレンツ不変性を保持する種々の理論について検討した結果、彼は最終的に次のような結論を導いた：

ローレンツ不変性を保持するためのこれらの理論によって支払われる代償はあまりに大きいので、時空構造の最終的説明としての相対論を拒否するという選択の方が合理的であるかもしれない[12]。

また、一般相対論との関連では、Q・スミスが次のように述べている：

もしも客観的な時間の流れがあるのならば、特権的な基準系（reference frame）が存在することは論理的に必然的である。客観的な時間の流れとSTR〔＝特殊相対論〕は両立可能ではない。しかしそれはGTR〔＝一般相対論〕とは両立可能である。STRは、GTRの場の方程式の真空解である。それは、物質がない宇宙にとっての解なのである。ここからただちに帰結するのは、STRは私たちの宇宙を記述する場の方程式の解にはならないこと、したがって「STRは時間の時制理論と両立可能である」か否かについての議論への参加者は、場の方程式の誤った解を相手にしているということである[13]。

スミスがここで述べる「客観的な時間」とは、一般相対論の宇宙論的応用において現れる「宇宙時」としての時間である。宇宙が一様的かつ等方的（homogeneous and isotropic）であるという前提のもとで導き出される超曲面（hypersurface）が特権的な基準系となり、それによって絶対的な同時性が与えられる。そして、宇宙時が刻一刻と経過していく様を、全面的な生成として解釈する余地が生まれるわけである。(14)

次に、(b)ハード・ランディング型の主張は、クレイグが「ローレンツ解釈」と呼ぶ非標準的な（自らも信奉する）解釈を特殊相対論に適用することによって（全体的な）生成との両立を図るものであり、ローレンツの他、ポアンカレもこの解釈を採っていたとされる。

クレイグによれば、ローレンツとポアンカレは、特殊相対論の観察合致性についてはいささかも疑っていなかったものの、ローレンツ変換の解釈については、（中期以降の）アインシュタインやミンコフスキらによる標準的解釈が正しいとは考えなかった。ローレンツ解釈は次の三つの主張によって特徴づけられる：

(i) 物理的対象は、時間の中を耐続するn次元的な空間的存在者である。
(ii) 光の真空伝播による往復移動は、特権的な（絶対的）基準系R_0において（速度c=1のもとで）等方的であり、光源の速度に依存しない。
(iii) R_0に対して動いているシステムにおいてのみ、特殊相対論によって導かれる仕方で、距離が収縮し、時間進行が遅れる。(15)

ローレンツやポアンカレの解釈に少なくとも何らかの点で好意的であったベルは、次のように述べている：

それ〔＝アスペの実験によって確証されたベルの不等式の破れ〕は、私たちの物の見方に重大な変化を要求するだろう。しかし、私は次のように言いたい：そのもっとも安価な解決は、アインシュタイン以前、すなわちローレンツやポアンカレのような人々が〈エーテル――特権的な基準系――が存在するのだが、私たちの観測装置は運動によってエーテル中の運動を検知できないような仕方で変形されてしまうのだ〉と考えていた頃の相対論に戻るというたぐいの解決である。(16)

ローレンツは、彼の解釈が標準的解釈と経験的に同等であることを主張したうえで、いずれを選ぶべきかの判断は各人に委ねた。しかし彼自身は、形而上学的直観を根拠として古典的な時間と空間の概念を選好し、次のように述べた：

すべての私たちの理論は、私たちを取り巻く世界の像を形成することを助けてくれる。私たちは、諸現象ができるかぎり整合的であるように、そして諸現象が連関し合う様を明瞭に見て取れるように、そのような像を形成しようと試みる。さて、これらの像を形成するにあたって、これまでずっと馴染んできた空間と時間の概念を私たちは用いることができる。そしてそれらの概念は完全に明瞭であり、なおかつ、互いに区別されるものだと、少なくとも私は考える。私の時間概念は非常に明確なので、私の像において、同時的であるものとそうでないものを私は明瞭に区別するのである。(17)

ローレンツが標準的解釈に従わなかった最大の理由は、彼が検証主義者ではなかったということであり、標準的解釈が予想外に早く受け入れられてしまった理由は認識論的な要因にあると彼は分析している。スミスとクレイグも、特殊相対論の検証主義的背景について次のように述べている：

〔絶対空間も特権的基準系も存在しないという〕前提に対する唯一の正当化は、そのような基準系に対する等速運動と静止とを観察的または感覚的に区別することはできないということであり、もしも絶対空間と絶対運動または絶対静止が感覚的に観察できないとすれば、それゆえにそれらは存在しない（さらに無意味であるとさえ言えるかもしれない）ということである。このような推論は明らかに検証主義者のものであり、バークリーの「存在するとは知覚されうることである」の一変種に相当する。この種の推論は、単なる認識論的前提から存在論的帰結を不当に導くものである。(18)

そしてローレンツ解釈のもとでは、特殊相対論そのものは保持しながら特権的基準系R_0における時間を絶対的な時間として認定でき、一次元の時間と三次元の空間も分離されているので、全面的な生成がそうした絶対的時間の進行によって示されると見なしうるのである。

最後に、(c)のソフト・ランディング型は、生成を局所的なものに限定することによって、いわば掛け値無しの特殊相対論と生成との留保なき両立可能性を計る戦略である。この立場を代表する一人が、D・ディークスである。[19] 彼はまず、私たちの経験は全面的同時性とは無関係な局所的なものであることを強調し、次のことを確認する：

もしも生成および時間と空間の相違が局所的な形で存在するという実在観を展開できるならば、そこから帰結する考え方は、全面的生成を仮定する競合理論よりもはるかに支持されるチャンスを持つだろう。[20]

そのうえで彼は、彼が考えるところの局所的生成を次のように説明している：

四次元時空図は、できごとをその性質と関係とともに記録する。しかし、記録可能であるためには、当該のできごとは生起し（*occur*）なければならない。それらは起こら（*happen*）なければならないのである。ブロック宇宙の中で「生成（coming into being)」への余地が生ずるのはまさにここにおいてである。……（中略）……できごとが生成するということは、それらがブロック宇宙の一部であるということの前提条件（*precondition*）である。ブロック像の中では、現実的できごとの各々が（いつ／どこで）生起したということ（*that* ...）が記録される。できごとの座標値の特定は、まず何よりも、それが起こったということを報告している。すべての表象されたできごとは実際に起きているのである。かくして、我々の提案は、「生成」は「起きること」と同じことを意味するということである。起きることのすべてはブロック宇宙図に記録されているので、「生成」も完全に表象されている。ブロック宇宙をいかなる仕方でも増量する必要はないのである。[21]

ディークスは、このように生成とは時間的順序に沿ったできごとの生起以外の何ものでもないものとして生成を捉える自らの考え方を「生成のデフレ分析（a deflationary analysis of becoming）」と命名した。そしてこのような希薄な生成概念でも、光円錐によって〈できごとの部分的順序づけ（partial ordering）〉と〈時間と空間の区別〉は行えると彼は主張し、次のように締めくくっている：

実際、時空物理学はそのような区別〔＝時間と空間の区別〕を行っている。空間的ベクトルと時間的ベクトルの間には、客観的相違がある（局所的なローレンツ座標において、計量テンソルは、時間次元のために一つのマイナス1座標を、空間次元のために三つのプラス1座標を持っている）。空間的順序と時間的順序の客観的相違を踏まえれば、できごとは起こるあるいは生起するのであって、ただ空間的に配置されているだけではないということは、できごとの独特の属性（*sui generis* attribute）として見ることができる。ブロック像は、このような生成の表象という点において完全である：それは、いずれのできごとが生起し、いつどこでそれが起こり、どのよう

な順序で起こるのかについてのすべての情報を正確に含んでいるのである。(22)

このようにして、ミンコフスキ的な四次元時空像あるいはブロック宇宙像は保持したまま、その中に局所化かつデフレ化された生成概念を組み込むことを彼は提唱したのである。

3

前節で示した三つの立場のうち、(a)のクラッシュ型であれ、(b)のハード・ランディング型であれ、結果として絶対的な同時性および全面的な生成が物理学的に承認されるのであれば、その帰結自体が本書における生成および時点の概念に対して及ぼす悪影響は何もないどころか、むしろそれは歓迎されるべきことである。そして(a)に属するボームによる量子力学は、第一章でも本書と両立可能な量子論解釈のひとつを与えるものであった一方、(b)のように特殊相対論の真理性を保存する方法は、場の量子論が特殊相対論を前提として成立していることを踏まえれば、第一章における場の一元論的解釈および量子カテゴリー的解釈との相性が良いだろう。

しかし(a)のうち、特に宇宙時を利用する立場については、ディークスなども主張するとおり、絶対的時間や生成を宇宙の一様性・等方性という仮説や質量の平均化の方法に依存させてしまうという点で、実は宇宙時は「客観的な」時間とは言えないという問題点を抱えている。(23) また、(b)については、やはり絶対的基準系の実在性を承認するということは、もはや「現代の常識」となっている主張を真っ向から否定することになるという点において、相当の覚悟を要求する選択であることは否めないだろう。理論上不必要な仮説は排除すべきであるという「オッカムの剃刀」の原則に反することにもなる。

一方、(c)のソフト・ランディング型は、少なくとも生成を局所的なものと見なす点では、先に述べたように個々の実体的対象に即して規定される純粋生成の概念との親和性が高い。「客観的な生成が存在するという考えの根底にあるのは、まさに(観察する人間の時間経験や局所的なシステムの展開などの)小スケールのプロセスである」というディークスの主張は、本書が完全に共有するところである。[24]しかし逆に、ミンコフスキ時空図によって示されるようなブロック宇宙像は完全に保持したうえでその中に局所的生成を組み込むという発想すなわちディークスの言う「生成のデフレ化」にはまったく共鳴できない。そこで以下では、このようなデフレ化の問題点を指摘した後に、デフレ化されていない局所的生成を特殊相対論と両立させる解釈の可能性を模索することとしたい。

生成とはすなわち(できごとが)起きることであり、そもそもできごとという対象の存在自体が生成の実在性を前提しているというディークスの主張は、C・D・ブロードによる「絶対的生成」の学説とも類似しており、少なくともそのように形而上学的なレベルで「生成」を捉えていることは評価に値する。[25]しかし、ミンコフスキ時空上に四次元的に配置されている対象がすべてできごとであるということだけによって生成の実在性が自動的に保証されると考えるのは、あまりにも短絡的である。それはおそらく、「生成」というものをできごとが所有する一種の必然的性質のうちのひとつであるかのように捉える発想の所産である。実際彼は、先の引用部分で「できごとは起こるあるいは生起するのであって、ただ空間的に配置されているだけではないということは、できごとの独特の属性として見ることができる」とも述べていた。

　そうした発想の第一の問題点は、それによってはできごとが「継起する」ものであるということがまったく含意されないということである。もちろん、彼が述べるとおり、ミンコフスキ時空における光円錐内ではできごとの前後関係がつけられるので、それによってできごとの継起が「表現」されてはいる。しかし、このような四次元的図式のもとでは、ちょうど箱の中に詰め込まれた多数のネオンランプが次々とランダムに点灯していく場合のように、生成というものが四次元時空内でランダムに起きるということも原理的には可能であったはずである。すなわち、できごとの継起というものは、生成そのものとは独立の何事かとして、後から付け足されているのである。実際ディークスは、「世界線に沿ったできごとの継起的な生起が、物（object）または因果的プロセスに関する「生成」の概念を付与する（*implement*）」というような言い方をしている（強調は私による）。

　しかし私見では、ディークスが想定しているような「できごと」の生成は、実体的対象および因果的プロセスから切り離しうるようなものではない。それらは本来的に一体であり、「起こる」とか「生起する」という概念は、基本的に「もの」に対して起こったり、生起したりする（happen *to*, occur *to*）という「もの」への関係性を含んでいる。そして、そうしたできごとに参与している実体的対象が時々刻々と（形而上学的な意味で）「歳を取っていく」という純粋生成こそが、生起性と継起性を一体的にできごとに対して与え、それによって時間の本来的方向性も保証してくれるのである。このような生起・継起・時間的方向の一体性は、やはり、四次元時空の中にできごとを全体的に配置したうえで後から光円錐によって前後関係をつけるというミンコフスキ時空的図式の中では生まれない。ディークスの生成概念が空虚なものとならざるをえないゆえんもここにある（彼は確信犯的にそれを「デフレ的生成」として積極的に肯定するのではあるが）。言い換えれば、そもそもできごととは何であるか、というできごとの本質を十分に見極めることなくただ天下り的に導入したうえで、まずは生成という「独特の属性」をそこに見出し、その後にようやくできごとの継起性を付加したにすぎないという構図が、ディークスのデフレ的生成の最も根本的な問題点だということである。

そこで望まれるのは、もっと実体的対象に即した意味での局所的生成と両立可能な特殊相対論の解釈であるが、それに相当すると考えうる解釈が、私が知る限り、二つ存在する。そのうちのひとつは、クレイグが「ローレンツ解釈」「ミンコフスキ解釈」と並べてもうひとつ挙げている「アインシュタイン解釈」と呼ぶ解釈である。クレイグによれば、この解釈は、アインシュタインが特殊相対論を最初に定式化したとき（一九〇五年）に採用していた解釈であり、それは四次元的存在論ではなく、〈三＋一次元的存在論として時間と空間の区別を保持する、時間の中を耐続する物理的対象についての理論〉として、特殊相対論を解釈するものであった。ただしもちろんその際、時間と空間は基準系に相対化されており、それに伴う遠隔的な同時性・速度・距離などの相対性や光速の不変性が主張されていた。しかしアインシュタインは、ミンコフスキによる特殊相対論の定式化を知った当初は彼の解釈に対して否定的であったものの、間もなくして熱烈なミンコフスキ支持者となったのであった。

クレイグによれば、この「アインシュタイン解釈」は、ミンコフスキ時空を反実在論的または道具主義的に理解することを含意している。クレイグはその理解を次のようにまとめている：

無時制的に存続している（tenselessly subsist）できごとの集合体（manifold）は存在しない：時空は理論的な構成物、すなわち、本当は、時間の中を耐続する物理的対象についての理論であるものの幾何学的表象にすぎない。ミンコフスキ図式は、便利な道具にはなるだろうが、実在を記述するものでも存在論を含意するものでもない。(26)

クレイグがこの立場を代表する論者として挙げたフランスの物理学者H・アルズリエスも、「相対論において、（特殊相対論においてはユークリッド的な）通常の三次元空間と相対論以前における物理学の時間が採用されているということは、完全に明白である」と述べている。(27)ただし、アインシュタインが一九〇五年の論文において本当にこのような解釈をしていたかということについては疑いもある。Y・バラショフとM・ヤンセンは、論文「現在主義と相対性」（2003）において、〈アインシュタインの当該論文に含まれている構成的理論（constructive theory）としての「運動学的（kinematic）」部分で示されている彼の解釈（彼らはそれを「相対性（relativity）解釈」と呼ぶ）は、ミンコフスキ的な「時空（space-time）解釈」との親近性がきわめて強いものであり、決して三次元的対象から成る存在論をそのまま保持するような解釈ではない〉と、クレイグを批判した。(28)

私自身がより有望だと考えているもうひとつの解釈は、H・ブラウンがO・プーリーとともに提唱している、また別の構成的理論に基づく「力学的（dynamic）解釈」である。(29)この解釈では、運動によって起こる棒の収縮や時計の遅れの原因が、それらが位置する時空の性質にではなく、それらの物体の構造とそれらが従う自然法則に求められる。特殊相対論に即した形でより具体的に表現すれば、

〈棒の収縮や時計の遅れなどの相対論的現象は、ミンコフスキ時空の構造によって起こるのではなく、それらの物体を構成する諸原子のミクロ構造的な（量子論的）諸性質によって引き起こされる。特殊相対論における時空構造がミンコフスキ的なものとなるのは、棒の収縮の力学的説明の際に用いられる自然法則を含む自然法則全般がローレンツ共変的だからである〉ということである。

ブラウンは、まず、ミンコフスキ時空に実在性を見出す発想の典型として、R・ゲロックが『一般相対論入門』（1978）の中で示した次のようなできごとの同一性の定義を引用する：

私たちは、もしも二つのできごとが一致しているならば、すなわち、それらが「同じ場所と同じ時刻において生起している」ならば、その二つのできごとは「同一である」と見なす。すなわち、私たちの関心は、できごとがどのように記しづけられるか——爆竹や指鳴らしによって——ということに対してではなく、［できごとという］物自体に対してにあるのである。[30]

ブラウンは、ここでゲロックの言う「物自体」としてのできごとを次のミンコフスキの一九〇八年の講義での彼の叙述の「世界点（world-point）」に相当するものと見なす：

私はそれでも時間と空間は独立の存在を有するというドグマを尊重する。ある時点における空間点、すなわち、値x、y、z、tのシステムを、私は「世界点」と呼ぶ。すべての考えうる値x、y、z、tのシステムの集合体を私たちは「世界」と名づける。[31]

ブラウンによれば、アインシュタインも一九一五年以前には同様の叙述をしていたが、後に「穴問題（the hole problem）」と呼ばれる問題と取り組みはじめてからは、このような時空集合体の実在性を否定するようになった。ブラウンはその根拠として、一九五二年にアインシュタインが「時空は『場の構造的な性質』である」と述べ、その逆ではなかったことを挙げている。(32)

そしてブラウン自身も、自己の立場を次のようにまとめている：

私は実際、物理的な時空集合体、あるいはゲロックの厳密な意味での〔物自体としての〕できごとの集合――少なくともその集合を成す各点がいかなる差違的特徴を持たないならば――の存在を疑う良い根拠があると考える。(33)

したがって、時空点すなわちゲロックの厳密な意味でのできごとを、不可視の均一的時空集合体の中の自足的な局所的原子として考えるのではなく、ある一点からの世界の見え方として考える方が有益かもしれない。(34)

また、このような見方は、特殊相対論の力学的解釈を採用していた一人とブラウンが見なすベルが次のように推奨していた、特殊相対論の教授法とも通い合う：

私たちは、ローレンツ教授法（Lorenzian pedagogy）を受け入れるために［エーテルの実在性という］ローレンツの哲学を受け入れる必要はない。その最大の長所は、任意のひとつの基準系における物理法則が、運動する観察者の観察内容も含め、すべての物理現象を説明するという教訓を納得させるということである。(35)（補足はブラウンによる）

ブラウンによれば、ベルにとって重要なのは、座標変換とは独立に——変数の変換を含む技術とは独立に——距離の収縮と時間の遅れは導きうるということを証明できるということであった。

以上のような「力学的解釈」は、明らかに、実体的対象における（耐続としての）持続を中心に生成を捉える本書の立場との親和性が高い。しかし耐続主義者であり時制主義者であるという点で本書と立場を共にするにもかかわらず、クレイグ（およびQ・スミス）はアインシュタイン解釈を始めとする局所的な生成の解釈に対しては批判的である。最後に、彼の批判についての検討を行うこととする。

4

クレイグがアインシュタイン解釈を始めとする局所的な生成の解釈を退けるのは、次の二つの理由による：

(1)　この解釈は、基準系と連動する複数の時間と空間へと実在を断片化してしまう。

(2)　この解釈は、次の二点において説明力が劣っている：(a) 物理的対象は、外在的にのみ、すなわち慣性系と相対的にのみ、形・質量・持続という性質を持つことになるが、なぜそうなるのかを説明してくれない。(b) 距離の収縮や時間の遅れという相対論的効果がなぜ相対的な運動によって生ずるのかを説明してくれない。[36]

これらのうち、問題(2)の(a)については、ブラウンとプーリーによる力学的解釈は、運動する棒や時計などの物体のミクロ的構造という内在的性質によって形・質量・持続という性質と慣性系との関係を説明することになる。

問題(2)の(b)については、クレイグが推奨するローレンツ解釈（彼らの言葉では「新ローレンツ (neo-Lorenzian) 解釈」）の説明力そのものを、バラショフとヤンセンが疑問視している。彼らによれば、自らが支持するミンコフスキ解釈（彼らの言葉では「時空 (space-time) 解釈」）の説明力の方が次のような意味で優れている：

前者〔＝時空解釈〕では、ローレンツ不変性は、理論によって措定される時空の構造を反映している。後者〔＝新ローレンツ解釈〕では、ローレンツ不変性は、ニュートン的な時間と空間の中にあるシステムを効力的に支配しているすべての法則によって偶然的に共有された性質でしかない。……（中略）……どのように議論されようと、重要なのは、時空解釈によって説明されているが新ローレンツ解釈では説明されない生の事実 (brute facts) が存在するということである。[37]

これを承けてブラウンとプーリーは、自らが採用する力学的解釈においても、新ローレンツ解釈における と同様に、物理学における基本法則がローレンツ共変的であることが未説明の生の事実として残ることを認める。[38]

しかし、彼らは、まず第一に、生の事実が残ること自体によって解釈が誤りであることにはならないことを再確認させる。どのような説明もどこかで終わらなければならないからである。そしてそれによってミンコフスキ解釈によって当該の生の事実が「本当に」説明されているかどうか、そしてそれによってミンコフスキ解釈は本当に他の解釈より勝っているかどうかであるが、重要なのは、まさしくそれこそが彼らが否定することである。〈時空と物体の具体的な相互作用の様を提示せぬまま単に「理論によって措定されている時空構造を反映する」とか「不変性が共通の起源へと遡る」と述べるだけでは、睡眠薬の効果はその睡眠させる力能によってもたらされるというモリエールが例示した悪名高い説明と変わらない〉と彼らは主張する。そして先に述べたように、〈特殊相対論における時空構造がミンコフスキ的なものとなるのは、棒の収縮の力学的説明の際に用いられる自然法則を含む自然法則全般がローレンツ共変的であることの「結果」であって、前者が後者の「原因」ではない〉と考えるのである。[39]

クレイグが挙げた問題(2)に関しては、私自身も以上のようなブラウンらの主張を踏襲する。一方、問題(1)すなわち基準系に依存した〈世界の断片化〉は、四次元主義によって実在性を基準系に依存させないと同時に三次元的対象そのものの存在を認めないミンコフスキ解釈や、絶対的基準系によって絶対的同時性と絶対的運動を確保するローレンツ解釈では生じない。これに対し、クレイグが考える

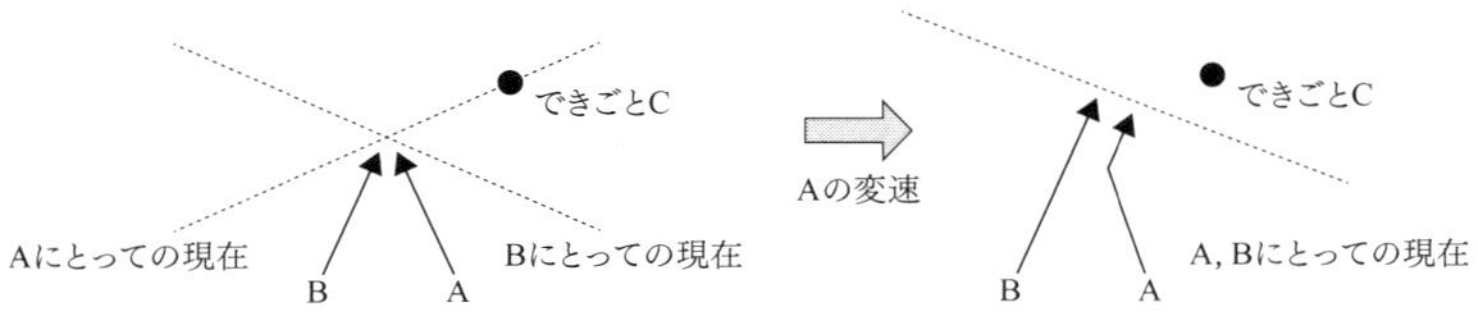

図1

ところのアインシュタイン解釈であれ、ブラウンらの力学的解釈であれ、それらの解釈のもとで何らかの意味での局所性を生成に見出す限り、それに応じた形での世界の断片化を受け入れざるをえないと思われる。問題はそれがどの程度の代償を伴うか、ということである。クレイグは、具体的な問題点を二つ挙げている：

① 二人の観察者A、Bが高速ですれ違うとき、同時性の相対性により、十分に離れた距離では〈Bにとっては未来であり非実在的であるがAにとっては現在生起しておりすでに現実的であるようなできごとC〉が存在することになる。しかしAが急激に変速して両者が相対的な静止関係を持ったとき、両者にとっての同時性は一致し、Aにとってはかつて現在であり実在したできごとがいまや非実在的な未来のできごとになるということが起こる。すなわち、相対的な運動の変化によって基準系が変わるだけで、実在そのものを変えることができることになる[40]（図1）。

② 局所的生成の概念のもとでは、「現在」としての実在は各世界線上の瞬間点となるので、もしも観察者Aが一度もロンドンを訪れないなら

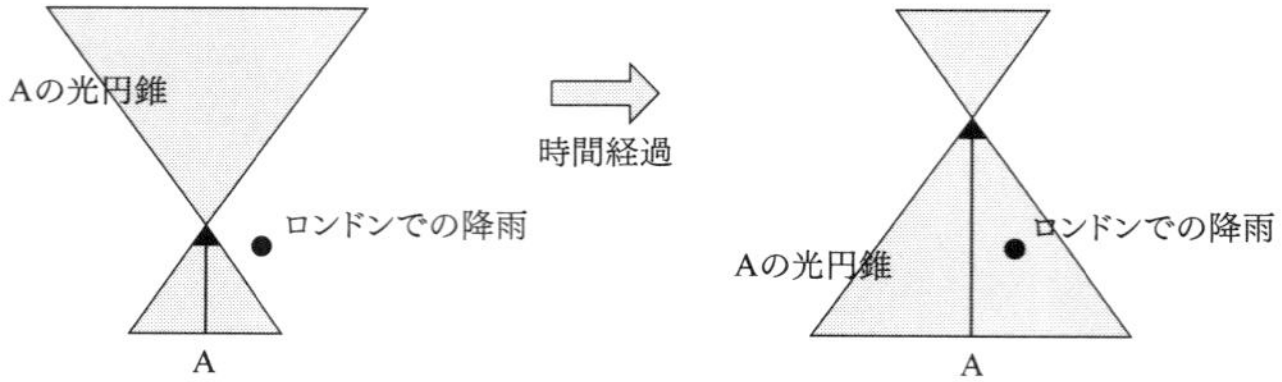

図2

ば、「いまロンドンで雨が降っている」という文はAにとって決して真とはならないことになる。また、その場合、ロンドンで雨が降ったという実際に起きたできごとは、観察者Aにとっては現在のできごととなることがないにもかかわらず、Aにとっての未来のある時点ではAにとっての過去のできごととなることになる。[41](図2)

しかし私は、少なくともこれら二つの具体的問題に関する限り、生成の局所性を主張する立場にとってはこれらは大きな障害とはならないと考える。まず①については、これが問題となるのは、生成を全面的なものとして捉えたうえでその実在性を主張する立場においてのみである。たしかにその立場では、運動と相対的に定められる同時性によって規定される絶対的・全面的な現在時点が現在としての実在性を決定するのであるから、運動次第で実在が非実在へと変更されるようなことが起こりうる。しかし、もともと生成を局所的と考える立場における「現在としての実在性」は、まさしく「今・ここ(now-here)」における「局所的実在性なのであるから、「十分に離れた距離」における実在性如何は、少なくとも直接的にはそれと無関係である。もちろん、それを「時点」として生成の領域を拡大する場合には同時性が問題となってくるが、そのような同時性はあくまでも当該の文脈に応じた形での同時性なので、少なくとも当該文脈内では支障が起こらないように設定することができるであろう。

次に②については、たしかにここで述べられているような変則性を認めなければならない。すなわち、観察者や物体の運動と相対的に、それらにとっていくつかのできごとは一度も現在となることなく突然過去として現れたり、かつての時点での過去向き光円錐に含まれていたできごとが、それ以降のある時点での過去向き光円錐には含まれなくなったりするということを承認しなければならない。しかしこちらについても、これらの変則性が問題になるのは、あくまでも当該の観察者や物体そのものに対しては起きていないできごとに対してだけである。それら自体に起きたできごと、すなわち、それらの世界線上にあるできごとは、その時点に至るまでの当該の世界線上にあるということそのものによって、その実在性は保証されている。また、物体にとってのある時点での過去とは、その物体のそれまでの世界線上のいずれかの時点での過去向き光円錐内に位置しているできごとの総体、すなわち、それまでの世界線からのすべての過去向き光円錐のメレオロジー的和の中に位置するできごとの総体であると考えることもできる。ずっと慣性運動をし続けている物体、すなわち、ミンコフスキ空間で直線運動をしている物体の場合は、任意の時点での過去向き光円錐が、そうしたメレオロジー的和と一致する特殊事例であることになる。

上のように、①②いずれの場合にせよ、たしかに生成の局所化が「現在」の局所性・「過去」と「現在」の非連動性など、時制概念の一定の改訂や実在概念のある種の断片化を要求することは否めない。しかし私は、これらの改訂は十分に呑み込みうるものであるばかりか、まさしく形而上学的な理由によって「呑み込むべき」改訂であると考える。というのも、ディークスも主張していたとおり、私たちが日常的な経験や観察をデータとして獲得している生成や現在性の概念はあくまでも局所的なものであり、むしろ絶対的・全面的な生成の概念こそが、いわば「常識的形而上学」の所産だと言えなくもないからである。もしもそうだとしたら、科学的探究や形而上学的反省の結果としてそうした常識的形而上学の一部を改訂すべきであるという結論を得たならば、それに従うべきであろう。(42)

また、①に関しては、特殊相対論のアインシュタイン解釈や力学的解釈によってもたらされる実在の断片化は、各世界線におけるある時点での光円錐の頂点としての現在性においてこそ顕著に見られるが、過去向きおよび未来向きの光円錐の重複によってかなり埋め合わされることになる。すなわち、遠く離れた個体どうしであってもより以前の時点であればあるほど、時とともに拡大していく各々の過去向き光円錐の重複によって、より多くの過去の一部が共有され、また、同様に、より先の時点であればあるほど、未来向き光円錐の重複によって、より多くの未来を共有することになる。このような形での断片化の解消は、日常的観点からしてもきわめて自然なものであるように思われる。

一方、②との関連では、世界線が直線的な方向性を持たず円環的に閉じているような場合が、少なくとも幾何学的には可能である。それのみならず、ゲーデルの円環宇宙における場合のように、物理理論的にも可能であるかもしれない。そしてその場合は、(固有時間としての)実在的過去と非実在的未来という時間的非対称性や純粋生成による時間の本来的有向性の主張とは相容れないことになる。しかしそうだとしたら、私はこの場合もそれらの可能性は形而上学的理由によって排除されるべきだと考える。すなわち、本書で主張しているように、もしも物体の純粋生成とできごとの継起が別々のものではなく、あくまでも後者は前者に依存し、両者は一体的なのだとしたら、ここで想定されてい

るようなループ形態の世界線は形而上学的にありえないことになる。(43)

かくして、形而上学は、常識と科学のいずれに対しても、場合によっては改訂や制限を迫りうるものであると私は信じている。

註

序論

(1)本書では、純然たる実体とは言えないかもしれないが典型的実体の特徴を一定程度において共有する擬似的な実体をも含める場合に「実体的対象」という語を用いる。本書における「もの」という語もほぼこれに相当する広い意味で用いられる。一方、本書での「もの」という語の適用範囲から明確に除外されているのは、集合・数・命題などの抽象的対象や、できごと・プロセス・事態・事実などの、いわゆる「こと」として総称されるような対象である。

第1章

(1)本書では、もっぱら抽象的対象に関わるため一切時間との関係を持たない場合に「無時間的（timeless）」、具体的対象との関わりを持つために時間的ではあるが時制的区別が少なくとも直接的には問題とならない場合、すなわち、過去・現在・未来を問わない「いずれかの時点において」という意味である場合に、「無時制的」という用語を適用する。

(2)「コプラ」は、伝統的なコプラをより一般化した語彙として後に詳しく規定する。「原始文」は、通常「原子文（atomic sentence）」と呼ばれるものに対応する。しかし「原子文」という語には各原子文の独立性が含意されているが、本書における原始文の間には形而上学的な関連性が成立するので、独立性の含意を避けるために「原始」という語に変更した。また、本書では、文や命題を主題とする言語哲学的・存在論的考察は行わないので、両者を「表象（するもの）」として一括して「表象される事柄」全般と対比させ、「文」と「命題」という用語を文脈に応じて比較的自由に使い分けることとする。

(3)*de re* 様相と *de dicto* 様相には、それぞれ「事象（事物）様相」と「言表様相」などの訳語が往々にして充てられることに現れているように、存在論的vs.言語的という区別として捉えられがちである。しかし、後述するように、その区別は様相の実在性に関するより根本的な見解の相違であると考えたうえで、本書では（非還元的）様相実在論を採用し、その中での区別としてこの二つの用語を用いる。

(4)もちろん、本来はS5体系も可能世界間の接近可能関係を用いて規定される相対的様相なのであるが、その関係において反射性・推移性・対称性のいずれもが成立していることによって多重様相が縮退し、結果的に論理的様相のような絶対的様相と形式的には一致することになる。

(5)N・サモン、B・ヴェターは、体系Tこそが形而上学的様相を表すという主張を行っている（[Salmon 1989] [Vetter 2015]）。またR・ウェッジウッドも、形而上学的様相をS5のみに限定することに反対している（[Wedgwood 2007] pp. 212-221.）。

(6)[Aquinas 1976] p. 421 (42-47).（[Novaes 2004] p. 112 (n5) より転載。）

(7)[Łukasiewicz 1957] p. 133.

(8)[McCall 1963] p. 96.

(9)「単面可能」とは、不可能性のみが排除され、必然性をもその範囲に含む（通常の様相論理におけるような）可能性であり、「両面可能」とは、不可能性と必然性がともに排除される、いわゆる偶然性としての可能性である。

(10)[Patterson 1995] p. 3.

(11)[Aristotle 1985] vol. 1, On the Soul (III. vi. 430b), p. 684.（邦訳『アリストテレス 心とは何か』アリストテレス、桑子敏雄訳、講談社、1999, p. 166.）アリストテレスが否定表現もコプラとして捉えていたということは、[Patterson 1995] (pp. 17-18) においてもその文献的根拠が示されている。

(12)[Mill 1874] p. 68(第一巻第四章第二節). また、ミルの時制論については [加地 1988] をも参照されたい。

(13)[Peirce 1901] p. 89.

(14)ここでの「存在様相」としては、述語論理における普遍量化子と存在量化子に相当するような様相が想定されている。

(15)［Von Wright 1951］p. 1. なお、ここでの「様態」の用法は、本書におけるそれと一致するものではない。

(16)*Ibid.*, p. 8.

(17)*Ibid.*, p. 25.

(18)ここでフォン・ウリクトが真理様相に *de re* 様相も含めていることに注意されたい。ここから、彼の「真理様相」は本書における「(論理的様相も含めた) 形而上学的様相」に相当すると言える。また、「可能的に死んでいる」とか「不可能的に死んでいる」は明らかに日本語として不自然であるが、*de dicto* 様相との対比を表すためにはこのように訳さざるをえなかった。

(19)*Ibid.*, p. 26.

(20)*Ibid.*, p. 28.

(21)［McGinn 2000］pp. 74-78.

(22)後述するようにヴェターがこの方法を採用している。ミルはこの方法に対して明確に反対している。

(23)*Ibid.*, p. 76.

(24)*Ibid.*, p. 77.

(25)*Ibid.* なお、引用文中の「例化（instantiation)」は、本書における「例示（exemplification)」に相当する（本章註42参照)。この点は、次に引用されるジョンストンについても当てはまる。

(26)［Johnston 1987］

(27)(1)（2）については、第2章の註8も参照されたい。

(28)［Lewis 2002］また、この論文でのルイスの主張に関する詳細な検討については、［加地 2012a］［Kachi 2012b］を参照されたい。

(29)［Galton 1984］

(30)*Ibid.*, p. 2.

(31) *Ibid*., p. 3.

(32) *Ibid*., p. 5.

(33)とは言え、タイプそのものは無時制的であるので、できごと根を用いた時制的命題全体によって語られるのは、トークンとしてのできごと、すなわち、ガルトンの言うところの「できごとの生起」についてである。

(34) *Ibid*., p. 25. なお、本書では、'occurrent' という語を全般的には「顕在的」と訳すが、それができごとやプロセスなどに適用されているときは「生起的」とも訳し、後者は前者の一種と考えることにする。

(35)ガルトンはこの引用文中で時相を「完了時制」「前望時制」などと呼び、広い意味での時制の一種として捉えていること、また、「完了形に似ていなくもない」という表現において、この場合の完了時制を必ずしも日常語における完了形と同一視していないことに注意されたい。なお、引用文中の「コムリーの示唆にしたがって(2)」で指示されている註2は、次を参照するよう要求している：[Comrie, 1976] pp. 64-65.

(36) *Ibid*., pp. 48-49.

(37)ただし、本章第二節の末尾（二〇頁）で述べたように、この場合のコプラは、関係述語に対しても適用できるようなコプラであるという点において、属性述語のみを用いる伝統論理のコプラをさらに一般化した表現として想定されている。

(38) *Ibid*., p. 49.

(39) [Lowe 1989a] pp. 164-184.

(40)馬は動物である」などの類種関係を表す文も、「α/β」という形で記号化される。また、この例化・類種関係は、個体どうしや同一レベルの種類どうしでも適用が許されるように一般化されている。そのひとつの結果として、「a=b」「α=β」などの同一性関係を、それぞれ「a/b∧b/a」「α/β∧β/α」という形で定義することによって、例化・類種関係に還元できる。

(41)実際にこれらの公理が適用できるのは、単純な自然種および傾向的／顕在的の区別ができる属性、状態、活動を表す述語に限られる。したがって、たとえば「野生の馬」「①は②の兄である」などには適用できない。また、否定に関してもいくつかの補足が必要だが、ここでは省略する。

(42)［Lowe 2006］p. 22. なお、この図式中の非実体的普遍者から実体的個体に向かう対角線で示される矢印に相当するのが「例示（exemplification)」である。ロウの四カテゴリー存在論については、［Tahko 2012］の邦訳書所収の彼自身の論文（［Lowe 2012a］）や［倉田 2017a］（pp. 89-95）［倉田 2017b］（pp. 35-82）が、邦語で読めるすぐれた解説となっている。また、［加地 2007a］も参照されたい。

(43)ただし、この場合も、属性述語のみならず、関係述語に対しても適用できるような意味での一般化されたコプラである。

(44)［Lowe 1989a］pp. 171-172.

(45)［Vetter 2015］pp. 2-3. なお、引用文中の「キット・ファイン（1994)」は、本書文献表中の［Fine 1994］を指す。

(46)*Ibid.*, p. 24. なお、引用文中の「シャッファー 2010」「レディマンなど 2007」は、それぞれ本書文献表中の［Schaffer 2010］［Ladyman and Ross 2007］を指す。

(47)*Ibid.*, p. 131.

(48)*Ibid.*, p. 145. なお、このPOTは、反復的潜在性演算子をも含めたPOT*としてさらに一般化される。これについては第四章第二節で詳述する（一六四頁)。

(49)本書でも同様の趣旨により、述語としてはもっぱら一項述語のみを用いる。また、本書において採用される公理系は、基本的に命題論理のものである。原始命題は定項記号と（一項）述語記号を用いて記号化され、その記号化を用いて実体様相の固有公理が提示されるが、これらはあくまでも典型例を用いつつ原始命題どうしの関係や原始命題による事実様相の根拠づけのあり方を示すという限定的な目的のためであり、実体様相全般に関わる述語論理的な推論のためではない。述語論理的拡張を含めた一般化の方向性は、第六章で示される。

第2章

(1)［Vetter 2015］p. 79. ジョンストンも、明示的には立場を表明していないが、「限定詞の文演算子化」という方法

を批判している点では同類と考えられる

(2) *Ibid.* なお、本書における「…のは～場合である」という表現は、英語における 'just in case' や 'if and only if' に相当する日本語として用いられている。

(3)［Forbes 1991］p. 563.

(4)［Novaes 2004］p. 112.

(5)［Mill 1874］pp. 68-69,［Quine 1953］p. 176. クワインの様相論理批判については、［飯田 1995］（pp. 34-87）で詳しく解説されている。

(6)［Novaes 2004］p. 113.

(7)［Novaes 2004］pp. 116-117.

(8) これら二つの方法はそれぞれ、ジョンストンが無用の動きとして批判した「述語の関係化」「単称名の関係化」に対応する。

(9)［Prior 1953a］p. 107.

(10) ただし、彼女自身は *de re* / *de dicto* の区別を「文」に適用される言語的様相であるか形而上学的様相であるかという（標準的な）区別として捉えているので、局所的／非局所的という区別と連動させることは拒否している。［Vetter 2015］p. 3（n3).

(11) 可能世界意味論と非還元的・内包的な様相主義との関係については、［飯田 1995］（pp. 197-219, 339-361）に優れた考察がある。

(12)［Borghini 2016］ch. 7. ボルギーニは、ヴェターをこの立場のひとりとして挙げている。なお、本書では深く立ち入ることはできないが、この立場のひとつの利点は、形而上学的様相に関する認識論的な説明を容易にするところにある。

(13)［McGinn 2000］p. 79.

(14)［Vetter 2015］pp. 4-5.

(15) 類似の立場を示した例として、他に［Williamson 2007］［Lange 2009］［Stalnaker 2003］が挙げられている。
(16)［Yagisawa 2010］p. 3.
(17)［Fine 1994］pp. 4-5.
(18) より厳密には、この場合のＳ５、Ｔ、Ｓ４、Ｓ４・３の体系は、真理値ギャップを許すように部分化された (partialized) 様相論理の体系となる。
(19) なお、垂直述定には「馬は哺乳類である」「哺乳類は動物である」「動物は生物である」などの類種関係文も含まれるが、本書ではもっぱら個体を主語とする例化関係文を垂直述定の例として扱う。
(20) これらの公理は、標準的な様相論理の公理系（この場合はＳ５体系）に追加されるべき公理として想定されている。また、α/α はシェーマとして用いられている。これらについては以下でも同様である。
(21) この場合の同値性は、純粋な論理的同値性ではなく、［ＡＥ１］［ＡＥ２］のような形而上学的公理から帰結するものなので、形而上学的理論に基づく同値性という意味で、「理論的に同値」または「形而上学的に同値」と表現することにする。
(22) この点については［加地 2007a］でより詳細に論じている。
(23)［Lewis 1976］［Lewis1979］［Vihvelin 2004］［Fara 2008］
(24)［Vetter 2015］p. 76.
(25) *Ibid.*, p. 81.
(26) *Ibid.*, p. 101.
(27) *Ibid.*, p. 86.
(28) なお、ついでながら、本質様相においては内的否定に対応する記号も公理も設定されていないが、その理由は、本質様相において事実様相すなわち事実的必然性の供給源となるのは肯定的類種（例化）文のみだからである。本質を本質たらしめるのは、類種によって表現される基礎的全体性・統一性なのであって、そうした全体性は否定的類種文によっては表現されない。「属性は反対（の属性）を持つが、実体は反対を持たない」というアリストテレスによる区別（『カテゴリー論』第五章）も、このような本質様相と力能様相の重要な相違と関連している。

(29) 一ノ瀬正樹は、特に自由論との関係において、類似の相違を「回顧的・過去視線的」対「展望的・未来視線的」という「時制差」の相違として重要視している：［一ノ瀬 2011］pp. 237-259. 'retrospective' の訳語としても日本語としても「回顧的」の方が自然であるが、本書では、実体的対象のあくまでも未来へ向かう一方向的な持続の中での様相論的・存在論的な区別であることを強調するために、あえて「前望的」の「前」と対比的な「背」を用いた「背顧的」という見慣れない用語を用いることにした。「前望的」は、アスペクトを表す言語学的用語からの借用であり、その意味合いに一定の関連性はあるが、やはり純粋に存在論的・様相論的な意味で用いられるという点で、基本的に別内容のものである。

第3章

(1)［Marcus 1961］［Kripke 1972］［Putnam 1975］

(2)［Mackie 1974］［Salmon 1979］［Salmon 1981］［Almog 1986］など。

(3)［Heil 2003］［Varzi 2007］［Devitt 2010］など。

(4)［Lowe 2007］p. 29.

(5)［Klima 2002］p. 175. この場合の「一般語」としては、いわゆる普通名詞の他に、形容詞・動詞・形容動詞なども含まれている。なお、この後の本節と次節の内容は、［加地 2014］に基づいている。

(6) B・スミスは、このような単純化が存在論に及ぼした弊害を'fantology'（*Fantology*）という造語で揶揄している：［Smith 2005］

(7) さらに性質へのコミットメントについては、その性質を所有されるとされる対象の集合やメレオロジー的和などへのコミットメントでも代替できる。

(8)［Oderberg 2007］p. 65.

（9）すぐ後で紹介するように、ロウが特にこの問題を指摘している：［Lowe 2012a］pp. 235-237.（邦訳、pp. 423-427.）

（10）［Lowe 2008b］p. 34f.

（11）*Ibid.*, p. 39.

（12）［Oderberg 2007］p. 124.

（13）*Ibid.*

（14）［Klima 2002］p. 179.

（15）先の註2で参照した文献に加え、近年では［Klima 2002］,［Mackie 2006］など（こちらのマッキーは、註2のマッキーの娘である）。

（16）この点は、ロウが強調するところである：［Lowe 2012b］,［Lowe 2012c］

（17）この場合の「基体」は必ずしも「裸の個体」を意味しない。

（18）［Aristotle 1985］vol. 1, Categories, p. 3.（邦訳、「カテゴリー論」『アリストテレス全集1』、中畑正志訳、岩波書店、2013, p. 14.）

（19）［Locke 1975］p. 159（II. xi. 9), pp. 172-173（II. xiii. 13).（邦訳、（一）pp. 227-228,（二）pp. 22-23.）また、ロックについてのこの解釈は、ロウに依拠するところが大きい：［Lowe 2006］p. 97,［Lowe 2012a］pp. 247-248.（邦訳、pp. 442-443.）

（20）［Lowe 1998］pp. 199-203,［Lowe 2012a］pp. 235-237（邦訳、pp. 423-427),［Lowe 2015］pp.67-70. なお、本節の内容は、［加地 2017a］に基づいている。

（21）［Lowe 2012a］pp. 235-236.（邦訳、pp. 423-425.）

（22）［Lowe 1998］p. 194.

（23）［Lowe 2012a］p. 237.（邦訳、pp. 426-427.）

（24）［Lowe 1998］第六章（pp. 136-153）。なお、定義や定理への番号づけは、原書と異なっている。

（25）*Ibid.*, p. 151.

(26)*Ibid*., p. 147. なお、この場合の存在の依存性は、定義により、特定のタイプに属する任意の個体に対する依存としての類的依存（generic dependence）ではなく、特定の個体に対する依存としての個別的依存性（specific dependence）となる。
(27)*Ibid*., p. 151.
(28)*Ibid*., p. 148.
(29)*Ibid*., p. 149.
(30)［Lowe 2013］pp. 342-347. ロウは、こちらの定義の方が一九九八年の定義よりも優れていると自己評価している（p. 347 n1）。
(31)*Ibid*., p. 347.
(32)［Koons 2014］p. 173.
(33)*Ibid*., p. 153.
(34)*Ibid*., p. 152.
(35)*Ibid*., pp. 153-157.
(36)［Martin 1980］［Johansson 1989］［Heil 2003］
(37)［Simons 1994］
(38)［Lowe, 2013］p. 351.
(39)*Ibid*., p. 356.
(40)*Ibid*., pp. 351-352.
(41)*Ibid*., p. 237.
(42)［Koons, 2014］p. 158. ここで示されているレアの問いは、次の論文中からの引用である：［Rea 2011］
(43)［Lowe 1998］p. 190.
(44)*Ibid*., p. 197.

(45)ただしクーンズは、複合的実体に関する極端な全体論的立場としてこれら二人の立場を特徴づけることにより、自己の立場と一線を画している。なお、彼が依拠しているスカルツァスとマルモドーロの論考は次のものである：［Scaltsas 1994a］［Marmodoro 2013］

(46)［Scaltsas 1994b］ p. 109.

(47)*Ibid.*, p. 127.

(48)［Koons, 2014］ p. 159.

(49)*Ibid.*, p. 168,［Lowe 2011］. ただしロウの場合は、タイプとしての力能の個別化についての主張である。

(50)［Lowe1998］ pp. 114-118,［Lowe 2002］など。

(51)この場合の「時空性」は、四次元的「時空（space-time）」を必ずしも前提とする用語ではなく（排除も必ずしもしないが）、「時間性および空間性」の単なる省略形として用いられている。

(52)［Koons 2014］ p. 159.

(53)［Scaltsas 1994b］ p. 127, n44. なお、ここでの「主体」という訳語は「主語が表す個体」という広い意味で用いられている。

(54)［Koons 2014］ p. 172.

(55)*Ibid.*, p. 166.

(56)［Loux 1998］ p. 123,［Smith 1997］ p. 120.

(57)たとえば、次にそのような主張が見られる：［Newman 1992］ p. 177.

(58)これについては、次も参照されたい：［加地 2008b］［加地 2010］［加地 2011a］［Kachi 2011b］［加地 2017c］

(59)ロウはパーソン論を特に次で展開している：［Lowe 1996］［Lowe 2008a］

(60)内的関係と外的関係についてのこのような解釈は、たとえば次に見られる：［Armstrong 1989］ p. 43.（邦訳、pp. 91-92.）

(61)ここでの実体的対象に関する個別者と個体の区別は、ロウによる individual object と、quasi-object も含む広い意味での object との区別に相当する：［Lowe 1998］pp. 58-83.

(62)以下の個体性テーゼおよび同一性基準の定式化は、ロウによる定式化を参考にしている：［Lowe 1989a］［Lowe 1989b］など。

(63)合理的であるという性質は、一種の潜在的性質であるとするのが適切だと思われる（その場合、*Ga* は何らかの性質を表す述語 *G′* を用いた *G′*-pot-*a* の省略形と考えられる）が、ここでは問題と直接関係しないので、力能様相に関しては中立的な表現として *G* を採用しておく。

第４章

(1)［Hume 1978］p. 77（I. iii. 2).（邦訳、（一）p. 131.）

(2)*Ibid.*, p. 162（I. iii. 14).（邦訳、（一）p. 251.）

(3)［Bird 2007］p. 24. なお、この後の本節と次節の内容は、［加地 2016］に基づいている。

(4)［Bird 2010］p. 161.

(5)［Lowe 2011］p. 22.

(6)*Ibid.*, p. 24.

(7)*Ibid.*, p. 23.

(8)*Ibid.*, p. 27.

(9)*Ibid.*, p. 24.

(10)*Ibid.*, p. 25.

(11)*Ibid.*, p. 27.

(12)*Ibid.*, p. 25.

(13)*Ibid.* なお、「溶質が溶けること（solvent's dissolving $_I$)」という表現の原語表記における dissolving $_I$ の末尾の指標 I は、dissolving $_T$ の末尾の指標 T と対比されて、この場合の dissolve が他動詞ではなく自動詞であることを表している。

(14)この定式化は、次を参考にしている：[Lowe 2008a] p. 159, pp. 145-146. なお、この定式化中の（I）（T）という表記については、先の註13で説明したとおりである。

(15)[Lowe 2011] p. 31.

(16)*Ibid.*

(17)[Vetter 2015] p. 65（n2), p. 97（n26).

(18)[Manley and Wasserman 2007]. 彼らは、（生物の）成長する傾向性（disposition to grow old）と（ひとの）短気さ（irascibility）を無条件的傾向性の例として挙げている。

(19)[Vetter 2015] pp. 39-53.

(20)*Ibid.*, pp. 53-59.

(21)*Ibid.*, p. 34.

(22)*Ibid.*, p. 35.

(23)ただし、マンリーとワサーマンも、ヴェターが提案したような方向性がありうるということを示唆している：[Manley and Wasserman 2007] p. 75.

(24)[Vetter 2015] pp. 79-94. なお、この「程度」は必ずしも確率的な意味での程度とは限らないこと、したがって、潜在性は、いわゆるpropensityとしての傾向性とは限らないということに注意されたい（cf. *Ibid.*, p. 92)。たとえば、仮に決定論が成立していたとしても、一キログラム以上の加重で（必ず）壊れる板は、五キログラム以上加重しない限り（絶対に）壊れない板よりも大きな脆弱性を持つと言える。

(25)*Ibid.*, pp. 105-135.

(26)*Ibid.*, pp. 135-139.

(27)*Ibid.*, p. 141.　なお、形而上学的様相に関して類似の方向性を示す立場としての「様相の傾向性主義（dispositionalism about modality)」が主張された例として、[Borghini and Williams 2008][Jacobs 2010] などが挙げられる。ただし彼らの場合は、反実条件法に基づく傾向性の標準理論に立脚している。

(28)［Witt 2003］（特に pp. 17-37),［Tegtmeier 2014］など。

(29)J・マキトリックも類似の主張をしている：［Mckitrick 2003］［Mckitrick 2014］

(30)*Ibid.*, p. 132.

(31)*Ibid.*, p. 18.

(32)*Ibid.*, p. 135.

(33)*Ibid.*

(34)*Ibid.*, p.138.

(35)*Ibid.*, p. 197.

(36)*Ibid.*, p. 160.

(37)ただし、後述するように、共同的潜在性については、ヴェターが認める共同潜在性のうちの、より限定された範囲のみを承認する。

(38)*Ibid.*, p. 135.

(39)［Borghini and Williams 2008］p. 30（n21).

(40)*Ibid.*,(n23).

(41)［Vetter 2015］p. 209.

(42)*Ibid.*, p. 210.

(43)*Ibid.*, p. 293.

(44)彼らの自然法則論・因果論の背後にある科学哲学的立場については、次を参照されたい：［戸田山 2015］

(45)capacity に対する「性能」という訳語には若干の違和感も伴うが、行為主体の「能力」としての ability よりもさらに一般的な意味での〈対象全般に帰されるような能力〉あるいは〈対象の本性としての能力〉という意味として両者を区別するために、一種の専門用語として「性能」という語を採用した。なお、ついでながら、物理学で用いられる force に対しては、（潜在的ではなく）実際に働いている力という意味で「効力」という訳語を当てることにする。

（46）［Cartwright 1999］p. 72.

（47）*Ibid.*

（48）［Cartwright 2007］p. 200.

（49）*Ibid.*, p. 201.

（50）［Cartwright and Pemberton 2013］p. 95.

（51）*Ibid.*, pp. 105-106.

（52）*Ibid.*, p. 94.

（53）*Ibid.*, p. 93.

（54）*Ibid.*, p. 94.

（55）［Cartwright 2007］p. 50.

（56）この点に関するヴェターとの相違は次で明らかである：［Vetter 2015］pp. 96-98.

（57）［Chakravartty 2007］p. 107.

（58）*Ibid.*, p. 63, p. 108.

（59）*Ibid.*, p. 108.

（60）*Ibid.*

（61）*Ibid.*, p. 116.

（62）［Cartwright 2007］p. 196.

（63）力能因果論を本格的に展開した著作として、次が挙げられる：［Mumford and Anjum 2011］チャクラヴァティは、それに対する書評の中で、特にできごと因果論に対抗して傾向性実在論に基づいたプロセス因果論を提示している点において、自己の因果論との類似性を見出している：［Chakravatty 2013］

(64)[Chakravartty 2007] p. 123.

(65)*Ibid.*, p. 124.

(66)[Witt 2003] p. 86. なお、ロウは、彼の類種論理の適用範囲を潜在性と顕在性の区別が適用できる述語のみにあらかじめ限定しているので、この第一の理由に関しては本書とロウとの相違はない。彼との相違は、次に示す第二の理由に由来する。

(67)アリストテレス以外にこのような独特の性格によって潜在性（傾向性）を特徴づけた歴史的先例として、マンフォードとアンジュムは、アクィナスを挙げている：[Mumford and Anjum 2014] pp. 108-109. また、カートライトは、ミルの tendency という概念に自己の capacity 概念との類似性を見出している：[Cartwright 1989] pp. 170-179.

(68)本書と類似の性質二元論を提示している例として次が挙げられる：[Molnar 2003] pp. 158-172, [前田 2005], [Ellis 2008] pp. 83-85, [Lowe 2010] pp. 18-21, [Cartwright and Pemberton 2013] p. 94 (n4), p. 109.

(69)マンフォードとアンジュムも、本書とはいくつかの点でその性格づけが異なるとは言え、傾向性が最も素朴な独特の様相であると主張している：[Mumford and Anjum 2011] pp. 175-194.

第5章

(1)本節では、議論の都合上、endurance の訳語として「耐続」を用いる。この点について、第二章第五節の冒頭を参照されたい。なお、本章第三節の内容は、[加地 2017 a] に基づいている。

(2)[Lewis 1986] p. 202. なお、原文では最後の「場合」だけ iff ではなく if になっているが、誤植だと思われる。

(3)[McCall and Lowe 2009] p. 278. 鈴木生郎も、永久主義的観点からではあるが、時間的部分の概念に基づいて三次元主義対四次元主義の対立を規定することの存在論的な不毛さを的確に指摘している：[鈴木 2017]

(4)*Ibid.*

(5)[Van Inwagen 2000]

（6）〔Lowe 2009〕pp. 70-71.
（7）この点については、試論の第二章で改めて採り上げる。
（8）トロープについては、秋葉剛史が、普遍者に関する唯名論的立場からではあるが、トロープを中心とした本格的な存在論を展開している：〔秋葉 2014〕
（9）〔Taylor 1992〕p. 82.
（10）*Ibid.*, p. 84.
（11）*Ibid.*
（12）〔Lowe 2009〕p. 73.
（13）〔Lewis, 1986〕p. 203.
（14）〔Galton 1984〕p. 24.
（15）*Ibid.*, p. 15.（p. 5 にも類似の記述あり。）
（16）*Ibid.*, p. 27.
（17）実際、むしろプロセスの瞬間的境界やプロセス内の瞬間的な移行のような瞬間的できごとのみに限定して 'event' という語を適用する用法さえ存在する：〔Grenon and Smith 2004〕p. 86.
（18）〔Steward 2013〕p. 798.
（19）〔Galton 1984〕pp. 26-27. ガルトンは他にも、トークン化できるか否かをできごとと状態の差違として挙げているが、後述するように、プロセスとできごとは、その同一性基準は異なるものの、トークン化できることにおいて変わりはない。
（20）過去命題・背顧命題に伴う形而上学的必然性については、これまで〔加地 1989〕〔Kachi 1996〕〔加地 2003〕〔加地 2004〕〔加地 2005〕〔Kachi 2007b〕などにおいて、繰り返し説明してきた。
（21）とはいえ、もちろん両者が無関係であるということはなく、ある時点における未来時点の系列がその時点での論理空間の中で実現されるものである以上、〔$\mathrm{L}^{*}A \rightarrow \mathrm{G}^{*}A$〕が成立する。すなわち、（現在時点を含む）すべての未来時点は、S4様相モデルにおけるその時点での到達可能な時点に含まれている。

(22)このような区別は前望時相についても適用できる。なお、C・D・ブロードは、過去・未来時制を一種の性質として捉えたうえで同様の区別を行っている（[Broad 1938] I. 35, I. 21)。コプラに対してこの区別を適用するということはやや異例であるが、E・ソーザは、時間的生成を適切な形で捉えるためのひとつの可能的な方法として、このような確定的コプラに訴える方法に相当する「時制的例示説（tensed-exemplification view)」を挙げた（[Sosa 1979] pp. 36-38)。ソーザ自身は、この見解が「例示の時間的形式の過剰（相異なる時点tに対する相異なる形式の例示：そのときごとの例示（then-exemplification))」をもたらしてしまうとして批判したが、「こうした見解における過剰さはとにかく正しいのであり、実在の真なる反映であると論ずることも可能であろう」とも述べている。本書はまさしくそのように論ずるものである。また、時制論理においても、「計量的時制論理（metric tense logic)」と呼ばれる体系では、未来演算子と過去演算子に類似の指標づけを行うことによって、確定的コプラと並行的な機能を担わせている。

(23)より正確には、註20で述べた計量的時制論理の体系を用いて、F^*をF^*/iのように計量的時制にしなければならない。

(24)この「細い赤線」という語は、クリミア戦争中のバラクラヴァの戦いで二列横隊によってロシア軍の突撃を防いだ英国第九三聯隊の制服が赤色だったということに由来する語であるが、この場合は、細すぎて見えない、すなわち、どれが実際に実現する分岐線であるかはわからない、というニュアンスで用いられている。

(25)ただし、先に述べたように、分岐線における「分岐」の解釈は、通常、主として因果的な分岐性すなわち未来の非決定性を表すものとして想定されている点が、本書との相違である。また本書では、註24で述べたような、未来の分岐解釈を前提としたTR線に関する認識論的な含意も伴っていない。TR線は、あくまでも「未来時点」が純粋生成に基づく可能的な時点であるという存在論的・様相論的根拠によって、決定論を帰結しない形でその直線性・唯一性を保証されるものである。

(26)「真理値付与者」という用語は、通常「真にするもの（truthmaker)」という用語で表されるものに加えて「偽にするもの（falsemaker）」をも表す用語として想定されている。これに対応して、真理値の担い手を「真理値受容者（truth-value bearer）」という用語で表すこととする。また、「真にするもの」「偽にするもの」に加えて「真理付与者」「虚偽付与者」という名称も採用する。

（27）「欠如」への存在論的コミットメントを避けたいならば、ドビンが当該時点において所有する生起的トロープ全体を真理値付与者とすることによって、当該の生起的トロープがその中に含まれていれば真であり、含まれていなければ偽であるという形で真理値付与を行うこともできる。「ドビン」という語が指示対象そのものを欠いている場合の真理値付与の形については、いくつかの選択肢がありうるが、ここではその問題は度外視する。

（28）［Broad 1923］［Tooley 1997］［Forrest 2004］［Forbes 2016］など。

（29）［Thomason 1970］［Belnap 1992］［McCall 1994］［Belnap, Perloff and Xu 2001］など。

（30）このような様相的アプローチに最も近いと考えられる先行例をあえて挙げるならば、ウカシェーヴィチが［Łukasiewicz 1930］などにおいて示した三値論理によるアプローチである。彼は、もともと三値論理を一種の様相論理として構想していた。私のアプローチは、彼の三値論理を修正して部分論理の一種として読み換えるところにひとつの特徴がある：［加地 1989］［Kachi 1996］［加地 1998］［加地 2001］［Kachi2002］［Kachi 2009］など。

（31）無限遠の過去から存在するような実体的対象には年齢を与えられないかもしれないが、どこかの時点での年齢をひとつに固定すれば、すべての時点での年齢が一意的に定まる。この点において、時間円環的対象における年齢の決定不可能性とは根本的に異なっている。また、自己幼児殺害ではなく親殺しのような祖先の殺害にまつわるパラドクスに対処するためには、複数の実体的対象から成る「実体連鎖」にコミットする必要がある。これらについては［加地 2003］［加地 2004］［Kachi 2007b］を参照されたい。

第6章

（1）マンフォードが類似の主張を行っている：［Mumford 2009］

（2）［Hawley 2001］p. 42.

（3）ただし、ジョンストン自身は、必ずしも実体の「独立性」にはコミットしていない

（4）［Johnston 2011］pp. 51-52.

試論

第1章

（1）［須藤 2006］p. 166.

（2）*Ibid*. p. 75.

（3）［Bondi 1962］p. 64. なお、「ルイス・キャロルの言葉を借りれば」という語句は、原文の 'believing at least two incredible thing every day before breakfast' という表現が、『鏡の国のアリス』に登場する「白の女王」の 'Why, sometimes I've believed as many as six impossible things before breakfast' という表現を元としていることによる。

（4）［Heisenberg 1958］p. 23.（邦訳、pp. 34-35.）

（5）［朝永 1965］pp. 34-35. この点は、「以上述べたように、素粒子は通常の粒子とことなったものだが、粒子と似たものでもある。素粒子が粒子に似た点はまだいくらでもある」（p. 48）という叙述などにも現れている。

（6）*Ibid*., p. 34, p. 51.

（7）*Ibid*., pp. 47-48.

（8）場を力能などの性質の担い手としての個体と見なしている、あるいはその見方を少なくとも一つの選択肢として示している例として、次が挙げられる：［French 1998］（p. 105），［Bauer 2011］（p. 86, p. 89），［Lange 2002］

（9）ただし、日常的個体においても、銅塊と銅像など、「組成（constitution）」関係によって同一時空領域に二つの異なる物体が存在しうると考える立場もある。

（10）［Heisenberg 1958］（pp. 54-55）（邦訳、p. 83），［Bondi 1962］（pp .29-30），［Howard 1989］（p. 246），［Lange 2002］（pp.165-174）など。

(11)このような場の多元論的解釈を提示している例として、次が挙げられる：［Maudlin 1998］(p. 48),［Howard 1989］(p. 244). S・フレンチもその解釈を一つの選択肢として提示している：［French 1998］(p. 105)

(12)［Teller 1995］p. 9.

(13)テラーによれば、預金の比喩はE・シュレディンガーやM・ヘッセも用いている（*Ibid.*, n16)。また、もう一つ考えられる比喩は「穴」であるが、これについては［加地 2017c］を参照されたい。

(14)［Teller 1995］p. 29.

(15)*Ibid.*, p. 30.

(16)*Ibid.*, pp. 19-20.

(17)［朝永 1965］p. 62.

(18)［Teller 1995］p. 8.

(19)［Redhead 1987］p. 48.（邦訳、p. 55.）なお、レッドヘッドが提示している他の二つの解釈は、もうひとつの実在解釈である「見解A（隠れた変数）：Qは、くっきりした、しかし、知られていない値をもっている」と、ボーアの相補性概念に基づく正統的コペンハーゲン解釈としての「見解C（相補性）：Qの値は、定義されない、すなわち『無意味』である」である。(p. 45. 邦訳、p. 52.)

(20)［Heisenberg 1958］p. 11.（邦訳、p. 16.）

(21)*Ibid.*, p. 22.（邦訳、p. 33.）

(22)［Teller 1995］p. 32.

(23)［Esfeldt 2016］p. 226.

(24)*Ibid.*

(25)*Ibid.*, p. 227.

(26)*Ibid.*

(27)*Ibid.*, pp. 219-221.

(28) *Ibid.*, pp. 227-230.
(29) *Ibid.*, p. 229. ボームの量子力学は、この方程式と通常の波動方程式の二つから成る。
(30) *Ibid.*, pp. 229-230.
(31) *Ibid.*, p. 234.
(32) *Ibid.*, p. 233.
(33) この点は註9でも述べてある。
(34)［Teller 1995］p. 16.
(35) *Ibid.*, p. 17.
(36)［Lange 2002］pp. 290-291.
(37) *Ibid.*, p. 292.
(38)［Peruzzi 1998］p. 297. シュレディンガーも同様の見解を提示している：［Schrödinger 1984］p. 207.
(39)［Esfeldt, Lazarovici, Hubert and Dürr 2014］p. 774.
(40)［Esfeldt 2017］p. 4. なお、この場合の「物質点（matter point）」は、「質点（mass point）」とは異なることに注意されたい。
(41) *Ibid.*
(42) *Ibid.*, p. 3.

第2章

(1)［Einstein 1950］p. 61（［Peacocke 1983］（p. 743）より再引用。）
(2) ピーコックは、類似の見解をトランス（T. F. Torrance）に帰している：［Peacocke 1983］*Ibid.*
(3)［Bondi 1962］p. 63.
(4) *Ibid.*, pp. 62-69.

（5）［Giere2006］［Cartwright 1999］など。ギャリーの観点主義やモデル中心的な自然科学像については、［戸田山 2015］（第10・11章）でわかりやすく解説されている。

（6）［Cartwright 1999］p. 2.

（7）［Teller 1995］p. 4.

（8）*Ibid.*

（9）［Davies and Brown（eds.）1986］p. 125.

（10）［Craig 2008］p. 33.

（11）［Maudlin 1994］p. 196.

（12）*Ibid.*, p. 220.

（13）［Smith 2001］p. 154.

（14）R・スウィンバーンやP・フォレストも類似の主張を行っている：［Swinburne 2008］［Forrest 2008］また、B・モントンは、一般相対論の代わりに量子重力理論を根拠として同様の主張をしている：［Monton 2006］

（15）［Craig 2008］p. 14.

（16）［Davies and Brown（eds.）1986］p. 48. ただし、この後で言及されるH・ブラウンは、ベル自身は絶対的基準系の存在にはコミットしておらず、むしろブラウンが提唱する（特殊相対論の）「力学的解釈」を採用した一人としてベルを位置づけるべきだと主張している。

（17）［Lorenz 1920］p. 23.（［Craig 2008］p. 15より再引用。）

（18）［Craig and Smith（eds.）2008］Introduction, pp. 3-4.

（19）R・T・W・アーサーも類似の主張を行っている：［Arthur 2006］

（20）［Dieks 2006］p. 170.

（21）*Ibid.*

（22）*Ibid.*, p. 171.

(23) *Ibid.*, p. 166.

(24) *Ibid.*, p. 167. なお、ここでディークスが「局所的なシステム」をも想定していることからわかるように、生成の局所性の主張は、決してその主観性や精神依存性を含意しないということに注意されたい。

(25) ［Broad 1938］Part I 1. 22. なお、ブロードの「絶対的生成」における「絶対的」は、「全面的」という意味ではなく、「いかなる変化も免れえない前提となっている」という意味で用いられている。［加地 2004］も参照されたい。

(26) ［Craig 2008］p. 12.

(27) ［Arzeliès 1966］p. 258.（［Craig 2008］p. 12 より再引用。）

(28) ［Balashov and Janssen 2003］p. 335. なお、「構成的理論」とは、「原理の理論（theory of principle）」と対比される概念である。後者においては、たとえば特殊相対論における棒の収縮や時計の遅れを光速仮説（light postulate）と相対性仮説（relativity postulate）という二つの原理から導くのに対し、前者においては、棒や時計に関連する実在的要因によってそれらが導かれる。バラショフとヤンセンは、〈前者は「現象」に関わるのに対し、後者はその背後にある「実在」に関わる〉という形で両者を対比させている（*Ibid.*, p. 331）。

(29) ［Brown 2005］［Brown and Pooley 2006］後者において、自分たちの立場はクレイグによって示された三つの解釈のいずれとも異なると彼らは述べている（p. 78, n15）。そして類似の見解を示した者として、パウリ（Pauli）、エディントン（Eddington）、スワン（Swann）、ベル、ヤノッシー（Jánossy）、ディークスを挙げている（p. 77）。なお、以下の叙述は、ブラウンら自身が生成に関して私と同様の見解を抱いていることを含意してはいないということをお断りしておく。

(30) ［Brown 2005］p. 12. ここで引用されているのは［Geroch 1978］（p. 4）である。

(31) *Ibid.* これは［Minkowski 1909］からの引用である。

(32) *Ibid.*, p. 13.

(33) *Ibid.*

(34) *Ibid.*, p. 14.

(35) *Ibid.* p. 6. これは［Bell 1976］からの引用である。なお、「ローレンツ教授法」というベルの用語は絶対的基準系の存在へのコミットメントを示唆しがちなので、ブラウン自身は「フィッツジェラルド教授法」という用語を推奨している。

(36)［Craig 2008］pp. 22-23.

(37)［Balashov and Janssen 2003］pp. 341-342.

(38)［Brown and Pooley 2006］p. 84.

(39) *Ibid.*, p. 72, p. 84.

(40)［Craig 2008］p. 23.

(41) *Ibid.*, p. 28.

(42) ファインも、時制的事実の実在性と特殊相対論を両立させる方法として実在の断片化の方法を推奨している：［Fine 2005］（Chap. 8: Tense and Reality, pp. 261-320.）

(43) モードリンも、時間の流れ（the passage of time）やそれに伴う時間的方向性（direction of time）は、科学的議論も含め、いかなる議論によっても否定できないと主張している：［Maudlin 2007］（Chap. 4: On the Passage of Time, pp. 104-142),［Maudlin 2012］（p. 166). また、［加地 2003］［加地 2004］［Kachi 2007b］も参照されたい。

あとがき

本書に悪のり気味のキャッチフレーズを与えるとするならば、次のようなものとなる――〈哲学的な意味での「もの忘れ」が激しい現代において哲学的な意味で「ものを大切に」するために、哲学的な意味での「もの好き」が、「ものぐさ」ながらも哲学的な意味での「もの思い」にふけり続けた軌跡を「ものした」「ものものしき」書物〉。

実際、本書の中核に位置する「コプラ的様相としての実体様相」という着想の源は、本文でも言及したガルトンの『時相の論理』を主要な題材のひとつとして取り上げた修士論文にまで遡る。そして、本書のほとんどの章の内容は、文献表で挙げた私の先行著作とそれにまつわる研究発表に基づいている。後づけで美化するならば、今に至るまでのその後の三〇年以上にわたる私の研究は、時間論に発したその着想をより一般的な存在論へと少しずつ拡張していった歩みとして捉えられる。

以上のような意味で、よく言えば「ブレていない」のだが、一方で、いかに進歩がなかったか、ということも痛感せざるを得ない。この三〇年間、私はほとんど同じ場所を何度もうろうろし続けていただけのようにも思われる。本書では、現代的実体主義の中での自己の立場の確定とその全体的整合性の確保に努力の大半が費やされたため、実体主義そのものに対する批判への応答、実体様相の論理の（意味論の部分化を伴う）述語論理的拡張、実体主義の形而上学的応用などは、その端緒にしか踏み込めなかった。これらについては、今後の機会を期すしかない。

いずれにせよ、とにもかくにもこれまでの研究の歩みを可能にしてくださった方々への感謝の思いは尽きない。特に、学部時代に分析哲学の世界へと導き入れてくださった大森荘蔵先生、分析形而上学という分野がまったく市民権を得ていなかった時代に「時間と論理」「時間と真理」などと題する得体の知れない私の卒論・修論を（おそらく苦渋の思いで）受け入れてくださり、修士課程・博士課程への進学を許してくださった山本信先生・黒田亘先生をはじめとする偉大な諸先生方の寛容さなくしては、そもそも研究者としての私の途はあり得なかった。さらに、その途の途中で押しかけ弟子のようにして教えを乞うたジョナサン・ロウ先生、キット・ファイン先生からの助言と励ましがなければ、どこかの段階でとっくに行き倒れていただろう。特に、ロウ先生については、本書にも自ずから現れているように、いまやほとんどの場合、なんらかの哲学的テーマについて改めて考え始める際の私の出発点となっている。

冒頭に掲げた献辞における「恩師たち」はこれらの先生方であるが、正直言えば、献辞に続く言葉が「捧げる」であると言う自信はない。このようなものを捧げられては迷惑だ、という声が唱和して聞こえてきそうである。むしろ、三〇年かかっても結局こんな怪しげなものしかできませんでした、と言いながら「おずおずと差し出す」と続ける方が本心に近い。

他にも、本書の完成に至る過程では、諸先輩方、研究仲間、同僚など多くの方々のお世話になった。とりわけ、拙著『穴と境界』以来、私の（後から思えば）無謀なお願いを何事でもないかのごとく毎回快く聞き入れていただき、本書を含むいくつかの出版を実現してくださった春秋社の小林さんに対しては頭が下がるばかりである。先日、十二年前に小林さんからいただいたお手紙をたまたま発見したのだが、それによると、初期の企画段階では「穴と境界」はあくまでも副題であり、想定されていた本題は『〈もの〉とは何か』であったようである。結局、その約束を果たすのに一回りもかかってしまったことになる。考えてみれば、『穴と境界』では裏側・外堀から攻めていたテーマに対して、その本丸に正面攻撃をしかけたのが本書だとも言える。返り討ちにあっていないことを祈るばかりである。

最後に、研究者としてのひとつのまとまった成果を少なくとも形にできたことの喜びを、すでに二〇年にわたり私と生活をともにしてくれている妻、真帆子と分かち合いたい。

＊

本書の内容の元となった一連の研究に対しては、次の科学研究費補助金による援助を受けた。奨励研究（A）：08710004, 09710002, 基盤研究（C）：13610002, 16520005, 19520011, 22520010, 25370007, 16K02108. また、それらの研究をまとめて仕上げる作業の大半は、埼玉大学から与えられたサバティカル期間（二〇一五年一〇月～二〇一六年九月）に行われた。いずれに対しても改めて感謝申し上げる。

そして、二〇一七年九月に本論の、同一二月に試論の原稿を春秋社に送付し、今年の五月にはすでに本書の最初のゲラ刷りがほぼ完成していたようであるが、その頃、私は突如として心身の不調に陥った。その後の三か月間、私はほとんど闇をさまよっているような状態であった。

その間、私は、当たり前の日常が実はいかに当たり前でなかったかということを痛切に思い知らされた。そして数知れない方々に多大の迷惑をかけてしまったにもかかわらず、多くの方々が陰に陽に私を支えてくださり、その後の社会復帰も暖かく迎えてくださった。その結果として、予定より少なくとも三か月遅れてしまったとはいえ、こうして出版にまで至ることができた。これはひとえにこれらの方々のおかげである。本書が、多少なりともその恩義に報いるものとなっていることを、切に祈る次第である。

平成最後の九月　大安吉日

加地大介

著者
加 地 大 介 *Daisuke Kachi*
1960年、愛知県に生まれる。1983年、東京大学教養学部（科学史科学哲学分科）卒業。1989年、東京大学大学院人文科学研究科博士課程（哲学専攻）単位取得退学。2007-8年、ニューヨーク大学、ダラム大学（いずれも哲学科）客員研究員。現在、埼玉大学大学院人文社会科学研究科教授。専門は分析形而上学および哲学的論理学。著書に『なぜ私たちは過去へ行けないのか――ほんとうの哲学入門』（哲学書房、2003年）、『穴と境界――存在論的考察』（春秋社、2008年）など。

Agents: Contemporary Substance Ontology

もの　――現代的実体主義の存在論

2018年12月25日　第1刷発行

著者――――――加地大介
発行者―――――澤畑吉和
発行所―――――株式会社 **春秋社**
〒101-0021 東京都千代田区外神田2-18-6
電話 03-3255-9611
振替 00180-6-24861
http://www.shunjusha.co.jp/
印刷・製本―――萩原印刷 株式会社
装丁――――――伊藤滋章

ISBN978-4-393-32377-9
定価はカバー等に表示してあります

人名索引

あ行

か行

さ行

た行

な行

は行

ま行

や行

ら行

わ行

事項索引

さ行

た行

な行

は行

ま行

や行

ら行

参考文献

[秋葉 剛史 2014]『真理から存在へ――〈真にするもの〉の形而上学』, 春秋社.

[Almog, Joseph 1986] Naming Without Necessity, *Journal of Philosophy*, 83(4), pp. 210-242.

[Aquinas, Thomas 1976] De Propositionibus Modalibus, in *Opera Omnia*, Tomus XLIII, San Tommaso.

[Aristotle 1985] *The Complete Works of Aristotle*, vol. 1&2, (ed. by Barnes, J.), Princeton University Press.

[Armstrong, David M. 1989] *Universals: An Opinionated Introduction*, Westview Press.（邦訳『現代普遍論争入門』, デイヴィッド・M・アームストロング, 秋葉剛史訳, 春秋社, 2013.）

[Arthur, Richard T. W. 2006] Minkowski Spacetime and the Dimension of the Present, in[Dieks 2006], pp. 129-156.

[Arzeliès, Henri 1966] *Relativistic Kinematics*, rev. ed., Pergamon Press.

[Aurnague, Michel, Hickmann, Maya and Vieu, Laure (eds.) 2007] *The Categorization of Spatial Entities in Language and Cognition*, John Benjamins Publishing Company.

[Balashhov, Yuri and Janssen, Michel 2003] Presentism and Relativity, *British Journal of Philosophy of Science*, 54, pp. 327-346.

[Baldwin, James Mark (ed.) 1901] *Dictionary of Philosophy and Psychology*, The Macmillan Company.

[Bauer, William A. 2011] An Argument for the Extrinsic Grounding of Mass, *Erkenntnis*, 74, pp. 81-99.

[Bell, John, S. 1976] How to Teach Special Relativity, *Progress in Scientific Culture*, 1 (2) , repr. in [Bell 1987], pp. 67-80.

[Bell, John, S. 1987] *Speakable and Unspeakable in Quantum Mechanics*, Cambridge University Press.

[Belnap, Nuel 1992] Branching Space-time, *Synthese*, 92, pp. 385-434.

[Belnap, Nuel, Perloff, Michael and Xu Ming 2001] *Facing the Future: Agents and Choicec in Our Indeterminist World*, Oxford University Press.

[Bird, Alexander 2007] *Nature's Metaphysics: Laws and Properties*, Oxford University Press.

[Bird, Alexander 2010] Causation and the Manifestation of Powers, in [Marmodoro (ed.) 2010], pp. 160-168.

[Bondi, Hermann 1962] *Relativity and Common Sense: A New Approach to Einstein*, Dover Publications.

[Borghini, Andrea 2016] *A Critical Introduction to the Metaphysics of Modality*, Bloomsbury.

[Borghini, Andrea and Williams, Neil E. 2008] A Dispositional Theory of Possibility, *Dialectica*, 62, pp. 21-41.

[Borkowski, Ludwik (ed.) 1970] *Jan Łukasiewicz: Selected Works*, North-Holland Publishing Company.

[Broad, Charlie Dunbar 1923] *Scientific Thought*, Routledge and Kegan Paul.

[Broad, Charlie Dunbar 1938] *Examination of McTaggarts' Philosophy*, vol. II, Cambridge University Press.

[Brown, Harvey 2005] *Physical Relativity: Space-Time Structure from a Dynamical Perspective*, Oxford University Press.

[Brown, Harvey and Pooley, Oliver 2006] Minkowski Space-Time: A Glorious Non-Entity, in [Dieks (ed.) 2006], pp. 67-89.

[Burkhardt, Hans and Smith, Barry 1991] *Handbook of Metaphysics and Ontology*, vol. 1&2, Philosophia Verlag.

[Cartwright, Nancy 1989] *Nature's Capacities and Their Measurement*, Oxford University Press.

[Cartwright, Nancy 1999] *The Dappled World: A Study of the Boundaries of Science*, Cambridge University Press.

[Cartwright, Nancy 2007] What Makes a Capacity a Disposition?, in [Kistler and Gnassounou (eds.) 2007], pp. 195-205.

[Cartwright, Nancy and Pemberton, John 2013] Aristotelian Powers: Without Them, What would Modern Science Do?, in [Groff and Greco 2013], pp. 93-112.

[Castellani, Elena (ed.) 1998] *Interpreting Bodies: Classical and Quantum Objects in Modern Physics*, Princeton University Press.

[Chakravartty, Anjan 2007] *A Metaphysics for Scientific Realism: Knowing the Unobservable*, Cambridge University Press.

[Chakravartty, Anjan 2013] Review: Stephen Mumford and Rani Lill Anjum *Getting Causes from Powers*, *British Journal of Philosophy of Science*, 64(4), pp. 895-899.

[Comrie, Bernard 1976] *Aspect: An Introduction to the Study of Verbal Aspect and Related Problems*, Cambridge University Press.

[Craig, William Lane 2008] The Metaphysics of Special Relativity: Three Views, in [Craig and Smith (eds.) 2008], pp. 11-49.

[Craig, William Lane and Smith, Quentin (eds.) 2008] *Einstein, Relativity and Absolute Simultaneity*, Routledge.

[Cushing, James T. and McMullin, Ernan (eds.) 1989] *Philosophical Consequences of Quantum Theory: Reflections on Bell's Theorem*, University of Notre Dame Press.

[Davidson, Donald and Harman, Gilbert (eds.) 1972] *Semantics of Natural Language*, D. Reidel Publishing Company.

[Davies, Paul C. W. and Brown, Julian R. (eds.) 1986] *The Ghost in the Atom: a*

Discussion of the Mysteries of Quantum Physics, Cambridge University Press.
[Devitt, Michael 2010] *Putting Metaphysics First: Essays on Metaphysics and Epistemology*, Oxford University Press.
[Dieks, Dennis 2006] Becoming, Relativity and Locality, in [Dieks (ed.) 2006], pp. 157-156.
[Dieks, Dennis (ed.) 2006] *The Ontology of Spacetime*, Elsevir.
[Dieks, Dennis (ed.) 2008] *The Ontology of Spacetime II*, Elsevir.
[Einstein, Albert 1950] *Out of My Later Years*, Thames & Hudson.
[Ellis,Brian 2008] Powers and Dispositions, in [Groff (ed.) 2005], pp. 76-92.
[Esfeldt, Michael, Lazarovici, Dustin, Hubert, Mario and Dürr, Detlef 2014] The Ontology of Bohmian Mechanics, *British Journal of Philosophy of Science*, 65, pp. 773-796
[Esfeldt, Michael 2016] The Reality of Relations: The Case from Quantum Physics, in [Marmodoro and Yates 2016], pp. 218-234.
[Esfeldt, Michael 2017] A Proposal for a Minimalist Ontology, *Synthese* (online: DOI 10.1007/s11229-017-1426-8).
[Fara, Michael 2008] Masked Abilities and Compatibilism, *Mind*, 117, pp. 843-865.
[Fine, Kit 1994] Essence and Modality, *Philosophical Perspectives*, 8, pp. 1-16.
[Fine, Kit 2005] *Modality and Tense: Philosophical Papers*, Oxford University Press.
[Forbes, Graeme 1991] Modal Logic, in [Burkhardt and Smith 1991], pp. 563-565.
[Forbes, Graeme 2016] The Growing Block's Past Problems, *Philosophical Studies*, 173, pp. 699-709.
[Forrest, Peter 2004] The Real but Dead Past: A Reply to Braddon-Mitchell, *Analysis*, 64(4), pp. 358-362.
[Forrest, Peter 2008] Relativity, the Passage of Time and Cosmic Clock, in [Dieks (ed.) 2008], pp. 244-245.
[French, Steven 1998] On the Withering Away of Physical Objects, in [Castellani (ed.) 1998], pp. 93-113.
[Galluzzo, Gabriele and Loux, Michael J. (eds.) 2015] *The Problem of Universals in Contemporary Philosophy*, Cambridge University Press.
[Galton, Antony 1984] *The Logic of Aspect: An Axiomatic Approach*, Oxford University Press.
[Geroch, Robert 1978] *General Relativity from A to B*, The University of Chicago Press.（邦訳『一般相対論入門——事象と時空を考える』（ブルーバックス），R・ゲロック，山岸賢吾訳，講談社，1986.）
[Giere, Ronald D. 2006] *Scientific Perspectivism*, The University of Chicago Press.
[Grenon, Pierre and Smith, Barry 2004] SNAP and SPAN: Towards Dynamic Spatial Ontology, *Spatial Cognition and Computation*, 4(1), pp. 69-104.
[Groff, Ruth (ed.) 2008] *Revitalizing Causality: Realism about Causality in*

Philosophy and Social Science, Routledge.
[Groff, Ruth and Greco, John (eds.) 2013] *Powers and Capacities in Philosophy: The New Aristotelianism*, Routledge.
[Haldane, John (ed.) 2002] *Mind, Metaphysics, and Value in the Thomistic and Analytical Traditions*, University of Notre Dame Press.
[Hawley, Katherine 2001] *How Things Persist?*, Oxford University Press.
[Heil, John 2003] *From an Ontological Point of View*, Oxford University Press.
[Heisenberg, Werner 1958] *Physics and Philosophy: The Revolution in Modern Science*, reprinted in Penguin Books, 1990.（邦訳『現代物理学の思想』, W・ハイゼンベルク，河野伊三郎・富山小太郎訳，みすず書房，1967.）
[Honnefelder, Ludger, Runggaldier, Edmumd and Schick, Benedikt (eds.) 2009] *Unity and Time in Metaphysics*, Walter de Gruyter.
[Howard, Don 1989] Holism, Separability, and the Metaphysical Implications of the Bell Experiments, in [Cushing and McMullin (eds.) 1989], pp. 224-253.
[Hume, David 1978] *A Treatise of Human Nature*, 2nd ed. (Nidditch, Peter, H. ed.), Oxford University Press.（邦訳『人性論』（一）～（四），デイヴィド・ヒューム，大槻春彦訳，岩波書店，1948-1952.）
[Hüntelmann, Rafael and Hattler, Johannes (eds.) 2014] *New Scholasticism Meets Analytic Philosophy*, editiones scholasticae.
[一ノ瀬 正樹 2011]『確率と曖昧性の哲学』岩波書店.
[飯田 隆 1995]『言語哲学大全III——意味と様相（下）』勁草書房.
[Jacobs, Jonathan D. 2010] A Powers Theory of Modality: or, How I Learned to Stop Worrying and Reject Possible Worlds, *Philosophical Studies*, 151, pp. 227-248.
[Johansson, Ingvar 1989] *Ontological Investigations: An Inquiry into the Categories of Nature, Man and Society*, Routledge.
[Johnston, Mark 1987] Is There a Problem about Persistence?, *Proceedings of the Aristotelian Society*, suppl. 61, 107-135.
[Johnston, Mark 2011] *Surviving Death*, Princeton University Press.
[加地 大介 1988] 様相としての時制——ミルの時間論『季刊哲学』2(5), pp. 257-261.
[加地 大介 1989] 外延的様相論理としての三値論理——ウカシェヴィッチの様相論『哲学雑誌』104(776), pp. 193-209.
[Kachi, Daisuke 1996] Was Łukasiewicz Wrong?: Three-valued Logic and Determinism, read at 'Łukasiewicz in Dublin' :An International Conference on the Work of Jan Łukasiewicz, https://philpapers.org/archive/KACWLW.pdf.
[加地 大介 1998] 部分論理と時間様相『埼玉大学紀要 教養学部』33(2), pp. 57-67.
[Kachi, Daisuke 1999] The Ontology of Many-Worlds : Modality and Time,

Proceedings of Twentieth World Congress of Philosophy (the Paideia Archive). [https://www.bu.edu/wcp/MainOnto.htm]
[加地 大介 2001] 始点としての現在『哲学雑誌』116(788), pp. 115-130.
[Kachi, Daisuke 2002] Tensed Ontology based on Simple Partial Logic, *Proceedings of Ninth International Symposium on Temporal Representation and Reasoning: TIME-02*, pp. 141-145.
[加地 大介 2003]『なぜ私たちは過去へ行けないのか――ほんとうの哲学入門』哲学書房.
[加地 大介 2004] 可能性から必然性への変化としての時間生成『数理科学』42(7), pp. 55-62.
[加地 大介 2005] 時制と実体『埼玉大学紀要 教養学部』41(1), pp. 1-13.
[加地 大介 2007a] 種的様相の論理と形而上学『埼玉大学紀要 教養学部』42(2), pp. 1-14.
[Kachi, Daisuke 2007b] Do Time Travelers Suffer from Paradoxes?, *Annals of the Japan Association for Philosophy of Science*, 15(2), pp. 43-46.
[加地 大介 2008a] 現代的実体主義の諸相――実体の独立性をめぐって『哲学の探求』35, pp. 37-49.
[加地 大介 2008b]『穴と境界――存在論的探究』春秋社.
[Kachi, Daisuke 2009] Bourne on Future Contingents and Three-valued Logic, *Logic and Logical Philosophy*, 18(1), pp. 33-43.
[加地 大介 2010] 穴から覗き見る物理主義『思想』1030, pp. 103-125.
[加地 大介 2011a] 穴の力『埼玉大学紀要 教養学部』46(2), pp. 55-71.
[Kachi, Daisuke 2011b] The Power of Holes, *Ontology Meeting: A supplementary volume for 2011*, pp. 7-12.
[加地 大介 2012a] 時制・耐続・生成（1）――コプラを深く時制化する『埼玉大学紀要 教養学部』47(2), pp. 123-144.
[Kachi, Daisuke 2012b] Serious Copula-Tensing, *Interdisciplinary Ontology*, 5, pp. 67-73.
[加地 大介 2014] 現代的本質主義をどのように理解すべきか『埼玉大学紀要 教養学部』49(2), pp. 51-59.
[加地 大介 2016] 力能と様相『埼玉大学紀要 教養学部』51(2), pp. 65-80.
[加地 大介 2017a] 持続様相としての時相『言語をめぐるX章――言語を考える，言語を教える，言語で考える』河正一・島田雅晴・金井勇人・仁科弘之編，埼玉大学教養学部リベラルアーツ叢書別冊2 仁科弘之教授退職記念論文集，pp. 507-519.
[加地 大介 2017b] 物的対象の自己統一性と質料形相論『埼玉大学紀要 教養学部』52(2), pp. 97-105.
[加地 大介 2017c] 穴の物象性と因果性『現代思想』（一二月臨時増刊号 総特集 分析哲学）45(21), pp. 70-88.
[Kistler, Max and Gnassounou, Bruno (eds.) 2007] *Dispositions and Causal Powers*,

Ashgate Publishing Company.
[Klima, Gyula 2002] Contemporary "Essentialism" vs. Aristotelian Essentialism, in [Haldane (ed.) 2002], pp. 175-194.
[Koons, Robert 2014] Staunch vs. Faint-hearted Hylomorphism: Toward an Aristotelian Account of Composition, *Res Philosophica*, 91 (2) , pp. 151-177.
[Kripke, Saul A. 1972] Naming and Necessity, in [Davidson and Harman (eds.) 1972], pp. 253-355. (Revised and enlarged edition: *Naming and Necessity*, Basil Blackwell, 1980)（邦訳『名指しと必然性――様相の形而上学と心身問題』，ソール・A・クリプキ，八木沢敬・野家啓一訳，産業図書，1985.）
[倉田　剛 2017a]『現代存在論講義Ｉ』新曜社.
[倉田　剛 2017b]『現代存在論講義II』新曜社.
[Ladyman, James and Ross, Don 2007] *Every Thing Must Go*, Oxford University Press.
[Lange, Marc 2002] *An Introduction to the Philosophy of Physics: Locality, Fields, Energy, and Mass*, Blackwell Publishing.
[Lange, Marc 2009] *Laws & Lawmakers: Science, Metaphysics, and the Laws of Nature*, Oxford University Press.
[Lewis, David 1976] The Paradoxes of Time Travel, *American Philosophical Quarterly*, 13, pp. 145-152.
[Lewis, David 1979] Scorekeeping in a Language Game, *Journal of Philosophical Logic*, 8, pp. 339-359.
[Lewis, David 1986] *On the Plurality of Worlds*, Blackwell.（邦訳『世界の複数性について』，デイヴィッド・ルイス，出口　康夫・佐金　武訳，名古屋大学出版会，2016.）
[Lewis, David 2002] Tensing the Copula, *Mind*, 111, pp. 1-13.
[Lizza, John P. (ed.) 2014] *Potentiality: Metaphysical and Bioethical Dimensions*, John Hopkins University Press.
[Locke, John 1975] *An Essay concerning Human Understanding* (Nidditch, Peter, H. ed.), Oxford University Press.（邦訳『人間知性論』（一）～（四），ジョン・ロック，大槻春彦訳，岩波書店，1972-1977.）
[Lorenz, Hendrik Anton 1920] *Das Relativitätsprinzip*, Pais translation, Teubner.
[Loux, Michael J. 1998] *Metaphysics: A Contemporary Introduction*, Routledge.
[Lowe, E. Jonathan 1989a] *Kinds of Being: A Study of Individuation, Identity and the Logic of Sortal Terms*, Basil Blackwell.
[Lowe, E. Jonathan 1989b] What is a Criterion of Identity?, *Philosophical Quarterly*, 39, pp. 1-21.
[Lowe, E. Jonathan 1996] Subjects of Experience, Cambridge University Press.
[Lowe, E. Jonathan 1998] *The Possibility of Metaphysics: Substance, Identity, and Time*, Oxford University Press.

[Lowe, E. Jonathan 2002] Material Coincidence and the Cinemato-Graphic Fallacy: A Response to Olson, *The Philosophical Quarterly*, 52-208, pp. 369-372.
[Lowe, E. Jonathan 2006] *The Four-Category Ontology: A Metaphysical Foundations for Natural Science*, Oxford University Press.
[Lowe, E. Jonathan 2007] Does the Descriptivist/Anti-Descriptivist Debate Have any Philosophical Significance?, *Philosophical Books*, 48(1), pp. 27-33.
[Lowe, E. Jonathan 2008a] *Personal Agency: The Metaphysics of Mind and Action*, Oxford University Press.
[Lowe, E. Jonathan 2008b] Two Notions of Being: Entity and Essence, *Philosophy*, 83, pp. 23-48.
[Lowe, E. Jonathan 2009] Serious Endurantism and the Strong Unity of Human Persons, in [Honnefelder, Runggaldier, Schick (eds.) 2009], pp. 67-82.
[Lowe, E. Jonathan 2010] On the Individuation of Powers, in [Marmodoro (ed.) 2010], pp. 8-26.
[Lowe, E. Jonathan 2011] How *Not* to Think of Powers: A Deconstruction of the 'Dispositions and Conditionals' Debate, *Monist*, 94, pp. 19-33.
[Lowe, E. Jonathan 2012a] A Neo-Aristotelian Substance Ontology: Neither Relational nor Constituent, in [Tahko (ed.) 2012], pp. 229-248.（邦訳，新アリストテレス主義的実体存在論のひとつの形――関係的でも成素的でもなく，加地大介訳，2015, pp. 413-444.）
[Lowe, E. Jonathan 2012b] Essence and Ontology, in [Novak, Novotný, Sousedík, and Svoboda (eds.) 2012], pp. 93-111.
[Lowe, E. Jonathan 2012c] What is the Source of Our Knowledge of Modal Truths?, *Mind*, 121, pp. 919-950.
[Lowe, E. Jonathan. 2013] Complex Reality: Unity, Simplicity, and Complexity in a Substance Ontology, in [Svennerlind, Almang, and Ingthorsson (eds.) 2013], pp. 338-357.
[Lowe, E. Jonathan 2015] In Defense of Substantial Universals, in [Galluzzo and Loux (eds.) 2015], pp. 65-84.
[Łukasiewicz, Jan 1930] Philosophical Remarks on Many-Valued Systems of Propositional Logic, in [Borkowski 1970], pp. 153-178.
[Łukasiewicz, Jan 1946] On Determinism, in [Borkowski 1970], pp. 110-128.
[Łukasiewicz, Jan 1957] *Aristotle's Syllogistic from the Standpoint of Modern Formal Logic*, 2nd enl. ed., Oxford University Press.
[McArthur, Robert P. 1976] *Tense Logic*, D. Reidel Publishing Company.
[McCall, Storrs 1963] *Aristotle's Modal Syllogisms*, North-Holland Publishing Company.
[McCall, Storrs, 1994] *A Model of the Universe*, Oxford University Press.
[McCall, Storrs and Lowe, E. J. 2009] The Definition of Endurance, *Analysis*, 69(2), pp. 277-280.

[McGinn, Colin 2000] *Logical Properties: Identity, Existence, Predication, Necessity, Truth*, Oxford University Press.
[Mackie, John Leslie 1974] *De* What *Re* is *de Re* Modality?, *Journal of Philosophy*, 71(16), pp. 551-561.
[Mackie, Penelope 2006] *How Things might have been: Individuals, Kinds, and Essential Properties*, Oxford University Press.
[McKitrick, Jennifer 2003] A Case for Extrinsic Dispositions, *Australasian Journal of Philosophy*, 81, pp. 155-174.
[McKitrick, Jennifer 2014] Dispositions and Potentialities, in [Lizza (ed.) 2014], pp. 49-68.
[前田 高弘 2005] ディスポジションと第一・第二性質の区別の基礎『科学基礎論研究』105, pp. 69-77.
[Manley, David and Wasserman, Ryan 2007] A Gradable Approach to Dispositions, *The Philosophical Quarterly*, 57, pp. 68-75.
[Manley, David and Wasserman, Ryan 2008] On Linking Dispositions and Conditionals, *Mind*, 117, pp. 59-83.
[Manley, David and Wasserman, Ryan 2011] Dispositions, Conditionals, and Counterexamples, *Mind*, 120, pp. 1191-1227.
[Marcus, Ruth Barcan 1961] Modalities and Intensional Languages, *Synthese*, 13(4), pp. 303-322.（[Marcus 1993] にも所収 (pp. 3-23).）
[Marcus, Ruth Barcan 1993] *Modalities: Philosophical Essays*, Oxford University Press.
[Marek Johann C. and Reicher, Maria E. (eds.) 2005] *Experience and Analysis*, HPT&OBV.
[Marmodoro, Anna (ed.) 2010] *The Metaphysics of Powers*, Routledge.
[Marmodoro, Anna 2013] Aristotle's Hylomorphism without Reconditioning, *Philosophical Inquiry*, 36, pp. 5-22.
[Marmodoro, Anna and Yates, David (eds.) 2016] *The Metaphysics of Relations*, Oxford University Press.
[Martin, Charles B. 1980] Substance Substantiated, *Australasian Journal of Philosophy*, 58, pp. 3-10.
[Maudlin, Tim 1994] *Quantum Non-Locality and Relativity*, Blackwell Publishing.
[Maudlin, Tim 1998] Part and Whole in Quantum Mechanics, in [Castellani (ed.) 1998], pp. 46-60.
[Maudlin, Tim 2007] *The Metaphysics within Physics*, Oxford University Press.
[Maudlin, Tim 2012] *Philosophy of Physics: Space and Time*, Princeton University Press.
[Mill, John Stuart 1874] *A System of Logic*, 8th ed., Harper & Brothers.
[Minkowski, Hermann 1909] Raum und Zeit, *Physikalische Zeitschrift*, 10, pp. 104-111.

[Molnar, George 2003] *Powers: A Study in Metaphysics* (Mumford, Stephen ed.), Oxford University Press.
[Monton, Bradley 2006] Presentism and Quantum Gravity, in [Dieks (ed.) 2006], pp. 263-280.
[Mumford, Stephen 2009] Powers and Persistence, in [Honnefelder, Runggaldier and Schick (eds.) 2009], pp. 223-236.
[Mumford, Stephen and Anjum, Rani Lill 2011] *Getting Causes from Powers*, Oxford University Press.
[Mumford, Stephen and Anjum, Rani Lill 2014] The Irreducibility of Dispositionality, in [Hüntelmann and Hattler (eds.) 2014], pp. 105-128.
[Newman, Andrew 1992] *The Physical Basis of Predication*, Cambridge University Press.
[Novaes, Catarina Dutilh 2004] A Medieval Reformulation of the *de Dicto / de Re* Distinction, *LOGICA Yearbook 2003*, Filosofia, pp. 111-124.
[Novák, Lukáš, Novotný, Daniel D., Sousedík, Prokop and Svoboda, David (eds.) 2012] *Metaphysics: Aristotelian, Scholastic, Analytic*, Ontos Verlag.
[Oaklander, L. Nathan (ed.) 2001] *The Importance of Time*, Springer.
[Oderberg, David S. 2007] *Real Essentialism*, Routledge.
[Patterson, Richard 1995] *Aristotle's Modal Logic: Essence and Entailment in the Organon*, Cambridge University Press.
[Peacocke, Arthur Robert 1983] The Theory of Relativity and Our World View, pp. 733-752, in [Van Der Merwe (ed.) 1983].
[Peirce, Charles Sanders 1901] Modality, in [Baldwin (ed.) 1901], pp. 89-93.
[Peruzzi, G. 1998] Microphysical Objects and Experimental Evidence, in [Castellani (ed.) 1998], pp. 297-315.
[Prior, Arthur N. 1953a] *Time and Modality*, Oxford University Press.
[Prior, Arthur N. 1953b] Three-valued Logic and Future Contingents, *Philosophical Quarterly*, 3 (13), pp. 317-326
[Putnam, Hilary 1975] The Meaning of 'Meaning', in his *Mind, Languageand Reality: Philosophical Papers*, vol. 2, Cambridge University Press, pp. 215-290.
[Quine, Willard Van Orman 1953] Three Grades of Modal Involvement, in [Quine 1976], pp. 158-176.
[Quine, Willard Van Orman 1976] *The Ways of Paradox and Other Essays* (2nd rev. and enl. ed.), Harvard University Press.
[Rea, Michael 2011] Hylomorphism Reconditioned, *Philosophical Perspectives*, 25, pp. 341-358.
[Redhead, Michael 1987] *Incompleteness, Nonlocality, and Realism: A Prolegomena to the Philosophy of Quantum Mechanics*, Oxford University Press.（邦訳『不完全性・局所性・実在主義——量子力学の哲学序説』，マイケル・レ

ッドヘッド，石垣壽郎訳，みすず書房，1997.）
[Rescher, Nicholas and Urquhart, Alasdair 1971] *Temporal Logic*, Springer Verlag.
[Salmon, Nathan 1979] How not to Derive Essentialism from the Theory of Reference, *The Journal of Philosophy*, 76, pp. 703-725.
[Salmon, Nathan 1981] *Reference and Essence*, Princeton University Press.
[Salmon, Nathan 1989] The Logic of What might have been, *Philosophical Review*, 98, pp. 3-34.
[Scaltsas, Theodore 1994a] *Substances and Universals in Aristotle's Metaphysics*, Cornell University Press.
[Scaltsas, Theodore 1994b] Substantial Holism, in [Scaltsas, Charles and Gill (eds.) 1994], pp. 107-128.
[Scaltsas, Theodore, Charles, David and Gill, Mary Louise (eds.) 1994] *Unity, Identity, and Explanation in Aristotle's Mertaphysics*, Oxford University Press.
[Schaffer, Jonathan 2010] Monism: The Priority of the Whole, *Philoshical Review*, 119, pp. 31-76.
[Schrödinger, Erwin 1984] What is an Elementary Particle?, reprinted in [Castellani (ed.) 1998], pp. 197-210.
[Simons, P. 1994] Particulars in Particular Clothing: Three Trope Theories of Substance, *Philosophy and Phenomenological Research*, 54, pp. 553-575.（邦訳，個別の衣をまとった個別者たち――実体に関する三つのトロープ説『現代形而上学論文集』，柏端達也・青山卓央・谷川卓編訳，勁草書房，2006, pp. 251-301.）
[Smith, Barry 1997] On Substances, Accidents and Universals: In Defence of a Constituent Ontology, *Philosophical Papers*, pp. 105-127.
[Smith, Barry 2005] Against Fantology, in [Marek and Reicher (eds.) 2005], pp. 153-170.
[Smith, Quentin 2001] The Incompatibility of STR and the Tensed Theory of Time, in [Oaklander (ed.) 2001], pp. 21-30.
[Sosa, Ernest 1979] The Status of Becoming: What is Happening Now?, *Journal of Philosophy*, 76, pp. 26-42.
[Stalnaker, Robert C. 2003] *Ways a World Might Be: Metaphysical and Anti-Metaphysical Essays*, Oxford University Press.
[Steward, Helen 2013] Processes, Continuants, and Individuals, *Mind*, 122, pp. 781-812.
[須藤 靖 2006]『ものの大きさ――自然の階層・宇宙の階層』，東京大学出版会.
[鈴木 生郎 2017] 四次元主義と三次元主義は何についての対立なのか『科学基礎論研究』44(1・2), pp. 15-33.
[Svennerlind, Christer, Almang, Jan and Ingthorsson, Rognvaldur (eds.) 2013] *Johanssonian Investigations: Essays in Honour of Ingvar Johansson on His*

Seventieth Birthday, Ontos Verlag.

[Swinburne, Richard 2008] Cosmic Simultaneity, in [Craig and Smith (eds.) 2008], pp. 244-261.

[Tahko, Tuomas E. 2012] *Contemporary Aristotelian Metaphysics*, Cambridge University Press.（邦訳『アリストテレス的現代形而上学』，トゥオマス・E・タフコ，加地大介・鈴木生郎・秋葉剛史・谷川卓・植村玄輝・北村直彰訳，春秋社，2015.）

[Taylor, Richard 1992] *Metaphysics* (4th ed.), Prentice Hall.

[Tegtmeier, Erwin 2014] Potentiality and Potency, in [Hüntelmann and Hattler (eds.) 2014], pp. 49-62.

[Teller, Paul 1995] *An Interpretive Introduction to Quantum Field Theory*, Princeton University Press.

[Thomason, Richmond H. 1970] Indeterminist Time and Truth-value Gaps, *Theoria*, 36(3), pp. 264-281.

[戸田山 和久 2015]『科学的実在論を擁護する』名古屋大学出版会.

[朝永 振一郎 1965]『量子力学的世界像』弘文堂.

[Tooley, Michael 1997] *Time, Tense, and Causation*, Oxford University Press.

[Van Der Merwe, Alwyn (ed.) 1983] *Old and New Questions in Physics, Cosmology, Philosophy, and Theoretical Bilology*, Springer.

[Van Inwagen, Peter 2000] Temporal Parts and Identity across Time, *The Monist*, 83(3), pp. 437-459.

[Varzi, Achille C. 2007] From Language to Ontology: Beware of the Traps, in [Aurnague, Hickmann and Vieu (eds.) 2007], pp. 269-284.

[Vetter, Barbara 2015] *Potentiality: From Dispositions to Modality*, Oxford University Press.

[Vihvelin, Kadri 2004] Free Will Demystified: A Dispositionalist Account, *Philosophical Topics*, 32, pp. 427-450.

[Von Wright, George Henrik 1951] *An Essay in Modal Logic*, North-Holland Publishing Company.

[Wedgwood, Ralph 2007] *The Nature of Normativity*, Oxford University Press.

[Williamson, Timothy 2007] *The Philosophy of Philosophy*, Oxford University Press.

[Witt, Charlotte 2003] *Ways of Being: Potentiality and Actuality in Aristotle's Metaphysics*, Cornell University Press.

[Yagisawa, Takashi 2010] *Worlds and Individuals, Possible and Otherwise*, Oxford University Press.